故利之所在
雖千仞之山
無所不上深
源之下無所
不入焉故善
者勢利之在
而民自美安
不推而往不
引而來不煩
不擾而民自
富

右錄管子禁藏
篇名句以弘宣
丙申秋高密人
永聖敬書

钟永圣
国学大讲堂

管子選講

钟永圣◎著

新华出版社

图书在版编目（CIP）数据

管子选讲 / 钟永圣著. —北京：新华出版社，2016.12（2024.2重印）

ISBN 978-7-5166-3026-6

Ⅰ. ①管… Ⅱ. ①钟… Ⅲ. ①法家②《管子》—通俗读物 Ⅳ. ①B226.1-49

中国版本图书馆CIP数据核字（2016）第301132号

管子选讲

作　　者：钟永圣

责任编辑：徐　光　　　　**书名题字：**韩　敏
插图作者：潜　心　　　　**封面设计：**李尘工作室

出版发行：新华出版社
地　　址：北京市石景山区京原路8号　　　　**邮　　编：**100040
网　　址：http：//www.xinhuapub.com
经　　销：新华书店
新华出版社天猫旗舰店、京东旗舰店及各大网店
购书热线：010-63077122　　　　**中国新闻书店购书热线：**010-63072012

照　　排：李尘工作室
印　　刷：河北鑫兆源印刷有限公司

成品尺寸：170mm×240mm
印　　张：22　　　　**字　　数：**253千字
版　　次：2017年1月第一版　　　　**印　　次：**2024年2月第二次印刷

书　　号：ISBN 978-7-5166-3026-6
定　　价：70.00元

开启中国传统政治经济学复兴的大门

——《管子选讲》自序

许久了，人们谈论春秋“诸子百家”，总是儒、墨、道、法、兵、阴阳，忘了还有“管”家，忘了以“经济家”为代表的齐国“稷下学派”曾经那么举足轻重、那么独领风骚、那么称一时之盛。

按照出生时间的先后顺序，管子实际上是“春秋第一子”，老子、孔子、墨子、孙子、韩子皆生在其后；如果把以管仲为代表的思想理论体系称为“管家”，那么管家其实也是“春秋第一家”，齐国正是凭借管家思想才成为春秋第一个霸主，正如司马迁在《史记》中所言：“齐国遵其政，常强于诸侯。”因此《管子》一书，也就是“中华经济学第一书”，上海财经大学已故的胡寄窗教授称其为“一本伟大经济巨著”，认为《管子》全书以“经济”为论证主题“在先秦著作中是绝无仅有的现象”。我们说其第一，并非是把它评价为中华传统经济学的“创始”，而是指《管子》论述中国传统政治经济学在文献上“最完备”、在战略上“最理论联系实际”、在国家经济策略上“最集大成”。

孙中山先生解释“政治”为处理众人之事，中国文化中“经济学”本来就是“政治的”，本不需要在“经济学”前加“政治”这个限定语。之所以还使用“政治经济学”这个名称，是顺应近代以来借鉴西方的文化概念早已经形成的表达习惯。有些文化语汇一旦形成，就成了约定俗成的观念，不暂时将错就错似乎就无法沟通。要想彻底地扭转偏见和误解，只能依靠长时间的历史验证。

华夏文明的传统经济学核心理念创始于《易经》，《乾卦·文言》中说：“利者，义之和也。”指明了取利的原则和财富的伦理来源。这一理念源头是如此重要，不但体现了华夏文明“天人合一”的境界，而且清晰地阐明了“利”的贯通性质：物理上的利，实际是伦理上和气的体现。利，因和气而成为“益”，因争夺而成为“害”。一种所得到底是“利益”还是“利害”，不是由资本决定的，而是取决于当事人心念和行为的伦理性质。例如，同样一笔钱，因为捐赠而成为“善款”，因为贪腐而成为“赃款”；作为生产和分配决定因素的资本，一方面可以因为拥有者的自私与残酷，成为“从头到脚每个毛孔都滴着血和肮脏的东西”（马克思语）；另一方面也可以因为拥有者的关怀与善意，成为“匡扶正义，兼济天下”的善财之源。

现代西方社会科学学者把这种“贯通各学科”的现象称为“跨学科”，实际上是未能彻本知源的提法，因为社会科学学问的实质本无学科界限。现代西方经济学者中也有一些人大谈“人本经济学”，同样是不能明心见性的未到之语，人有善恶好坏诸种不同的表现，试问经济学到底要“本”哪一个“人”？最根本的说法在中华传统经典里，例如曾子在《大学》里表达的，“德者，本也；财者，末也。”所以最彻底的说法应当是“德本经济学”。

说到经济的“德本”，超出了现代西方经济学的研究对象与学科界限。西方经济学把“资源配置”作为首要问题，只在财富的“物”象上做文章，始终未能深入到财富的“本”地。而中国传统经典往往以达到“学究天人之际”境界的语言，一语道破“财富的来源”。例如，《易经·坤卦·文言》中指出“厚德载物”，明言德行积累不到一定程度，就无法承载（获得）一切“物质”财富。再如《道德经》中指出“道生一二三乃至万物”，清晰地指明作为万物中的一物的财富，在根本上是由“道”生发出来的。可是由于世间人大多数不明“道”，所以还是对“财富的来源”不明所以。这样，老子在《道德经》的结尾就直截了当地把答案和盘托出：“即以为人己愈有，即以与人己愈多！”那就是说，越是全心全意为人民服务，自己拥有的就越多；给出去的越多，自己收回来的也就越多！

人类社会在伦理上界定“为他人”是公、是善、是德，界定“给出去”是公、是善、是德，这正是对“德本财末”观念异曲同工的解释。《黄帝内经·灵枢·本神》中说“天之在我者，德也”，说明“我”要想发财，就必须积“德”；我要想积“德”，就必须遵守“天”的规矩。“天”就是自然，自然的规矩就是“天道”，就是“天理”。天理化为人间的规矩，就是人伦，人伦的具体内容就是“孝悌忠信、礼义廉耻”。而管子恰恰明确地指出“礼义廉耻，国之四维”，以此作为治国理政的政治经济学基础，在齐国倡导中华伦理经济学，最后在短短二三十年间，“九合诸侯，不以兵车”，把齐国送上霸主地位，影响后世几百年。以至于孔子都感慨地说：“微管仲，吾其被发左衽矣！”至于孔子以圣人境界，因管子未能倡行王道、复兴周室而“小之”，导致后世既无实践经验也无圣人境界的儒生居然也长期轻看管子及其学说，实在是自命清高、因噎废食、求全责备、流弊深远的憾事!

以现代分科的角度看，管子经济学是伦理经济学与制度经济学的统一，是宏观经济学和微观经济学的统一，是政府经济学和市场经济学的统一。在中华文化中，“经”指恒常之道，是最权威、最彻底、最合适的“理性”；“济”的本义是过河，引申为周济、帮助、与乐和拔苦。综合起来，“经济”的本义是指“以最智慧、最无害、最有益的方式让天下人民获得物质与精神的全方位满足”。绝不仅仅是西方起源于亚当·斯密《国富论》的那个研究资源配置的“经济学”。这种文化翻译的历史误会，据某些学者考证，肇始于一个叫神田孝平的日本人，他在1892年前后把economics这个词汇翻译成汉字的“经济学”，导致当时没有文化自信的国民以为自家没有经济学，这一错就是一百多年。其实管子经济学恰恰是包括但不限于资源配置的经济学；是强调与时竞而不与人争的经济学；是圆觉的智慧而不是局限分科的经济学。

以今天的学术视角来看，《管子》的根本理念都是“跨学科”的论述，既是伦理的经济学，也是政治的经济学，更是行为的经济学。例如，管子论述德、义、礼这些伦理内容都是以实实在在的经济内容为依托的：德有六兴（另一说，叫六典），分别是厚其生、输之以财、遗之以利、宽其政、匡其急和振其穷；义有七体，孝、悌、慈、惠，以养亲戚，纤、啬、省用，以备饥馑；礼有八经，分别是上下有义，贵贱有分，长幼有等，贫富有度。在这样的理论体系内，涵容着解行相应、知行合一的智慧，绝不是1991年诺贝尔经济学奖得主科斯教授所批评的那种远离真实的“黑板经济学”。

之所以很确切地说《管子》中所述的内容是中国传统“政治经济

学”，是因为管子时刻把国家的治理与发展经济统一起来。例如《管子》开篇就提出：“凡有地牧民者，务在四时，守在仓廪。国多财则远者来，地辟举则民留处。”那么怎么能达到天下大治呢？管子认为只要热爱人民，利益大众就能做到：“枢言曰，爱之，利之，益之，安之，四者道之出，帝王者用之天下治矣。”利益大众，治理国家，首要的任务就是“富民”：“凡治国之道，必先富民。民富则易治，民贫则难治也。”“故治国常富，而乱国常贫。是以善为国者，必先富民，然后治之。”“富上而足下，此圣王之至事也。”

如果我们回顾改革开放三十多年的成就，不能不说是从“党的富民政策”开始的！不能不佩服管子论述国家治理政策见解之深。如果我们放眼当今世界上那些动荡的国家的经济状况，不能不说是从国家思想价值观念的局势混乱开始的，越乱越贫，越贫越乱，越乱越无法实现“仓廪实而知礼节，衣食足而知荣辱”。不能不佩服管子论述伦理经济理念之高。可是，即使这些很有现实说服力的论述被人知晓，仍然不能使一些西方经济学的拥趸消除对中国本土经济学的鄙夷和不屑，常常提起“人家”西方经济学有多深刻和多科学！例如说亚当·斯密论述人性自利多么有洞见，由此“经济人假设”作为经济学论证的起始点而被广为传诵。那么我们不妨看看《管子·禁藏》篇中论述人性自利的思想有多么深刻，而其文言又有多么美：“夫凡人之情，见利莫能勿就，见害莫能勿避。其商人通贾，倍道兼行，夜以续日，千里而不远者，利在前也。渔人入海，海深万仞，就彼逆流，乘危百里，宿夜不出者，利在水也。”“故利之所在，虽千仞之山，无所不上，深源之下，无所不入焉。故善者势利之在，而民自美安，不推而往，不引而来，不烦不扰，而民自富。如鸟之孵卵，无形无声，而唯见其成。”

特别是最后几句，“不推而往，不引而来，不烦不扰，而民自富”，相当于把西方自由主义经济学倡导的“市场经济”的理想状态用十六个字就论述完了，精彩绝伦。

2016年5月17日，习近平主席在北京召开哲学社会科学工作座谈会上，号召大家“按照立足中国、借鉴国外，挖掘历史、把握当代，关怀人类、面向未来的思路，着力构建中国特色哲学社会科学，在指导思想、学科体系、学术体系、话语体系等方面充分体现中国特色、中国风格、中国气派”。《管子》以中国古代文化的表达形式阐述的传统经济学具有鲜明的继承性、民族性、原创性，如果我们很好地梳理和总结，它同样可以有现代学术规范所需要的时代性、系统性和专业性，不但内容上具有鲜明的中国特色、语言上具有独创的中国风格，而且在境界上更具有安定天下、傲视群雄的中国气派。

恢复中国传统政治经济学的挖掘和整理，恢复中华经济学的本义，以使大众树立正确的经济观念，具有正本清源的教化作用。通过传统经典的温习以在文化源头上认祖归宗，可以增强文化自信，提升民族复兴的精神力量。摒弃“人在局限条件下利益最大化”的错误经济观念，可以挽救世道人心；确立经济学“善财利生，普济天下”的“中国标准”，可以造福世界。

钟永圣

黄帝纪年四千七百五十年

中国善财书院九绿金顶轩

目录

第一讲

抛开“管子”其人其书，单从文字上看，管子就是“管理自己”——开篇题解就引人深思；作者通过引用在学习过程中令其特别震撼的几句经典，揭示了天地运行的规律，健康的真正秘密以及生理和天理之间的贯通关系；阐明中华文化有自己独特的构建原则，我们有自己的经济学和管理学。

第二讲

作者通过对当代最前沿物理学——量子力学的介绍，让我们明白了为什么说“物理学进入了禅境”。以管子经济学为代表的中国传统经济学，是最智慧、最圆融、最真诚、最慈悲、最符合世界真相的经济学，是当今中国实现伟大复兴所迫切需要的治国理念。

第三讲

经过两讲的引论，作者此讲在中华历史全坐标系当中给我们详细描述了管子所在的时空，通过春秋诸子的比较，明确了管子实属“春秋第一子”，《管子》其书当中的经济概念和经济思想的奠基者就是管子。通过以上铺垫，作者开始讲述《管子·牧民·国颂》。

第四讲

本讲作者继续讲述《管子·牧民》之《国颂》《四维》《四顺》，作者强调我们要继承真正的传统文化，把《管子》重新提出来，强调它的原创性与可实践性，以及对后世巨大的影响，等于是给我们一个信心，我们现在利用他们的思想指导生活、指导经济建设、指导国家管理，完全可以帮助我们走向一个大治和巅峰的时代。

第五讲

作者开篇告诫我们要破除概念的束缚，回到原本的内核上，并提醒我们如果读对了经典，不管你年纪有多大，脑子会越来越清楚，身体会越来越棒，心情会越来越快乐，跟别人计较的程度会越来越淡，然后洒脱自在的感觉会越来越上升。本讲继续讲解《牧民》之《十一经》和《六亲五法》。

第六讲

作者继续讲述《管子·牧民·六亲五法》，其中着重强调了“上之所贵、所先、所好恶”是关键，具有指挥棒的作用；同时告诫我们要符合规矩、符合中道；要学会识人，知人善任；只有公平公正地分配，才能消除怨恨、解决矛盾。接着进入《管子·权修》的解读——公务员如何为人民服务。

第七讲

《管子·权修》里面关于“牧民”的内容，几乎就是谈如何让人民过好日子，如何能满足人民的要求，如何能去掉人们不喜欢的事情，与孟子的观点完全相合，作者一语道破——他们都是传统文化的传承者。本讲作者提醒我们做任何事情都要注意抓早抓小、防微杜渐；并讲述《权修》中依法治国的一些方略。

第八讲

本讲继续解读《管子·权修》，强调审慎授官，方能保证上下通达；赏罚分明，方能防止败国；土地博大，需要精细管理；国家强大，敌国方不敢谋；还要赏罚有信，劝善振罚；取之有度，用之有止。作者与西方经济学对比讲述，让我们对“野与市争民”“乡与朝争治”有了进一步理解。

第九讲

我们学习《管子》，不是学发财技术，而是学会管理自己，不是别人需要管理；诸子都是一家，都是传承者，圣圣道同，贤贤相近。本讲作者承前启后，《牧民》是管理国家的基础；然后要修权威，没有权威，令行下不去不行，所以讲《权修》；接下来是《立政》，重点讲解《立政》有九种情况一定要避免；然后是《乘马》，国民经济的核算。

第十讲

就经济学而言，《轻重篇》是管仲经济学说的核心，国家通过货币和价格政策控制全国重要的物资，间接地调控天下的所有物资；当国家经济不振的时候，可以通过促进高消费，使内需短时间内增长起来，有利于促进经济的繁荣和发展，这就是《奢靡篇》的先进之处；国家强大之后，在国际政治、军事、外交上必须采取进一步的措施才能够完成霸业，精彩的《霸形篇》告诉我们这一步一步是如何进行的。

第十一讲

管子辅佐齐桓公“九合诸侯，一匡天下”成为霸主之后，理论总结形成《霸言》；筑基完成，霸业完成，总结完成，根在哪儿呢？在“心术”；心术要用正，要自净其意，所以不能是黑心，是“白心”。作者层层递进，在有限的时间内，择《管子》要中之要，给我们讲到了根本。最后进一步阐明管子经济学对于当下的借鉴意义。

第一讲

抛开“管子”其人其书，单从文字上看，管子就是“管理自己”——开篇题解就引人深思；作者通过引用在学习过程中令其特别震撼的几句经典，揭示了天地运行的规律，健康的真正秘密以及生理和天理之间的贯通关系；阐明中华文化有自己独特的构建原则，我们有自己的经济学和管理学。

尊敬的各位同胞、各位同人：

大家上午好！

非常荣幸有这个机会跟大家分享我们中华先祖当中，一位在事功方面非常杰出的人物的思想结集——《管子》。感恩的话不需要多说了，说也说不完。如果非要用一句话来表达，那么最大的感恩是什么呢？就是我们把圣贤思想变成自己的行为，把古代宝贵的精神变成自己的行为指导原则继承下来，落实到天地之间。这才是对先祖最大的恭敬、最大的回报、最诚挚的感恩。所谓孝道，不光是给吃给穿给笑脸，应该是善继先人之志，把他们的志向继承下来，变成我们自己的，代代传承。我们已经传承了至少五千年以上了，那再往后展望五千年，靠的是什么呢？靠的是我们对经典精神的真诚践行。

今天这一上午进行导论，或者叫引论。因为管子生活在两千七百年以前，无论是使用的语言，还是生活环境，跟我们今天都差别很大。要想理解到表象背后的真实，就需要我们进行一些基础性的铺垫，一些观念的梳理。了解一下历史，了解一下我们现在面临的情况，然后再去认真领会他书中一些语句为什么当时那样讲，为什么我们仍然认为这些思想还可以指导我们今天的生活和建设。

“管子”题解：管理你自己

首先对“管子”这两个字做一个题解，它和管仲这个人无关，只和中华文字有关，只和我们的文化精神有关。“管”呢，在这里不作为姓，作为一个动词理解，是“管理”；“子”呢，在春秋时代有尊称老师的意思；它还有一个语法上的功用，就是称呼“您”，可能我们稍微熟悉点儿古文的同人会知道这种用法，就是对一个值得尊敬的人，比如说叫一位君子，可以简称为“子”。我们说“管子”管理的是谁呢？管理的就是我们在座的自己，所谓的秘密就是我们把自己的事情管理好了，天下的事情就好了，这是说到极致。如果你自己没有管理好，按照孔子说的，“虽令不行”——你即使下命令也执行不下去；如果自己做好了，“不令而行”——你不需要下命令，你怎么样做，别人会跟着怎么样做。所以我们强调学习《管子》，开篇就要知道管理不是去管理别人，从根本上就是在心地上管理我们自己。

回顾：两年前讲座的纲要

我不是第一次接受学会的邀请来谈论一下自己的读书心得，两年以前我们讲过一次“中国传统经济学智慧”，我们看一下纲要，一共分五个部分，这五个部分呢，我总结了这样的五句话：

（一）经济的中国理念（德本财末）；

（二）管理的中国境界（自性合道）；

（三）家庭的中国伦理（五行伦理）；

（四）财富的中国内涵（德行物化）；

（五）事业的中国发展（人品扩展）。

大家注意括弧里面，每一个都是四个字。按照我自己的理解，如果括弧里面这个表达，你一看就可以说我完全知道你所要表达的，不光是所涉及的文献都能回忆起来，而且还能把理论跟世间的时事对应起来的话，那你现在就可以跟主办方说：我要回家了，因为他所讲的我全都知道。知“道”了以后，就是所谓毕业了。

当然，最关键的是落实，就是能不能行出来！我们强调人经合一，强调体会，也是这个道理。经文上的精神、含义如果不能落实，一点用处都没有。即使你背得滚瓜烂熟，《道德经》八十一章都不是我们自己的，《管子》不管是八十六篇还是七十六篇（在版本编排上有学术上的争议），没有一篇是我们自己的，那道理、境界和精神还是属于老祖宗，属于古圣先贤的，与我们不相干；可是如果你能够沉潜下来，把它落实到生活当中，那很可能一通百通。

在昨天发给大家的书上这些内容都有，所以我们强调听课的时候特别要注意听，笔记可以不做，因为你写了上一句，下一句就过去了。而且我们每一次讲的，内核好像相同，但其实表达上总有差别，你把文句记下了，但是思路断了，得不偿失。我在跟老师学习的时候，那是2008年年末在桂林，刚开始也是疯狂地记笔记，记着记着突然有一天我把笔停下了，不记了，认真听！如果讲者说对了（因为当时还有对错之分），好，我就这样去做；如果说错了，也不是跟自己无关，有则改之，无则加勉。其实，全都跟自己有关，天下没有别人的事！学习中华经典，如果没有把内容和自己当下的生命联系起来，那一定是学错了。

除了这五个专题，我想我们学经济的，要赚钱，拥有财富；然后我们做公务员的、做企业家的，要领导大家共同富裕，我们党提出这是社会主义本质。可是通过在生活当中的观察，我发现，有很多管理经济的公务员、直接做企业的企业家很痛苦，本来以为赚到钱以后，买到别墅、买到名牌汽车以后，可以全世界周游，就可以“从此过上幸福生活了”，可是，很多情况是，幸福却没有如约而至。

人不幸福的原因

怎么造成的？总结起来，首先，无节之苦。饮食无节，什么都可以吃了，反而坏了自己的身体；起居无节，与天地四气不相和。这三天我们为什么要温习《黄帝内经》这三篇（《上古天真论》《四气调神大论》《灵兰秘典论》），就是要解决饮食起居的问题，你自己知道了，知“道”嘛，这个道就是规律，自己合上去就可以了，合道。言行无节，不该说的说了，叫失言；该帮的不帮，叫失人。所以无节之苦造成我们即使富裕了、即使提职了，也不幸福。

第二，邪淫之害。在我们当前这个网络发达的时代，视频、音频发达的时代，很多人都受这个苦，尤其是年轻的大学生，包括青少年学生，举目之处几乎都是令人动摇精气的图景，心不安宁，如何幸福？一有男女欲念的想法，肾气肾精就流出而走，详细的解释我们在河南巩义讲《黄帝内经》的时候跟大家说过了，感兴趣的同人可以去参考一下。我列举出三点邪淫之害：裂身最快，败家最快，衰业最快。即使贵为皇帝，像唐玄宗、宋徽宗——这都是中国古代盛世时候的皇帝——也经不起邪淫之害。唐玄宗后半期安史之乱，整个中国那一段时期的历史由盛转衰，追根溯源，起源于宫廷之内的乱伦。杨贵妃本是寿王妃，辈分上等于是唐玄宗的儿媳妇，册封为贵妃就是乱伦啊。那宋徽宗大家就更清楚了，挖地道会李师师，有案可查。即使是盛世的皇帝都经不起邪淫，那想想看，我们今天再大集团的老总、董事长，再高的职位，也经不起那样的裂身、败家和衰业。

第三，动性之伤。我们身体就怕有疾病，疾是被一种东西射中了，这是汉字告诉我们的，病字旁儿里面一个矢镞的矢，表示你被射中了，受伤了；病呢，那个甲乙丙丁的“丙”，表示方位，说明在时空、方向上、阴阳平衡上没有平衡，中医古来相传开药也叫“开方”，是把我们人体的时间和空间方位在阴阳上重新校正回来，达到阴阳平衡，病就消失了。

动性就是指发脾气，发脾气可以总结为五种，叫恨怒怨恼烦，正对着我们的心肝脾肺肾。做管理的、处理国家经济事务的，哪怕是家庭的事务，如果心性经常动怒，那就进入了苦海。我们的老师说管人是地狱，所以面对这个世间、面对其他人、面对着需要管理的事务，先把自己管好，管好自己就是把自己的脾气管好，否则的话你要想没有病不可能，要想功业不毁也不可能，老话叫“火烧功德林”，这面一发脾气，那面积累的功德一把火烧光，毁功还破运，诸事不成。一般来说，当公务员的，当然想升官了；做企业的，当然想发财了；或者做其他事情的，还想成名呢……可是这个动性最伤最破的就是运气，官运、财运、名运都经不起自己的火暴脾气。如果你发现这个人的事业好了，追根溯源是因为他的性格转柔和了，脾气转好了，原因是真正明理了，肯认错了，这是根本因素。所以性格就是命运，这个道理也可以揭示出来。

我读中国古代经典有几句话非常震撼，其中之一就是我们的医圣张仲景在《伤寒杂病论》原序里面的一句话“天布五行，以运万类；人禀五常，以有五脏”。第一遍看的时候不懂，看到第十遍的时候感觉到怀疑，三十遍以后寒毛直竖。这么简单的一句话，把天地运行的规律、人体健康的秘密、生理跟天理之间的贯通说得清清楚楚。天指自然，天、地、人、事、物的代表，就是自然界分布着五行，这是古代的想法或者是概括——五种观念、五种状态——五行。运布着万类，包括我们人类。提到财富，财富在天地五行当中属水。后面这一半是让我感觉到最震惊的——“人禀五常，以有五脏”，汉字简化以前，是“五藏”，不是脏了，是藏在身体里面。这和我们讲《管子》也有至关重要的联系。因为《管子》首先强调国家要有“四维”，就是礼义廉耻，和五常“同出而异名”，我们现在说这是德治，这是道德。那更详细地分析，如果这十六个字是孔子说的，可能我还不震惊，因为大家本来就觉得他是圣贤，他讲伦理、讲道德是其中应有之义。问题是讲这句话的人是张仲景，被公认为中华医学东汉以来的“医圣”，他讲“人禀五常，以有五脏”，缺一常我们对应的那一脏就受伤！这样的道理怎么能不让人倍感惊讶？

我们老师讲过一个医学案例，一个孩子天生没有胆，没有多久就去世了。按照张仲景的论述，那就是五常当中有一常（肝胆相照，互为表里，按照五常、五行和五脏的对应关系，综合西晋王叔和《脉经》论述，应该是母亲怀孕期间在仁义礼智信中的“仁”德有大亏行为，导致孕儿没有胆藏）没有禀受全哪！而且我们在天地之间行事的时候，每天如果做事情不符合这五常就等于伤害自己的五脏，仁义礼智信就有这么重大的健康生理意义！这种道理我们以前从来就没在课本当中学过。因为现在是分科的教育，学经济的跟身体什么关系？跟心理什么关系？跟伦理什么关系？毫不搭界嘛。可是一看中华古代的经典才知道，原来我们的文化跟西方文化有着本质的区别。如果大家想让自己的五脏健康，那么一定要践行仁义礼智信！仁义礼智信这五常，是生成肝肺心肾脾这五脏的“道德基础”。所以曾子在《大学》里也道破天机：“有德此有人”，没有德行基础，我们这个人身根本就生不出来。你不明白这个基本理念，想要在人生当中有幸福健康的事业那是不可能的！人们常说“荣华富贵”，物质的“富贵”是建立在生理的“荣华”基础上。我们现在谈论五常跟五脏的关系，就等于是讨论我们经济财富的生理基础，面色上没有荣华，你想去富——发财，你想要贵——当官，都不可能！因为没有那个基础。

没有荣华就没有健康，没有健康就没有富贵。古代说将要升官发财的人都“印堂发亮”，就是这个道理。

践行仁义礼智信，也就是脑子里时时刻刻都要有正念。前一念过去，后一念没起的时候，这叫干净，也可以叫“空”。但是我们观察不那么细，念念之间呢，脑子里总有一个“我”在盘算，在计算。如果计算的是天下人民，全心全意为人民服务，这才叫正念；可如果盘算的就是我股票涨不涨，我这一次能不能提拔上去，那你看吧，时间长了一定是面部表情越来越严肃、越来越阴沉、越来越不招人待见、越来越不受人喜欢，而且身心会更早地憔悴，没到《黄帝内经》所说的八八（六十四岁），他可能牙也要掉了，头发也快光了，整个衰老之相就全部呈现出来。

转变境遇的方法

境遇是可以转变的。跟大家说一下转变的方法。

第一，正念之力。有正念就有力量，正念之力帮我们转化时空，在中国古代叫天人合一观，这个道理在现代物理学中叫广义相对论，就是“物质决定时空”观。我们的身体也是物质之一，而且我们还有一颗最能动的心，能够转化的这种“物质”。如果你对现在的境遇不满意，想要改变，那自己一念生出来，改变就已经开始了；可是如果不能定住志，“士之心”为志，这个志定不住，那个念头，一会儿东、一会儿西、一会儿南、一会儿北，它就不管用；如果持续地让这个念头变成生活当中的行为，就可以转变时空。做到了，想做任何事情不用去求，自然会有人来帮助，叫得道者多助。这是孟子阐述的中国古代儒家思想的核心，“得道多助，失道寡助”。中国国学里面有一个真东西，如果没有把握这个真东西，那么你把所有的经文背诵得滚瓜烂熟也没有用，那是假国学。

第二，国学之真。前天晚上，我去向中国财政经济出版社交《中国经典经济学》英文版的译稿，出版社的同人告诉我，现在他们了解国内很多大学的国学院办不下去了。我说这是我们意料之中的事情，因为他们现在教的国学不是真的，是纸上的文字，是一百年前就已经被胡适批评过的“故纸堆学术”，没有生命力，当然办不下去。我们学习经典是不需要那样学的，应用不上，大家又读不懂，然后强行让我们的年轻人“刻着苦去念”，有什么用呢？没有用，就会被淘汰。而我们今天这种学习方法，跟国学院的教法完全不同，是贯通式的、是体悟式的、是践行式的。你可能听了某一句话或看到《管子》某一句话，或者是我们在讲述《管子》当中引述其他经文的任何一句话，一下子就把你的开关打开，你就知道了整个古文化的核心是什么，全都了解了，那其实不需要再往下听了，赶紧回去干就是了。掌握了这个“真”，就可以借助我们的传承，成就你当下的大业，实现你的中国梦。每一个中国国民的中国梦汇聚起来，就是我们中华民族的伟大复兴，叫“成就大业”！

第三，止语之妙。那回过头来，从哪儿修呢？还是从念头上。先把这个嘴“闭关”，体会一下止语之妙。当年我们学习的时候是半个月，半个月内止语，我特别听老师的话，老师说止语，我就不说话，不经允许不讲，回到寝室里也不偷着讲。所以跟我住一个寝室那哥们儿郁闷死了，他跟我说话我不理他，有事情写到小纸条上。这个妙处只有你自己做过了才知道，而且这个方法是中国古代文化里面共修的，儒释道全都是这样。

道家，如果看过吕洞宾祖师的《百字铭》，开篇就是，“养气忘言守，降心为无为”，要养你的真气、精气，忘言去守，把心降伏，为无为。“为无为”这个词看过《道德经》的会非常熟悉，这是道家祖师。

那在释家修行里面，有一位高僧跟我们讲过，他十二岁出家，出家的时候他是个童子，也就是个小孩子，感觉到未来生活很新奇，在寺院里面讲话，他说他的老师上去就一大耳刮子，“啪”的一下，“讲什么讲！佛堂之上有你说话的分儿吗？”打得小孩就晕了，他就不敢讲了；可是不敢讲呢，他好奇啊，四处地去看，被老师又打一大耳刮子，“看什么看！这世间有一样东西是你的吗？”大家可能听说过，这位高僧就是星云大师。他说既不让说也不让看，很郁闷，那不看，闭眼睛。可是，星云大师说，回过心来时发现了自己的内心！哦，原来我的内心有这样的贪嗔痴慢，忌妒别人，狭隘，然后观察清楚了自己的灵魂。这样做的时候，感觉到我怎样做才是一个真正的人！修行，是从这里开始的。

那在儒家孔子那里大家都知道，弟子对他的形容——温良恭俭让，“望之俨然”，很威严，“即之也温”，一接触，很慈悲、很温和。他平常是不乱说话的，讷于言嘛，说的也就是“止语之妙”，“君子欲讷于言而敏于行”。

其他的我们不用讲了，唐宋以后提中国传统文化，儒、释、道三家为代表，哪一家都没把这种方法漏掉，它的作用就是反观我们的自在，达到明自己心性的程度。也就是指挥我们这个肉做的身体的那个“主”，你找到了，明它，那你就把整个中国经济管理学全都明白了，叫“主明则下安”。后面我们会专门给大家讲《黄帝内经·灵兰秘典论》里面的经文，第三天我们还会背诵这篇经文。所以啊，我们等于已经转述清楚，告诉大家人生转运的秘密了。

“天之在我者，德也”

“天之在我者，德也”这一句话呢，和刚才给大家介绍的医圣张仲景那句话，都是我在读传统经典当中特别感到震撼的话，这句话是在《黄帝内经·灵枢·本神》第八篇里面。

我们通常读古文，对这个“天”感觉到非常渺茫，天到底在哪儿？有没有玉皇大帝？到底有没有王母娘娘？是不是他们管理着人间的一切？小时候看《西游记》，看神话故事多了，难免会有这样的想法。可是看到这句话的时候我震惊在什么地方呢？一遍一遍地读，会发现“天”跟“我”之间的关系：找天找不到，可是在人身上能找到。人身上怎么表现出来呢？就是他有德。这个人身上有德你就看到了天的存在，就像我们一部分人现在热衷于论证上帝的存在。那证据是什么？从中国文化上来讲，你要是找天，不用想象着是不是吴刚在月宫里面还在砍那个桂花树，那个兔子是不是还在捣药，这是神话里面的传说。我们找这个天，实际上叫天理，很自然。

让我震撼的一点是什么呢？我推算这个关系：天代表时间，天时，如果我身上天时足，就说明寿命长。天，我不知道什么概念，可是它告诉你那是德呀，那我践行道德，我的德行圆满，像我们早上念《黄帝内经》有一句话叫“淳德全道”，这样的人是没有病的。“淳德”，积功累德，我的德行养足了是不是天时就饱满了？天时多了，时间多了，寿命不就长了吗？那如果一个人缺德，亏的不就是天时吗？所以终于明白小时候听一些骂人话，这个人缺德，甚至缺八辈儿德，好像恨他早死，你不用恨他，真缺德真早死！就是这句话揭示出来的道理。因为他本身在砍伐着自己的天时，念念之间把寿命就减损了。寿命正常情况下，我们在座每一位都应该健健康康地、干干净净地、利利索索地活到一百二十岁。可是我们今天一听到这个寿数都感觉到好像扯淡一样，《黄帝内经》你读时间长了，信心就起来了。

就在上个月，有一天晚上我和我的太太讲，我说我已经启动了生命的倒计时模式，倒着数。她当时就很惊讶，她知道我“鼓捣”了这么多年，包括“预知时至”这种事情，她也了解，就有些恐惧地问我：还有多长时间？我说还有七十八年（众笑）。她一下子就笑了，说那没问题，我肯定走在你前面。因为我们俩约定好了，她先走，因为她不想“享受”一个人的孤独。为什么是七十八年的倒计时？一百二十岁嘛。你可能说这人真贪！贪寿命，是不是还贪吃，贪一切好东西？不是，是为了证明，证明中华文化真的可以帮助人做到这一点。

比我大整整两轮的、现在已经出家了的、一位武学大师级的人物告诉我，既然来这一次，要把老祖宗的这个好东西践行一下，证明一下，让人感觉到有信心。所以他的想法就是最低活到一百二十岁，然后当世的有些人就会生起信心，“哦，原来这个东西真管用”，那这些人的信心就会起来。他发出这样的心，当时我还不敢跟着，过了几个月之后我才想，那不妨试一下，践行中华经典，效仿古圣先贤，活一百二十岁试试。

“天之在我者德也。”想寿命长，积德吧，尤其是积阴德，积阴德就是做好事不留名。不要要求电视台呀、报纸呀非得给我报道一下。你要这样想的话，那是交换之心、交易之心，当场报掉，报道报道嘛，直接就给你报销了。莫不如攒着、存着，越做越高兴。就像新加坡那位许哲老居士，一百多岁的人，身体像面条一样柔软，去老年院照顾老年人，她照顾的老年人比她小三四十岁，那多潇洒！

引论：中国文化语境下的“经济”和“管理”

接下来跟大家报告的是我们自己中华文化语境之内的“经济”和“管理”，它不是我们昨天少谷主所说的从西方学回来的那个Economics和Management，而是我们自己的经济和管理，理解了它，我们再学《管子》和其他经典的时候，才能够看明白他们论述的是什么或者说为什么是那样的。

我们有自己的纪年

按照我们的传统惯例，每次讲座的时候我们还是要跟大家报告这个纪年，今年是我们黄帝纪年的四千七百四十九年。昨天我们的主持人严先生已经跟大家说过，我的这个纪年和大家看到的版本可能不同，我计算没有差七十多年，是三四十年那样。将近五千年的纪年了，差个几十年，我认为对于我们来说已经很准确了。就是告诉大家不要忘记我们还有老皇历，经常翻一下，有了这个纪年，其他不用说，表示我们一定有非常悠久的传统。

1998年上海财富论坛，美国前国务卿基辛格先生说过这样一句话：中国人有五千年的历史，美国人只有两百年，中国人至少有四千八百年不需要美国人来说三道四。也就是说如果我们把这四千八百年的东西总结出来，那么从文化境界上和历史高度上，一定会比当代两百年的积累要强。这是我们建立起文化自信、道路自信乃至于制度自信的一个传统文化的基础。既然有这么久远的纪年和传统，那就说明我们一定有自己的文化，是世界上其他文明所不曾想见的。

中华文化的构建原则

谈到文化了，中华文化有一个构建原则，就是“近取诸身，远取诸物”。这个“诸”，学过初中语文的就知道它相当于“之于”，近取之于身，远取之于物，大概读快了，就变成了“近取诸身，远取诸物”，这是《易经》的法则。我们的文化呢，跟身体并没有离开，你把自己身体运行的道理全部明白了，天下的道理也就明白了。如果身体的道理不太好打比方，找外面大家都熟悉的事物来表达。总结到最后，我们的远祖伏羲归纳了八种现象，挂在天地之间，简称“八卦”，这个我们先不多说。他的原则体现的就是近和远一以贯之，天和地一以贯之，阴和阳一以贯之，我和天就是我和自然（周围的天地、人、一切事物）一以贯之，天人合一，然后叫物我一如。

看《庄子》：“天地与我并生，而万物与我为一。既已为一矣，且得有言乎？既已谓之一矣，且得无言乎？”庄子他老人家也表达万物和我一体吧？说到“一”的时候还有话可说吗？没话可说了；可是你已经提到“一”了，有一就有二，有二就有三，没话说吗？还是有；能不能说都被他老人家说了。

“一切外相都是我们自身心识变现。”这句话需要体会，用逻辑去推，想破脑袋也推不出来。但是一体会，你体会到了，会证到这句话，一切外相都是自己心识的变现。那为了适合现代人的理解，我把它翻译成另外一句话，“一切机械都是人体功能的外化与物化”，包括你使用的手机呀、摄像机呀、汽车呀，都是人体本有功能的另一种外化，可见的物，功能出来了。飞机是怎么制造出来的？叫仿生学，仿的是鸟的功能；我们把腿变成圆圈，就变成了车的功能，都是一种转化。

《易经·坤卦·文言》里面有一段话我经常跟大家分享，“君子黄中通理，正位居体，美在其中，畅于四支，发于事业”。从内而外发出来的，关键是君子，不是君子的话这个规则不好用。所以首先就是“天之在我者德也”，这个人有德了才能叫君子，才是真人、至人、圣人、贤人，你才能够感通，至诚者必感通，感通者必至诚，学过数学的会知道这是充分必要条件。那我们就知道了中华文化的经济从哪里来。近取诸身嘛，从自己的身体里来，就在我们自己那里面。所以看古代的书，老师有些时候会对求道的学生说“道在汝边”，你向我求，你找错对象了，你要求的那个东西就在你本身那里。

所以孔子的孙子子思这位老师写《中庸》这篇读书报告，开篇就告诉我们：“天命之谓性，率性之谓道，修道之谓教。道也者，不可须臾离也，可离非道。”我们每一个人都没有离开，只不过你每天那样生活却不知道，知道了以后那就是天人合一的状态，证得了。

“经济”之道：十二“经”普“济”全身

那经济之道在哪里呢？就在我们身上，十二“经”，普“济”全身，简称“经济”。生理学贯通到外面、天下。现代经济学很狂妄，可是，实际上借用了很多医学词汇，否则都不知道该怎么清楚地表达。我来的时候坐飞机，前面有一位同人拿着《参考消息》报，说“G20峰会把脉世界经济”，“把脉”这是中国话，中医看病才把脉，它运用的是医学的词汇，都是从中华文化里来的。

我们看人体十二经对应着一天十二时辰，现在叫二十四小时，是一一对应，没有例外的，我们在座各位没有任何一个人说我可以例外，不可能，有一经不工作你身体就不正常。所以我们再看这个结论就会知道，我们能够健健康康地生出来，身体所有器官全都是全的，这就叫“全德”啊！然后脑子还不错，不但有工作还能够提职；不但有财富，还能领着大家发财。这就说明祖上积德，自己现世依然有德。

十二经里面除了心经跟小肠经这一对儿每个月都在值班，其他十经，每经主养一月。十月怀胎，母亲怀我们的时候，有一经受伤对于我们来讲就是先天疾病。具体的阐述在西晋王叔和的《脉经》里面，学医的、感兴趣的同人可以翻一翻原经。我们的结论是近取诸身，一经不济是先天缺陷。但是呢，国家如果有一个部门、一条线不通畅，那就是经济危机。我们一听这话好像是很吓人，无非就是经络堵了嘛，政令不畅通，国家想实现经济繁荣也不可能。相当于是你脑子里下指令，手脚却不听使唤了，这怎么弄?

管子和齐桓公之间的合作就是君臣互信，齐桓公完全相信管仲，等于言听计从，我们在《霸形篇》里面会讲这个故事，管子怎么说齐桓公就怎么执行，发号施令的好像是管仲。这就是一个伟大君主、有事功的君主必备的条件，找到好人之后（这个好人是指能臣），听他的，这在古代是一个很好的传统。

在这里跟大家需要着重强调的就是：每一个人的肉身，肉做的这个机器，在中华文化里面不叫身体，叫“余德”，是我们先祖的余泽。如果往上数，任何一辈儿直系血亲，真正做了断子绝孙的缺德事，按照“天之在我者，德也”那句话，我们生不出来！真的会断子绝孙！所以有一些同人找到我，要解决年轻夫妇生不出小孩儿的问题，除了现在不按天时生活的原因，导致好多女孩子宫寒，着不住胎；还有一点更重要的，我通常会问祖上三代干什么行业的，如果没有大的缺失，好，就告诉你方法，正常积德三个月，长的也不过三年，孩子一定来，而且是好孩子。积德嘛，有余德就会有孩子，很简单的道理。我们这个身体就是一个余德，没有孩子，说明余德没有，积下德来，孩子就会有。有些人说那你这样讲，还需要现代的生理医学干吗？那是另外的一个学科，它是从微观上去处理。我们现在这是大而化之，中国古代经典所传承揭示的道理就是这样的，而且有很多例证，恰恰符合科学实验的条件：同样的条件下，实验结果可重复。如果没有这个“德”做基础的话，你那个西医的医学再精密也是巧妇难为无米之炊，解决不了生育的问题。即使试管婴儿能培育成功，也需要德行的积累。

回过来总结，我们的结论就是：一经不畅，国家危机！这个是我们谈论的“经济”。《易经》的原则，中华文化构建的原则，从源头上说是从身体上来。而且西方的经济学大师也触摸到了这个原则，就是20世纪西方五大思想家之一的哈耶克，他写了一本书叫（*The Sensory Order*），副标题是“理论心理学原理”，他已经触摸到这个原则，通过人体的中枢神经的运作效率，去解释国家组织的效率。

我们有自己的经济学和管理学

既然有这样的文化传统，那就意味着我们一定有自己的经济学，谁表达得最充分？哪部书表达得最细致？《管子》！就是我们这一次要讲的主角。

1912年孙中山先生讲过一段话，大意就是我们自己有经济学，而且是世界上最早的经济学，指的就是“管子经济学”，这是有案可查的。但现在呢，学习西方经济学的人会很鄙夷这种说法，孙中山是搞政治的又不是搞经济学的，他的话怎么能够被当作标准、当作学术文献呢？具体怎么看大家可能会自有公论，我们提出来请大家做参考。

范仲淹有过这样一句话：“不为良相，即为良医”，他说清楚了国家治理的道理和治理身体的道理是“一”，他一定是完全有把握、了解了这个机理，才说出这句话来。我能够“经济”（圆满地帮助）你的身体，同样这个道理，就可以经济国家，这是中国文化，地道的中国文化。

人体不但有十二经，还有十二官，就是器官。我们现在一提器官只能想到身体，可是，梦寐以求想当官的人却不知道那个“官”的原意是从这里来的，也是“近取诸身”。仔细一想中华文化所运用的词汇，对现实社会生活所用的词汇，大部分来源于“近取诸身，远取诸物”的这个原则。当官要有组织，这不都是身体上的概念吗？当官的那个官指的是器官；组织呢，相当于好几个器官形成一个系统。这个功能都在《黄帝内经》当中写出来了，所以大家看就行了。身体当中任何一个器官都要“官官相护”，否则的话人会出毛病；心、肝、脾、肺、肾、大肠、小肠这些器官必须互相配合，有一个不配合你立即就被送往医院去检查了。

五脏六腑再加一个器官才能是十二官。这个注音呢，我读到的版本有念dàn中的，有念tán中的，不管哪一个，反正对于我们来讲知道这回事，我这个版本叫“膻（tán）中者，臣使之官，喜乐出焉”。它的位置在我们两乳中间。这十二官互相配合，就是经济学上的协调，它们各自的官能，就是分工。读过亚当·斯密著作《国富论》一书的都会知道，分工的贡献被称为他学术里面最大的贡献之一。可是我们的经济和管理都是从“近取诸身”这个原则开始的，所以“官者，管也”，这是中国文化地道的管理观念。那很显然我们这个管理学符合我们的文化传统，从我们的文化土壤当中生发出来，简单一句话叫“圣人之治”。

圣人跟君子是一样的，首先是有道德的，然后是通达的人。“治”就是管理，最高明的管理是危机没发生之前就已经把它消除了，叫“治未乱”，这是管理国家；对于身体，还没有闹毛病呢，我们把闹毛病的可能性因素消除了，这叫“治未病”。道理也就在这三天我们念的《黄帝内经》里面。所以我们说破题那两个字“管子”，就是学会管理我们自己的念头。心理、生理以至于外面的伦理、物理所有这些理都通了，就叫“君子黄中通理，正位居体”，心不邪。心不邪就没有邪行啊，邪淫就没有了，各种危害就都消失了，从根儿上就消失了。“正位居体，美在其中”（“心里美”这个词是从《易经・坤卦・文言》这句话里面出来的），然后“畅于四支”。大家一看这个人有德相，这是修到了。发到外面，得道者还多助，不用求，就有人来帮助。做老板做到什么境界呢？做到天下的能人都会集到你的公司里面，那你就叫垂拱而治。在自己办公室里泡壶茶，等着看财务报表，财富滚滚而来。

东西方都不例外。洛克菲勒说过这样一句话：我这一生财源滚滚，是因为上帝知道，我会把他给我的财富用到为天下人造福这样的事业当中。这就会形成良性循环，你这面给出去，相当于一根管子把水放出去了，财富在天地五行当中属水，谁给你注入进来呢？天理，这个管道就接通了。所以我们现在说，要想富先怎么样？捐赠啊，就是投资呀。秋天要想收的话，春天你得把种子埋下去呀，然后耕耘。

现在有些人很不理解，说你这哥们儿原来在农村里生长，好不容易考到财经大学，毕业了，努力了这么多年，好像是也有名了，也有那么多人去请你了，出的价格还不低，怎么突然不要钱了？我说你不了解，我们这叫有传承，而且如果了解了道理，你可能比我做得还拼命。那叫种钱哪，种瓜得瓜，种豆得豆，种钱就得钱嘛。我没要的这些钱，大家是不是都已经看出来了，它已经广种在天地之间，这个土地是什么土地呢？是心地。那将来收获的时候到底多少我也不知道，叫“春种一粒粟，秋收万颗子”。我这点秘密被我大三的一个同学看破了，当时我自己都不知道。她也不知道怎么搞的，突然学会了看手相，就给我们看手相，她说你未来很有钱，可是你不留钱。我当时就不明白我很有钱，那钱霍霍哪儿（东北土话，挥霍的意思）去了我不留钱？现在就清楚了，是捐出去了。

有些时候还想赚钱，因为要做一些事，可是想一想赚那么多钱自己数不过来，还得请会计师，一个会计师不行，还得请一个会计师事务所，帮你核算；核算清楚了之后，还得想怎么花，还得找一个智囊团，我们做这个项目怎么样能够把这个钱很好地花出去。赚钱体现的是德行，物化嘛，体现的是能力，你能赚到；花钱可检验真正的智慧，一文钱花错，你都要负责任！所以钱也不能乱花。现在就拼命地去种，种得多了，晚年一定有好结局嘛。年轻的时候吃点苦不要紧，因为有体力也能干得动，风烛残年的时候说再去刨地，那哪能干得动了呢？所以取财趁早，赶紧种。

这个道理不是我说的，是老子在《道德经》当中的结论，八十一章里面说的，叫“圣人不积，既以为人己愈有，既以与人己愈多”，你给别人服务得越多，你将来获得其他人的服务也越多；你捐赠出去的越多，回来的也就越多。天理循环，所以叫“天之道，利而不害；圣人之道，为而不争”，是你自己的无论如何别人抢不去。

我为什么这样有信心？因为老师教化，我把这个道理看清楚了；读古代的历史和经典，理和事也都看清楚了，古往今来的例子都太多了。所以当有一天我太太问我，因为她在看《读者》上的一篇文章，一位女士写文章说她有一千万她才能够感觉到安全，什么两百万的别墅、两百万的教育基金、两百万的旅游基金、两百万的孝顺基金……罗列了五个两百万，才觉得这能安全。我说等到她有这一千万的时候，她会觉得有一个亿才安全，没完没了。尽管我们俩现在组合贷款，按揭嘛，才能买个房住下，但是我知道未来会很富足。别说没有钱，有钱也不能直接留给孩子。要留给他这样一个东西，这是我经常在讲座中跟同人们分享的想法，留什么呢？留一个机会。我们俩现在积功累德做好事，可能将来有一天，其他的同胞同人知道我家孩子是谁的孩子的时候，说看在他父母的面子上给他一个机会，这就够了（掌声）。感恩大家！这个东西是别人永远也抢不去的。

当年萧何做大汉朝廷的丞相，按理来说位高权重，完全可以掌控稀缺资源，可是他买的地都是别人不稀罕的地，大家都很奇怪，那关中富饶之地你为什么不买？他说如果我买那个人人都想争的地，我的子孙如果没那个能力还会被人抢去；这些地别人都不稀罕要，但是有了它以后，你只要不懒得要死，就死不了，有点地就够活的。这就是为子孙计。那个地呢，它毕竟还有一个东西，但是我认为，观察清楚了，地都可以不操心，就留心性上的财富，在心性上种，广种到天下，然后就可以感通。因为我亲眼看到这些事实，教育了我。

比如说厦门大学辽宁校友会请我去参加厦大九十周年校庆，当时介绍台上嘉宾的时候，有一对夫妇是校主陈嘉庚先生的孙子和孙媳妇，当时我就产生一个想法，他们和高级领导、获得诺贝尔经济学奖的世界大牌经济学家、杰出校友坐在主席台上，凭的是什么？我不知道他叫陈什么，因为介绍的时候就是校主的孙子和孙媳妇，这不就是祖德余荫吗？！如果其他的校友，说我愿意花一百万，买我上主席台，行不行？可能没这个机会，那不是按钱来衡量的。可是有德行就可以端坐在上面，而且全厦大的人都报以恭敬之心，包括全天下的学子提到他们也会报以恭敬之心。就觉得这没什么不公平的，他完全可以代表他的爷爷，在这样一个重大的、值得庆祝的时刻共襄盛举。不就是因为爷爷的积德吗？当年的四百万大洋捐出来建了这么一个大学，最后捐给国家变成国立厦门大学。所以，2008年以后，在我的眼中全天下的大学是一家，不要再去区分，没有哪个大学不培养人。我们给子孙千秋万代留下这个德行，这个财富哪个会计师事务所能够核算得清楚？！

《管子》的智慧流传到今天，如果有人去继承，不一定非得要做霸主，你把你自己那个小圈子、小事业、小单位搞好了，不就是自得其乐、自得圆满、自得自在吗？然后，我们的儿子、孙子、千秋万代都会受到这种祖德的余荫。比如说有人告诉我，苏州范家八百多年人才辈出，是因为他的祖先——范仲淹。当年当到参知政事了，我们今天说副总理一级的，把自己的薪水分成三百份给亲朋享用，而他自己还吃着素食，吃着清淡的饭菜，过着简朴的生活。八百多年以后，一提起来我们仍然肃然起敬。管仲之后一百多年，晏婴出现，叫晏子，很有名，晏子把他自己当丞相的薪水拿出来分了五百份，给他的亲朋享用，这是积多大的德？！

所以我们现在要学会种钱，学会这一点，那么《管子》看与不看差别不太大，结论就是这个人是明了，脑子明了，做主的是一个明主。明主之后，用在身体上，身体就安，就不得病；用在国家上，国家百姓就安，叫国泰民安。道理非常简单，就是《黄帝内经·灵兰秘典论》中所说的话："此十二官不得相失，故主明则下安，以此养生则寿，殁世不殆，以为天下则大昌。主不明则十二官危，使道闭塞而不通，形乃大伤，以此养生则殃，以为天下者，其宗大危。戒之戒之！"

"此十二官"你可以把它贯通为国家的十二个部委，可以吧？十二是圆满之数，那你就说国务院所有的组成部门全包括了，管它二十八个还是三十六个，就这个意思，全部构成不得相失。就是你不能不在工作当中互相配合，财政部要和发改委配合，教育部要跟科技部配合，文化部要和中宣部配合，以此类推，大家联合起来，完成国家的官能。就是政府有关部门叫司，不是私心那个私，司机那个司。"故主明则下安，以此养生则寿，殁世不殆"，就是活一辈子也不闹毛病。"以为天下"，把这个原则用来治理天下，经济天下，"则大昌"，高度的繁荣昌盛。做反了，"主不明则十二官危"，没有一个好器官，而且选你最薄弱的那一个系统先闹毛病。我们不是说所有的器官全部坏掉才死的，是某一个器官一衰竭，一得病，人这一辈子就有可能结束。"使道闭塞而不通，形乃大伤，以此养生则殃"，有一处不通，就是重大麻烦，形指身形、身体，"乃大伤"，望过去形神憔悴，一望即知。以这种错误的方法养生"则殃"，一看这个字就知道不是什么好果子。"以为天下者"，各个部门各自为政，政令上下还不畅通，"其宗大危，戒之戒之！"就反复地说，千万不要这么干！千万不要这么干！我认为身体一切疾病、个人财富、国家经济以及一切危机的本因，在《黄帝内经·灵兰秘典论》当中，这一句话都阐明了。

大连有一个富二代企业家，也就三十来岁的样子，他有一次跟我说："钟老师，我以前一直不理解，大家都说您是经济学家，可是怎么从来不研究项目赚钱，现在好像有点懂了！"一开始他很不理解，按照他的理解，经济学家得天天琢磨股票怎么样、房地产市场怎么样，或者其他的投资机会怎么样，琢磨琢磨干一个什么项目，我们一起赚点钱。后来一接触呢，我整天谈论的好像跟这些关系不搭，全都是心性的问题、积功累德的问题，他说您这学的是什么经济啊？过了大概两年，有一天晚上他送我回家，到门口他跟我说了这句话，他说现在好像有点懂了。已经从外物的追求，慢慢反观自心才了解什么才是根。因为经济危机来了嘛，他告诉我说：钟老师，我们感觉现在这个经济形势（注意啊，这是两年以前说的话），像冬天一样寒冷，所以他要转型。那我跟他提示，我说你就看两个例子，现世的企业家一个中国的，一个外国的，没有亏损过。外国的是稻盛和夫，中国的李嘉诚，大家都知道，超过五十年没亏损过，这绝对要有"道"才能做到吧。每一次转型他都能够符合这个规律，一辈子都在"点儿"上，他怎么就知道合适的时机要全部转型？这是有道，对经济的事物转化已经完全了解了。

世界范围内经济学境界分类

我们要把世界范围内的经济学境界分个类，因为大家都觉得经济学谈论的就是GDP指标，然后就是就业率、通货膨胀率、银行利率、再贷款利率、同业拆借利率……就是各种经济数据。后来一听你弄这个传统经济学，尽管涉及经济现象，但是为什么根儿上谈论的全是心念的问题？心性的问题？甚至包括我五脏六腑的问题？把荣华跟富贵都联系起来，这是哪门子的经济学！他就搞不懂了，所以我们有必要厘清经济学的层次和分别处理的内容。

现在我们根据中华文化的语境，分一个层次，也就是建立一个标准，看你悟没悟，以及“悟道”的程度。很多人自甘卑劣，不敢去承担，学《论语》的，你不敢承担将来一定是圣贤；学道的不敢达“道”，甚至想都不敢想能够活到老子的寿数，那费那个劲干吗？学习养生，你说我不想身体健康，你忙活的是什么？这就是没搞清楚。我们既然学了，就要敢于承担，也就相当于说每一次答卷，我都想答一百分，这是好的念头，至于是否能实现，那是另一个问题。所以要敢于承担，要当仁不让。

经济学理念的认识，我认为至少分成三类：心性、行为和现象。

现象，大家全能看得到，房价涨还是不涨，货币是不是通货膨胀，也就物价是不是稳定，菜篮子工程是不是搞得老百姓很满意，在建项目有多少是通过银行贷款弄来的，哪一些是自筹资金的，然后现在的烂尾楼里面有多少形成了银行的呆账……你捋一圈儿，整个国民经济的现象，差不多你就了解个大概。不用四处去调查，甚至三个点一看，基本上就清楚了，选取有代表性的城市，大体上还是能够了解一些实际状况的。这也是我们党为什么提倡“调查研究”之风的原因，有调查才有发言权。

那再深一层，现象是由人的行为构成的，人的行为是由心里发出的。2002年诺贝尔经济学纪念奖发给了卡尼曼，是西方的一个心理学家，表示西方经济学进行了“行为学的转向”。这就意味着经济学的研究已经从那个表象的制度，开始深入到人的想法，就是进入心里了。所以有些人简单地给了一个公式，什么是西方的行为经济学？就是心理学加上经济学，在经济学内部引入心理学。而另外的一个获奖者，美国亚利桑那学派的代表者Vermon Smith（弗农·史密斯），是实验经济学的代表，他说他因为实验经济学获奖，他只不过就是把五十年前哈耶克先生的想法付诸实验。哈耶克什么想法？刚才我们跟大家提过了，他是希望通过人体中枢神经的组织效率，来解释外面经济组织的运作效率，这不就是“近取诸身，远取诸物”的原则吗？也就是在西方几个大师级学者那里面，东西方文化的基本原则是贯通的。而我们在行为心理的背后还有一个东西是文化的、是伦理的、是道德的。这个道德不是人为编出来的伦理概念，是人人可实证的那个物理性的道德！不是说看不见的东西就不存在，就像现在我们每一个人都在这个大堂里面呼吸，空气存在吗？你看不见，但是它不存在吗？存在。道与德就是这样的，我们指的是那个真实的存在。

所以这三类经济学叫心性经济学、行为经济学和现象经济学。现象层次的经济学也叫制度经济学、法律经济学或者结构经济学，都是研究社会经济现象的。而且大家现在从社会上所看到的经济学绝大部分都是这个层次的，就是以亚当·斯密为鼻祖的经济学。

更深一层，就是近十几年来被诺贝尔奖也承认的、被西方认为是进行了行为学转向的经济学，叫行为经济学。那我还把文化经济学和伦理经济学放在这个层次上，因为西方人理解的文化和我们理解的文化有所不同，他们想的伦理也和我们论证跟天理一直贯通的那个伦理不一样，这是东西方文化的差异。你要理解他们的用词一定是在分科思维之下的。

最后呢，我们提出来叫中道经济学，中国的中，中庸的中，在座的有河南来的同人，河南、山东地区发那个音zhǒng，正好，恰到好处，天人合一，阴阳平衡，性相相容，就是那个“中”。中道经济学叫心性经济学，已经到根儿了，它是“道生一”的那个层次，或者叫贯通经济学。

制度经济学大行其道的原因

解释一下为什么表象上的制度经济学在现代这个时代几十年来大行其道呢？答案就一句话：因为道德水准严重下降。为什么春秋末期战国时候法家思想流行呢？答案也是一句话，那个时候道德水准严重下降。

只要道德水准严重下降的社会，法家思想、制度经济学的思想一定流行。

因为这是《道德经》总结出来的千古不易的规律，老子在《道德经》中讲：“失道而后德，失德而后仁，失仁而后义，失义而后礼”，逐层下降，随着道德水准、觉悟程度逐层下降，社会为了维持那个正常的秩序，法律规范的作用必须相匹配地逐层上升。

如果是在道化天下的时代（在中国上古有那个时代），人人都听教化，简单地说都是好人，都是自我监督的人，都不犯法律，就像周文王在西岐，三分天下有其二的时候，他的国家没有监狱，也没有执法人员，犯了错误画个圈儿，你在这儿待着，等着处理就完了。这是历史记载下来的。我们才知道中国文化为什么传五千年还传得挺好，尽管有各种各样的所谓的困苦啊、灾难啊、一时的不如意呀，那都不是主流，在历史上一衡量，两百年的实践跨度都算是短的，总体而言这个文化规律它是好用的。简单地说，“合道而昌，悖道而衰”，甚至而亡。但是只要文化在，复兴就一定可期！

如果我们现在只强调法治不强调道德教化，人没教好，就会出现老子在《道德经》当中所预言的状态，叫“法令滋彰，盗贼多有”。因为人老是愿意钻法律的空子，加上聪明的律师也能帮人打赢案子，必然导致这个社会的交易成本（也就是经济成本）逐渐上升。所以张五常教授估算香港社会的交易成本（那是全世界最自由的经济体之一），还要达到百分之六十到百分之七十的程度，不可怕吗？这个社会的运行有多大的浪费！而道化德治的社会，其运行成本急剧下降，理想状态是成本趋近于零。

不用谈国家，就谈我们现在这个集体，来的每一个人都是有道德的人，有水准的人，秘书长说是经过了选择的人，用我们老师的话说，你们祖上没有德是不可能进入这个课堂的。是什么样的人使我们秩序井然？大家不都守规矩嘛。如果说该起立不起立，该止语不止语，该吃饭的时候他出去运动了，这不就一团乱了吗？特别简单的事情。

所以国家需要良民，良民怎么来的？从好孩子来的；好孩子哪里来的？首先是母亲教出来的。古代就叫“母仪天下”，妈妈给天下做出规范，叫“母仪天下”，全是教好孩子的。今天母亲经常是要做女强人，离开了家庭，把自己的孩子扔给幼儿园、扔给保姆，母仪天下没有了。没有好孩子，会有好国民吗？没有好国民，会有好行为吗？没有好行为，会有好的社会经济现象吗？所以豆腐渣工程、假冒伪劣产品充斥。追根儿追到文化上，追到生育制度、养育制度上，这是最根本的经济因素了。历史性的证明，就是道高德普的时代，通过道去教化，通过德去管理、去规范，以孝治天下。

历史记载，有两个人因为一件事起了争执，听说周文王很公正，是大圣人，就跑到西岐，找文王去理论理论，到底应该怎么办。两人走到西岐境内一看，普通人民都是非常礼让、谦恭，这两人说普通民众都被教化得这么好，你说我们俩到那去评理，丢不丢人！两个人就回去了。古代有这样的例子，今天依然有啊，大家生活当中也能观察得到啊，只不过就不普遍而已。如果能够做到普遍，那就可以做到海内升平、国泰民安。

而经济在和平时期，只要国家不限制，只要政府没有过多的想法，就是老子在《道德经》上说的“我无为而民自化，我好静而民自正，我无事而民自富，我无欲而民自朴”。把“我”换成“政府”，天下的事情就已经被他说好了。可是如果不仁、不义又无礼的时代，就得一部一部法令地制定，就得一个监狱一个监狱地盖。我去南京军区某部队讲座的时候，装备部的朱政委就告诉我，他们旁边有女子监狱，据说监狱还在扩大，装不下，人满为患。犯了错误的国民，是因为没被教化好，谁的责任？我们每一个人的责任！因为小孩子出生的时候他是可以被教好的，这个社会环境把他同化成坏人。谁坏了？首先是大人坏了。那我们现在怎么做？不要要求周围的人，自己去给人家讲道理，先把自己改好，所以叫“管子”。你把自己管好，你自己的那个世界就平安了，然后会慢慢地感化天下人。

习总书记讲，把权力关进制度的笼子里。因为掌握公权的人已经不知道他这个权力是祖上余德的显化，是天地众人赋予的“公权力”，它变成了“私权力”。自己不知道节制，就一定要有一种机制，强迫地节制。如果违法，那要受惩罚；如果犯罪，需要去报销自己这个罪。谁做的？自己做的。对于我们遵纪守法的人来讲，国家预备的警察、武警、军队和监狱跟我们有半毛钱的关系吗？没有啊，除非你主动去参观。谁把那些人送进了监狱？不就他自己送进去的嘛！所以当道德水准严重下降的时候，市场上的行为主体都不守规矩的时候，即使立了合同也会违反合同的时候，君子协定不好用了，只有强化法律才可能好用。

什么叫制度经济学呢？起源于西方的，有新制度经济学还有“老制度经济学”，老制度经济学是以康蒙斯为代表的；新制度经济学是以科斯为代表的。科斯是芝加哥大学法学院的教授，他不是经济学的教授，可是他得了1991年的诺贝尔经济学奖，他被认为是法律经济学或者是新制度经济学的创始人。新制度经济学特别流行，就是因为大家都不太守规矩，所以这个规范人们行为的制度成为显性的制度，研究制度的经济学称为显性的经济学。我们观察社会也觉得，如果没有制度，管理不好社会，这不就反面地证明着这个社会的道德水准严重下降了吗？其实我们生活在一个道德水准很差的社会，是很让人难堪的。

而我们到了现在的这个时代，有必要用量子力学的视角，观察一下中国经济学达到的智慧程度。要解释清楚这件事情呢，需要做一个补课或者简单介绍，就是量子力学是什么东西，主要的观念是什么。明白了它，我们才能明白中国古代文献里面相当一部分以现在量子力学以前的科学观念读不懂的东西。

时间到了，我们下一课接着讲。谢谢大家！

第二讲

作者通过对当代最前沿物理学——量子力学的介绍，让我们明白了为什么说“物理学进入了禅境”。以管子经济学为代表的中国传统经济学，是最智慧、最圆融、最真诚、最慈悲、最符合世界真相的经济学，是当今中国实现伟大复兴所迫切需要的治国理念。

尊敬的各位同人：

我们接着往下讲。根据刚才下课的一些反馈，跟大家再提示一下，我们讲课，或者说不叫讲课，叫共修，根本就不需要记笔记。其实我上一节跟大家说，我当时把笔撂下来，就是提示大家：你也不要记了，“享受”这个课堂的过程。因为记笔记很麻烦，还记不全，只有听是能听全的，而且不要指望着说，记完了我回去再去学，那你是把当下最重要的忽略了，活就活在当下！所以，“舒舒服服”地坐在这里面，认真听，就好了。就指望着这三天有一个境界上的提升，而不是要记一些原文，那是要学知识，你性格上化不了；如果你完全放下，就是去体会，这三天你有化掉性格中阴质的可能，变得柔和光明。不是说完全凭这三天，因为你以前积功累德，积累到一定程度，可能这三天是一个质变发生的节点，一下子就通了，就开了，说不定哪一句话就起到这样的作用。

量子力学视角下的经济学程度

我们看一下量子力学对世界的认识，简单地说“物质起源于意识”，然后我把它的变化机制造了一个词来形容，叫“观察者介入”。人的意识观察世界这一过程导致的结论就是：纯粹的“客观”根本就不存在。量子力学的发展是要改写我们以前上中学、大学和研究生期间所接受的哲学知识、哲学观念。就像牛顿的理论发表出来以后，全世界的时空观是静止的、三维时空的、绝对的时间跟空间观念。到了1911年，尤其是1919年5月29日（那一天，英国爱丁顿领导的观测队在西非的普林西比岛上拍摄了日全食时太阳附近的星空照片，第一次定量地证实了光线弯曲的预言，是广义相对论最有力的天文学验证）之后，爱因斯坦广义相对论的相对时空观，决定着人类对时空的认识。而量子力学的发展，爱因斯坦也做了巨大的贡献，它导致的结果就是我们现在对物质的认识又有了巨大的突破，因为物质分解到最后，找不到一个实体。

就像我们小的时候，想着这个实实在在的物质（指桌子），是由中间有着“巨大空间”的原子构成的，我们以为原子是最小的实体（当时为什么翻译成“原子”？就是以为不能再分了），后来打开原子的结构，发现里面还有“巨大的”空间，电子围绕着原子核在运转。我们学过物理和化学，尤其是读过高中的就会知道这基本的现代物理学和化学的知识。怎么能够想象如此坚实的物质里面还会有那么大的空间？这对于我们来说，一开始就感觉到很奇怪，但是它是真实的科学，由不得你不相信。后来我们人类又打开了原子核，发现里面有中子、质子；然后再往下分，分到目前我们当下的这个时代，用朱清时院士的话说，“物理学进入禅境”，从现代物理学中量子力学的角度来讲，主客观原来是一体的。

进入到这个状态，我们才能够读懂中国古代留下来的一些典籍。请看禅宗里说的“性相不二”，本性，自性和外面的现象，以前说“不二”，谁能听得懂？谁能证到？他怎么就“不二”？我们天天看的全都是“二”，都是分离的，都是对立的。那什么叫“能所双亡”？能见的和所见的是一体，这个怎么去证？不理解。就光看文字，想破脑袋，推不出来。可是现在，主观原来影响着客观存在，就这一点，现代科学跟中国古代文化最精密的核心传承达到了一致，合一了。不过，我们先不详谈这个议题，回到经济学领域。

从经济学角度我想问一问在座的各位同人，谁是金融市场上的常胜将军？我们大家都熟悉一个人，在国际上兴风作浪的，叫索罗斯。据说他唯一的一次失手，就是东南亚金融危机期间进攻港币的时候。结果索罗斯没成功，那一次应该是整个香港经济的生死之战，我们打赢了。香港是自由经济体，按照西方经济学，政府不能干预市场，但是港府动用了大概七百亿至一千亿港币，在1998年8月28日，击退了索罗斯等国际炒家的进攻。为什么提那一天呢？因为据说那一天是香港恒生指数期货8月合约的结算日，双方的合约要进行正式交割，如果按照看空的那一方那个点数跌落下去，那他就赢了。可是香港政府采取“你往外卖我就买，你卖多少我买多少”的策略，就托住了这个价格，就托住到那个点位之上，下注了大量8月份期指空仓的国际炒家他就赔了嘛，这就是所谓“游戏”，国际资本的玩法。但是让我感觉到既可笑又可气、又震惊的是，当时他们在国际舆论上反问：你们政府怎么能下场呢？你们相信的不就是市场会自动配置资源吗？你们怎么干预了市场的自由？我说我想反问，你想杀死我的时候，我拿起了武器，我自卫，然后你居然质问我，你怎么能够拿起武器来反抗？天下有如此混账的经济学逻辑吗？！（笑声、掌声。）

然后我就下结论跟我们的同胞讲，我说1929年之后，美国中央政府就再也不会相信“市场会自动配置好资源”这种西方经济学教条，因为美国在1929年得到的教训太沉痛了！他们那个天真的总统相信了经济学家的理论，就是自由主义经济学家的理论，市场会自动地配置好资源，会解决这个问题的，所以他作为总统，没有采取任何措施，而是天真地等待着那个无所不能的市场给他把国家经济配置好。结果大家都知道，最后不得不换总统收拾残局，罗斯福被推举上来，百日新政，银行都得关门停业进行整顿，美国经济崩溃，十年以后才恢复到1929年以前的经济指标。他们美国人不痛定思痛、不总结经验吗？不会吧。他们美国中央政府还相信那一套？不会吧。也就是说，他们已经知道在市场要崩溃的时候，政府必须要介入！

打个比方说，你明明身体已经高烧得不行了，或者是痛楚得挺不住了，还不去就医，因为你说身体有一个自动的恢复功能，我就等着它恢复好了。当你自己已经不能够掌握局面和控制的时候，做主的那个已经不能使身体“下安”，我们就要借助外力，所谓医药，求一个名医把我们搞清楚，恢复成原来正常的状态，这是正确的做法，跟国家市场是一样的。

我们反复强调现在的引论对我们理解《管子》，包括中国古代一切经典都有至关重要的作用。否则你读不懂，或者你读不通。通是什么意思？《论语》读明白了，《道德经》一定会读明白；《道德经》读明白了，儒家文化也能读明白。如果你觉得它们有隔阂，那就是你没读通，也没读懂。解，全是误解；会，都是误会，会害人害己的。所以我们希望把大家送到那个中道的位置，就是恰如其分的位置，用自己的人身和生命去证明一下书中所说的道理是对的。

那最后呢，我们打赢了。但是索罗斯还是被称为金融市场上的常胜将军。索罗斯提出了一个反身性的理论，双向的，然后公开地宣布西方经济学市场有效性假说已经破产了。他提出的双向反身性理论，感兴趣的同人可以翻看他的小册子，是中信出版社2010年4月份出版的，叫《超越金融》。

谁这么狂妄可以超越金融？他就敢说出来。因为按照他的纪录，除了香港一战，其他的国际战役他几乎攻无不克。攻无不克的原因，在我看来，就是因为有西方经济学理念的配合，让你们的人民，尤其是政府相信这是市场行为，这不是我政府该管的。什么意思？解除你们的武装，包括思想上的武装，不要拿起武器去反抗，等着别人把你杀死！实质就是这样。

市场的时机，等到错过了，就包括苏联卢布崩溃的时候，苏联的金融当局有无数个机会可以把卢布挽救回来，但是没有。什么原因？整个苏联人民都相信，只要我们放弃我们现在的制度和意识形态，我们就可以自动地过上美国人那样的生活。后来一解密才发现，这是里根的宣传策略，有意地让苏联人看到美国人美好的生活，然后一点一点地把苏联的财富“证券化”。那么谁又控制着证券呢？懂金融的。谁懂金融？美国学回来的博士。好了，像木偶一样，国家金融间接地被人控制。如果苏联当局有一个人了解了管子当年采取的应对国与国之间金融货币、贸易之间的那个策略，他都不会中计，“中”到让苏联解体，让卢布贬值一万四千倍。一万四千倍什么概念？年初的时候，你家里积累了一辈子的财富在银行里面，也许都能把我们“修德谷”买下来；可是到年底的时候，你只能买“修德谷”的一张桌子，一辈子的财富化为乌有。哪儿去了？矿山证券化了，国有资源证券化了，被别人控制了，然后你这个证券的价值急速地在金融市场上下降，没有人接手啊，越跌越没有人买，最后变成废纸一样，国家经济崩溃了。所以可能很多人不了解目前普京总统心中的痛楚，不了解他为什么会成为一个强势的总统，不了解为什么俄罗斯人民此时那么支持他，因为苏联人民有切肤之痛!

我们现在大家知道吗？在一个和平的环境里，有吃有穿，随便骂娘……也没有人把你怎么样，就过得太舒服了，就很容易丧失警觉性。我所能够提出来的就是：如果你在经济理念上没有保持警觉，总有一天，我们的财富被人拿走了，我们说声感谢的时候，还替人家数票子。这是真实发生的事情，发给大家的那本书（《中国传统经济学智慧》）翻到后面，有可查的数据，你就知道了问题有多么严重。

所以索罗斯这个新经济学意味着什么？意味着西方经济学已经到了穷途末路。这不是我说的，我全是引用他们西方经济学内部人士的话说的；说西方经济学市场有效性假说已经破产，也不是我说的，是索罗斯说的。而他是全世界都承认的一个在金融市场上，也就是市场全部核心里面，效率最高的那一部分的常胜将军。他说的没道理吗？不值得警惕吗？

那从中国文化来看，我认为建立在中国唯识论基础上的“中国传统行为经济学”，是未来我们经济学走向现代科学的一条道路。你不是跟西方接轨吗？都研究人的行为吗？好，那我也研究行为。谁对人的行为研究得最透彻、最精密、最彻底、最全面、最客观呢？中国的先祖，以唯识论为代表。如果在座各位，有学过现代的西方心理学的，回过头你翻看一下，至少是以玄奘大师师徒为代表的唯识论的书籍，你可能领会什么叫“曾经沧海难为水，除却巫山不是云”。

哈耶克在他的书（《通往奴役之路》）上也有一句话：人类的意识造成了现在世界这个样子。这不是一般人读得懂的。哈耶克被称为“跨学科大师”，因为西方是分学科的文化，一科一科的，他的思想是跨越学科。很多人不懂这个人说了什么，但是有中国传统文化的人，一看他的话，就知道他在说什么。“意识造成了世界这个样子”，例如想建一个“修德谷”，请大家来，所以李总脑子里的那个意识就造成了目前“修德谷”这个样子。叫蓝图、设想、规划嘛，画到图纸上，有人看明白，然后就这么建，慢慢地世界就变成了大家想象当中的这个样子。非常客观，也非常真实。

科普：量子理论

为了说清楚以上的阐述，我们有必要了解一下量子理论。网上都可查，所以大家根本就不需要去记笔记。最好玩儿的一个状态就是“量子纠缠”的状态，我念给大家听，你只要优哉游哉地用耳朵听就最好了，我们耳根比眼根还要利，这是我们东方人的特点。

“根据实验验证，具有纠缠态的两个粒子，无论相距多远，只要一个发生变化，另外一个也会瞬间发生变化，这是最重要的特性。”我再念一遍，大家慢慢去体会。“具有纠缠态的两个粒子（什么叫纠缠态一会儿我们解释，成对儿的两个粒子），无论相距多远（大家要注意这个！时空对它来讲没有限制。说我们现在在这儿讲，出了讲堂，人听不着，北京市内的，站在天安门上的，根本就听不着，除非有现场直播，我们才能够看到；可是对于具有纠缠态的粒子，无论有多远，换句话说，在宇宙的另外一个深处，假如说那个粒子跟我具有纠缠态，我现在有一个变化，它那里立即感知。这个能理解吗？），只要一个发生变化，另外一个也会瞬间发生变化。”如果你读过爱因斯坦的广义相对论或者其他宇宙学的科普文章，会对“同时”这个概念发生疑惑，就是是不是会存在“同时”，会有一个另外的解释，“同时的相对性”，我们只是理解，非常快，几乎不需要时间，我这头一想，那一头马上就感知。

利用这个特性实现光量子通信的过程如下：事先构建一对具有纠缠态的粒子，将两个粒子分别放在通信双方，将具有未知量子态的粒子与发送方的粒子进行联合测量，则接收方的粒子瞬间发生坍塌，坍塌为某种状态，这个状态与发送方的粒子坍塌后的状态是对称的。对称是非常关键的，因为它具有纠缠态。实在想不明白纠缠态，你想象一下阴阳鱼行不行？那两个是纠缠态，只不过它在一块儿。现在是这两个粒子有纠缠态，它要分离了。

将联合测量的信息通过经典信道传送给接收方（也就是我们现在所使用的通信方式），接收方根据接收到的信息对坍塌的粒子进行幺正变换（相当于逆转变换），即可得到与发送方完全相同的未知量子态。怎么恢复呢？如果理解现在物理通信的，那个信号，我这样用声音对着它说，经过信号传输，那里又还原成声音，放出来大伙一听，这能理解。但是一换成所谓的什么光量子，又有点二乎是不是？很简单，道理几乎是一样的。我们也不需要像物理学家那样去证明它，理解这件事情就可以。

它的安全性，量子科学家用了这一个词，就是“绝对”。量子通信绝不会泄密！你就会想，这是未来整个世界要争夺的一个领域。“绝对不会泄密”是什么意思？应用到军事上，不必再担心密码被破译。你看一看“二战”，因为破译了一个密码导致军事重大失败或胜利的例子，你就知道这有多么重要！生死的重要！

其一，体现在量子加密的密钥是随机的，即使被窃取者截获，也无法得到正确的密钥，因此无法破解信息。就是那个钥匙，你拿到了它都不好用。

其二，分别在通信双方手中具有纠缠态的两个粒子，其中一个粒子的量子态发生变化，另外一方的量子态就会随之立刻变化，并且根据量子理论，宏观的任何观察和干扰，都会立刻改变量子态，引起坍塌。因此窃取者由于干扰而得到的信息已经破坏，并非原有的信息。提醒大家注意！你窃取它，你就是干扰者，你只要一介入，得到的就不是人家传输的那个东西。

这里面列的数字就说明这个传输有多么高效。被传输的未知量子态在被测量之前会处于纠缠态，即同时代表多个状态。这对我们来讲，大家一定要注意理解，尤其是打过禅七的，我昨天听少谷主说她已经打过好几次禅七了，打过禅七的人，脑子里要有一个想法。

“同时代表多个状态”是怎么实现的？例如一个量子态可以同时表示0和1两个数字，7个这样的量子态可以同时表示128个状态或128个数字，所以它们传输一次就相当于经典通信方式的128次。

“同时存在”怎么实现的？有一个“薛定谔猫”来帮助理解。就等于举一个例子，把一只猫放到一个有毒物的盒子中，然后将盒子盖上，过了一会儿问这个猫是死了还是活着？大家有没有一个自己的答案？量子物理学的答案是：既是死的也是活的。有人会说，打开盒子看一下不就知道了吗？问题是你打开盒子那一瞬间，你观察这个状态已经影响了它存在的状态，说的就是这件事情。这种死或者活的状态是人为观察的结果，也就是人的宏观干扰，使猫变成了死的或者活的了，并不是盒子盖着时的真实状态。微观粒子在不被“干扰”之前，就一直处于“死”和“活”两种状态的叠加，也可以说，它既是“0”

也是“1”。

为什么物理学进入禅境？大家能知道吗？能知道我们把它插入进来对于理解经济学有什么作用吗？任何一个人提出他的经济学理论已经对现实有了干扰，他具有强大的话语权，他就会让世界按照他的想法去发展；我对未来非常有信心，那么国家经济就按照我想的非常有信心的状态去发展；有些人就极度地悲观，这个现实就极度悲观地发展下去，是不是听明白了？所以信心比黄金还宝贵！为什么世间只有我们自己？我们管理好自己就可以了！你决定着你世界的现象嘛。就是霍金说的，你即使在果壳里你也是你的宇宙之王。我们就要找这个做主的心性之王。这是量子力学给我们的解释，“方生方死，方死方生”。中国古代的这种表达方法和现在量子力学给我们解释的“同时是活着也是死的”有什么区别吗？有哇，一个是汉语，一个是古代语；一个是西方的英语，另外一个是现代的物理学表达，就这么个区别！

“方生方死，方死方生”，到底是生还是死？同时既生又死。所以物理学家，尤其是量子物理学家都是大禅师。这是我们当下所谓科学世界观的一个巨大的改变，它来源于1982年法国的一个物理学家，他的小组完成了一项实验，证实了微观粒子量子纠缠现象确实存在。实验证明的，那你说这个科学家的小组是不是干扰了这个实验？我们现在不需要在物理现象上追问下去，我们先看他的叙述：这一结论对西方科学的主流世界观产生了重大冲击。从笛卡儿、伽利略、牛顿以来，西方主流思想认为，宇宙的组成部分相互独立，它们之间的相互作用受到时空的限制。量子纠缠证实了爱因斯坦的幽灵——超距作用的存在（超越距离的存在），任何两种物质之间，不管距离多远都有可能相互影响，不受四维时空的约束，是非局域的，宇宙在冥冥之中存在深层次的内在联系。当我们看到所谓的科学文献或者科普文章这么介绍的时候，我们才感觉到中华先祖有多么伟大！他们只是通过自己的身体，证到了这个世界的核心，打开了那个秘密。

随后是1993年，美国的一位科学家提出了量子通信的概念，由量子态携带信息的通信方式，利用光子等基本粒子的纠缠原理，实现保密通信过程。这一通信概念的提出，使爱因斯坦的幽灵——量子纠缠效应真正开始发挥威力。1993年，在贝内特提出通信概念以后，六位来自不同国家的科学家基于量子纠缠理论，提出利用经典和量子相结合的方法，实现量子隐形传送的方案，即将某个粒子的未知量子态传送到另一个地方，把另一个粒子制备到该量子态上，原来的粒子仍留在原处，这就是量子通信最初的基本方案。这个隐形传态不仅在物理学领域对人们认识和揭示自然界的神秘规律具有重要意义，而且可以用量子态作为信息载体，通过量子态的传送完成大容量信息传输，实现原则上不可破译的量子保密通信。

这是要跟大家提示的，中国人在这方面作出了原创性的、杰出的贡献，1997年就实现了。在奥地利留学的中国青年学者潘建伟（大家一定要记住这个名字），前一段时间，中央电视台有什么大国实验室呀、大国工匠那一系列的栏目，我记得他是在大国实验室里面第二个出场介绍的。潘建伟教授首次实现了未知量子态的远程传输。这意味着什么？世界上第一次的事情会被授予什么奖？诺贝尔物理学奖。这是国际上首次在实验上成功地将一个量子态从甲地的光子传送到乙地的光子上。实验中传输的只是表达量子信息的“状态”，作为信息载体的光子本身并不被传输。这也就意味着一旦量子通信变成了我们实际上通信的方式，那么物理学奖里面添上一个姓潘的中国人的名字，那只是一个时间的问题。因为基础物理学从提出理论到实验，一直到应用被证实，可以颁发诺贝尔奖，整个所需要的一切程序就完成了。

中国传统经济学的地位

回过头来看传统经济学它具有什么样的地位。刚才我们通过量子态介绍的时候就说了，当一个人观察这个世界，他已经作为一个观察者“干扰着”世界的运转。如果说一介绍他，说这个人是一位经济学家，这一个概念本身就已经在干扰世界，或者说让世界按照这样一种逻辑去运转，也就是说他的影响力使世界按照他的意识状态去发展。我们这个世界无限次地叠加嵌套，都是人类意识的一个反映，反映出现在我们大家能见的这个物质世界。我希望我能说清楚，我希望我现在的声音能够传递清楚我要表达的内容，然后大家能够准确地接收，理解这个世界，理解自己和世界为什么是一体的，为什么禅宗的祖师会说，“性相不二，能所双亡”，就是你所见的和你能见的是“一”。仔细地、反复地去体会量子纠缠态的两个粒子之间这个性质，就能够明白我们文化当中最核心的秘密。而这是现代物理学家最前沿的量子理论告诉我们的、深层次的、我们肉眼达不到的、那个微观状态下的真实状况。

揭示到这一点我们就知道了，有固定的经济学理论吗？有固定的方法吗？法本无法，我们这个经济学是心性层次上经济学，就像没有病，你守着个药方干吗？方因病有。所以真正觉悟的人是什么人？没事干的人，无事可干的闲汉。仔细推一下是不是这样？

但他要起用的时候，脑子里的标准是大利天下，这才是“真经济”！这才是中国文化意义上的“经济学家”！而不是在黑板上表演他的模型，你要听我的假设，你的假设已经固化在你的脑子里，跟现实经济有几毛钱的关系？你假设一个前提，用数学一推，那个结论已经被你设定了，它跟我们现实什么关系？如果我们所有的学生，一代一代的学子都被这种经济学灌输进去，充斥了脑子，消耗了精力和智力，我们国家经济的前途在哪里？我表示怀疑。所以我希望我得到的经济学是能够现实地改变我的人生境遇的，我希望我老年生活得好一点儿，不像小的时候、年轻的时候这样辛苦。而且我现在正处于耕耘的时候、撒种子的时候，这已经是对世界有干扰了。很强烈的现象就要在未来的时空变成现实，就是意识影响世界。宏观的观察者干扰着世界的运行，叫“境随心转”，你观察实验现象是随着你的心念来决定的。

所以，这个经济学叫中道圆融的经济学，一理贯通的经济学，经济学本来就是的那种经济学：是最智慧、最圆融、最真诚、最慈悲、最符合世界真相的经济学。我希望讲到这里呢，中国经济学已经讲完了，因为最圆满、最符合真实情况的在你那里，不在我这里，最重要的信息传输就是这一点。你自己是你世界的主人，你不做主，就被妄念做主，所以你就会受苦，所以生活当中，你的时空当中会出现疾病，会出现困顿，会出现不自在。

经济是什么意思？让人过好日子嘛，“济”就是帮助嘛；“经”就是最权威的、最本质的、最真相的，是常道，颠扑不破的，不随现象而转的。用这样的道理去帮助你的人生实现幸福的学问叫“经济学”。

我们少谷主昨天已经反思到，她说她有一天已经觉察出西方经济学所说的那样一种假设是不对的，至少是欠缺的，要回到中国的文化传统来。这就有说服力，如果我们两个人都没学过西方经济学，然后我们谈中国经济学有多么好，你们都不会相信，毛主席说没有调查就没有发言权嘛。那至少我们学过了，就了解了他说的是什么，我们才能够知道他哪儿说对了，哪儿说得层次还不够。最关键的是他层次不够，他悟的层次不够，没达到中国先祖觉悟的那个程度，所以他的经济学是低层次的经济学，是现象层面的经济学。尽管西方经济学也论述了人性，可是它的人性起源于休谟的《人性论》，休谟的《人性论》怎么能和中国古代那些明心见性的大圣贤们所悟到的境界相比呢？所以它的基础就已经差了，就已经不是中道圆融贯通的了。

理解了这个经济学，我们就要用了，学以致用嘛。已经明白了，不能永远停留在课堂上，要落实在生活当中。

伟大复兴所需要借鉴的治国理论——管子经济学

我们中国人需要自己的治国理论。“复兴”是指原有的重新发扬。真实的经济学它不是象牙塔内想象的数学模型和逻辑关系。我们的经济学，我们的治国理念要符合人性，符合现在的时代，符合我们的地域特征，符合我们族群的习惯，符合我们文化的核心精神，这样的经济学才是适合当下的。它是有实践经验作为验证的，行之有效的经济理论、经济政策和经济制度，是经过中国长时间的历史两方面证明了的。一句话：中华民族伟大复兴需要自信的经济学，需要我们自己的经济学，需要中国传统上行之有效的经济学，而管子经济学就具备这样的一些特点。

第一，它是理事圆融的。经过这么长时间的铺垫，我们再说这个词汇，大家就能够理解了为什么它是理事圆融的。理，我们现在所继承的这些道理，都是经过东周的那段时间，经过秦汉以后传到今天，甚至他们比我们接触的理更加原汁原味。那事呢？在事功上，管子九合诸侯。什么叫九合诸侯？把天下的诸侯聚集在一块开个会，九合诸侯，理事圆融。如果有瞧不起管子的，那我会瞧不起他；如果有瞧不起孔子的，我更会瞧不起他。因为我们党的一个宗旨叫：实践是检验真理的唯一标准。管仲的实践你经历过没有？有没有把一个国家扶持成世界上（在当时物理范围之内，可见的国家范围之内）最强盛的国家呢？你有这个经验我认为你才有资格去评判管仲。如果你自己达到孔子那样的境界，走遍全世界——当时的天下——然后国君、大臣全都奉为上宾尊敬，全都去请教，可以；有没请教的，嫉妒，嫉妒得要死，想要杀孔子的，这也行，反面证明了孔子的厉害；都没达到，那我觉得还是老老实实地听他老人家一句教言。

第二，宏微贯通。现代的西方经济学，宏观跟微观都产生出来，还是凯恩斯以后才有了所谓的宏观经济学。可是你研究了管子经济学之后就会发现，在他老人家的眼里早就胸怀天下，计算着整个天下的货币投放、谷物的进出、货币谷物价值的轻重……那我们作为中国学子、中国学人，对自己祖宗留下来的好东西一点都不了解，然后就说经济学是西方的，就说宏观经济学是凯恩斯提出的，丢不丢人？羞不羞得慌？！说明无知嘛，对自己的历史无知啊！而现在宏观经济学和微观经济学一直不容易达到贯通的境界，可是我们这个经济学天然它就是贯通的，一以贯之，因为它的文化基础就是这样。

第三，德法并施。就是德治与法治并重。你从他的政治主张上就知道了，“礼义廉耻，国之四维”“仓廪实而知礼节”，实际上这句话也把马克思论证的，人要先有经济基础然后有上层建筑，政治的、文化的、经济的，都包含在内了。你不能说古代的人论述的不是这么厚的专业著作，然后就说它粗糙；不是他说得粗糙，是你理解得粗糙！我只能对那些批评中国古典经济学的人这样讲，因为我们古人写下这些话的时候，想一想欧洲两千五百年前他们有什么文化？美国别说两千五百年前，二百七十年前他们是什么文化？那时候没有纸啊，为什么叫“刀笔之吏”？是要用刀刻在竹简、木简上，用一个字都不容易。哪像今天，一拷贝，几十万字几百万字“唰”的一下就完成了。它是不一样的，不需要论述那么多，一句话点透了，就可以当下全部印证到。

第四，本末顺置。国家建设之本是什么，管子说得清清楚楚。比如说“轻税”，就是税赋要轻；刑罚要宽；然后征役老百姓干农活，干国家工程，不能违反天时，他现在春耕夏耘的时候，你不能去征发他的劳役，因为那毁坏的是国家粮食产量。农业立国的时代，没有粮食相当于我们现在没有什么？一切最基本的物质生活资料吧，大家都清楚。

第五，国民各利。这个“国”指国家，“民”指私人，也就是国营企业和私有企业之间各安其事。这是管仲特别明显的一个贡献。什么手段使出来可以让国家获利，是在市场上公平地获利，老百姓自己做的事业，不干扰，所以国家政府经营的可以获利，百姓自己经营的私人企业也可以获利。我们现在老吵，是国进民退？还是国退民进？公有制和私有制之间这个比例如何划分？我觉得都是没有理解古代中道经济学造成的。它不是那种划分，这个思路还都是西方局限、机械、分科的思维造成的后果。

最后，财丰兵壮。做到了上面这几点，结果就是“财丰”，国家财政收入非常宽裕。而且他强调，国家富裕了之后，国防一定要强大，因为没有强大的国防，你保护不了自己的国家，歹人歹国有歹心，人家来抢你的财富。

要想批评管子，那就只能拿出孔子的视角，唯一的缺点是什么呢？“唯欠大化”，就是欠了大化。再往上，升一层，由霸道升到王道，恢复周天子的权威，恢复周礼。但是我认为这叫“圣人责备贤者”，他说出来我们才意识到，我们这些人是没资格的。至少我认为没有达到作为一个国家的总理，让这个国家富甲天下，你就没资格；你说这个实践经历没有，但是像孔子一样明心见性，大彻大悟，成为一个圣贤，悟明天道去褒贬评论，也可以；都不具备，最好还是老老实实地学。

结论就是：孔子的评价造成了一个流弊，这个弊端不是他老人家形成的，是后世没有理解的儒生自己造成的——小看了管子。而我们希望在当前恢复《管子》的学习，而且是以管子为代表的整个古代圣贤志士的智慧，让整个中国传统经济学的理念复兴于当下，我们进行完善和扩展，以现代学术能够接受的程度和范式，大家能够听得懂的语言和表达方式，告诉全民由霸道升华为王道，让中华文明在全球时代造福全人类。

我们讲《管子》的立场

到引论的最后，要跟大家说一下我们讲《管子》的立场，我们不是把《管子》作为一个零零碎碎的经济思想去看待，而是把它看成中国传统经济学的一部分，是以完整的一个经济学的地位去看待它；不是以被切割得零零碎碎的，或被认为是已经落后的、不能应用于当下的、所谓“古代”的经济思想去看待；尤其是不能以西方经济学为标准去进行褒贬评判。

前天晚上我面临着一个问题：你能不能把你提出来的中国传统经济学发展出来一套西方模型那样的模式？然后我反问，为什么要让我们的经济学去适合他们那样一个表达方式？我为什么要削足适履，把我们本来很自在的脚，挤进一个很不舒服的鞋子里面去呢？我已经能够通过我们的语言表达方式，让我的同胞清楚地了解经济学的内涵和核心的思想，我为什么非得要用那样的一种方式去表达？我穿这样的衣服已经很舒服了，你非得告诉我不换成燕尾服你穿的就不是人的衣服？有这样的道理吗？（掌声。）

这就是先入为主：以为那才叫科学，那才叫经济学。我说现在确实颠倒了，说一个爷爷，哎呀，你这个爷爷长得怎么那么像你孙子！（笑声。）因为世间人先知道亚当·斯密的经济学，随后知道有马克思的经济学，这是世界上的经济学。从来没听说过中国的经济学！中道的经济学！没听说过。所以我们只能说，现在我们恢复经济学的第三种可能，这是客气的说法。我写第一本书《中国经典经济学》写到第九章的时候，把西方经济学写没有了！真正的经济学只有中国才有！后来我才发现原来孙中山先生在1912年已经说过这样的话：经济学以中国为原创，以管子为世界经济学的代表。所以我们有创新吗？根本就没有。只不过把老祖宗的东西从库房里面拿出来，把灰吹巴吹巴、掸巴掸巴，然后重新贡献出来，让大家真正享受它的大利；而且不以今人的立场对古人吹毛求疵。我说这些观点都是有现实案例做背后的依据的，时间如果长的话，我也会一一列举出来给大家看。

比如说：有人批评那个时候的人不可能认识到使用价值、交换价值，我说这不还是以西方的概念去要求我们的古人吗？因为管子论述，货币价值上下波动，好像围绕着一个中心。这是两千七百年前的观点，谁能想象？他已经表达出了马克思在《资本论》当中论述的，所谓交换价值围绕着本身那个价值在波动。说那才是唯一科学的表达，当年让我答卷的时候，我作为一个初中生我当然只能这么答，因为我没有反思的能力；包括大学读本科的时候我也没有这种反思的能力，我也认为，哦，原来中国没有经济学，只是从西方进来的；等打开文言文的宝库，你会发现这完全颠倒嘛！我们家里什么都有，什么都不缺！但是如果你说参加现代的party，哦，那我得换一身衣服去，总结传统经济学就是这个意思。核心精神什么都不缺，是圆满的，一百分。

但是学术表达现在是话语权在人家手里，你不这么说就不科学，就不是经济学，我就不承认你能怎么样？我说没关系，一年不承认，两年；两年不承认，十年；我们富于青春哪，几千年都挺过来了，还差这几十年吗？

而现在，随着中国的崛起，你看一下世界上对中国的态度，就等于是对中国实力的承认和对中华文化的态度。这是什么意思？他们的堡垒已经不那么铁了。因为我们的文化“亲诚惠容，雨露均沾”，是惠及全天下人的，这才是心胸，这才是我们全球时代的全球文化。

所以看《管子》要尊重历史、尊重现实，而且最关键是，尊重我们自己。学完了之后，以能用为上，不能用，它还是属于管子的，还是属于我们古圣先贤的。我们白白地在这里浪费了“修德谷”的新鲜的空气、天然的食物，以及义工们的辛劳。但是如果你能够应用到生活当中，把它发扬光大，所有人的努力将全部变成功德。

内容预告

预告一下下午和后面两天的内容，分五个部分：

第一部分：管仲其时。我们要介绍一下管仲居住的时代，他活在什么样的时代，这个时代了解了，我们才能够理解他为什么会出现这样的经济观念、管理手段和经济制度。

第二部分：管仲其人。介绍一下这个人，了解了其人，你会对他表述的观点理解得更加充分。

第三部分：《管子》其书。在这两个基础之上，我们再看一下，历史是如何评价《管子》这本书的。

第四部分：就是深入其中，选几篇重要的篇章来解读，然后再总结几个专题，跟大家分析一下《管子》其道、其理、其法、其术、结构、框架和理论体系。

第五部分：当下的借鉴。根据我们学习的内容，分析对当下有什么借鉴。如果你是国家的公务员，在你的职责范围之内，代表国家去借鉴；如果你就是一个企业的领导人，你代表企业去借鉴；你说我就负责我自己，老哥一个，吃饱了全家都不饿，那你把自己管理好，叫“管子”嘛。

我们上午的内容就到这里。休息一下，下午再见。

谢谢大家!

第三讲

经过两讲的引论，作者此讲在中华历史全坐标系当中给我们详细描述了管子所在的时空，通过春秋诸子的比较，明确了管子实属“春秋第一子”，《管子》其书当中的经济概念和经济思想的奠基者就是管子。通过以上铺垫，作者开始讲述《管子·牧民·国颂》。

尊敬的各位同胞、各位同人：

我们接着学习下午的内容。

我们上学的时候，通常在下午这个时间段容易困，如果讲得再没什么意思，就更加犯困，所以刚才主持人也问大家是不是午休了。午休，是起到一个养神的作用，国家也需要这样。国家的经济增长率也不可能完全是一个速度永远地增长下去，所以一定有调整的过程。现在许多人就变得猴儿急，好像我们只要没达到百分之七的增长率，百分之六点二、六点五了，哎呀，就好像不得了了，中国经济放缓了，形势严重啊……为什么上午给大家花那么多篇幅去解释一些好像是跟经济学没什么关系的知识，尤其是量子力学里面关于主观介入的影响，无非是告诉大家，这个世界经济是一个现象，现象是由我们全体人的行为构成的，而这个行为是由我们的念头发出的，这个念头是我们介入这个世界的源头。念头错了，他能好吗？不可能好。所以坚定信心，我们一定会好的，一定会恢复到百分之七以上，但是要有一个过程，而且腐败式的繁荣不是我们要的结果，它只能加速灭亡。

《管子》开篇《牧民篇》里面结论有一句话就是“四维不张，国将灭亡”，四维就是礼义廉耻，也就是我们广义上所说的道德，没有这个基础，到一定程度，国运就没有了，所以我们一定要看现在处于什么样的“时”。如果说国家经济发展也有四季——春夏秋冬这样的季节的话，那么它在一段时间进入调整，进入缓冲，为下一个增长阶段埋下伏笔，这是很正常的。所以我们要坚定信心，而且当这个世间已经有人把量子力学的研究结果告诉我们的时候，在这样的一个科学互相交叉的时代，整个全球的经济学如果还没有正常地引用进来一些现代物理学最前沿的思想观念，那说明我们这个学问已经落后了，已经不是最精妙、最深刻的。

第一部分　管仲其时

研究管仲，就是为了我们了解那样一个时代怎么会出现那样的情况呢？要看清楚来龙去脉，我们就要看历史，所以我提出这样一个想法，要在中华历史的全坐标系当中观察一下管子所处的历史位置。

在中华历史的全坐标系中看管子

这一次的中华文明可考见的记载，起源于伏羲画卦，距离我们今天至少六千四百年了。也有书籍写的是七千年左右，比如中华书局英汉版《周易》就持这种观点，不管哪一种，反正离我们时间比较久远了。在伏羲之后，按照司马迁《史记·五帝本纪》上的记载，在黄帝之前还有八代神农氏，就是上古时期，我们农业立国，有八代神农做天子，是当时天下各个诸侯公认的领导人。在神农氏第八代的时候，他已经不能节制各个诸侯，叫“诸侯相侵伐，暴虐百姓”，那遭殃的自然就是平民百姓啊，一发生战乱，首当其冲的就是平民百姓。我们现在也可以看到，战乱的过程当中，比如说叙利亚的国人拖家带口，老老少少，要逃往欧洲，宁可冒着溺水的危险，也要逃离战乱的家园，结果那个三岁的小孩子在海滩上溺死的图片触痛了全世界有良知的人。

欧洲的债务危机还没有完全过去，又陷入了难民危机，它比债务危机更麻烦。回过头来我们会发现一些简单的常识，其实就是世界的稳定，是经济发展、社会和谐的必要条件，比如说教化，人做好人，每个人按部就班地过自己的生活，国家承担起他应该承担的国防力量，保证一国的平安，然后才能谈经济、谈发展、谈幸福。

黄帝他老人家看到诸侯部落之间互相打仗，人民流离失所，生灵涂炭，于是他揭竿而起，“习用干戈，以征不享”，平定了各个诸侯的叛乱，然后又经过了三大战役，打败了炎帝。我没搞清楚神农氏和炎帝之间的关系，有人说他们是一回事，但我还是表示怀疑，《五帝本纪》看了多少遍，仍然存在一个怀疑。因为黄帝是接神农氏之后做天子，但为什么又出来个炎帝跟他打仗，两个皇帝或者说两个天子进行了三次大的战役。“三大战役”这个称呼我们特别熟悉，在现代语境中特指辽沈、平津和淮海三次战略决战。其没过多长时间，还不到一百年。那我们就想象当年，中华民族共同的两个祖先，一个炎帝，一个黄帝，也曾经打过。三战之后，黄帝“得其志”，也就是他打赢了，然后他老人家被奉为人文始祖。可是我不理解的是，后世人还是说我们是炎黄子孙，可见在那个时候，同一族群，中华民族共同的祖先也发生过战争。

黄帝取得天下以后，国泰民安，然后他就想解决一下身家性命的问题，就去找了广成子。老人家一开始不搭理黄帝，黄帝就回去反思自己的过错，三个月以后跪着去见他，最后他教给黄帝长生久视的法门——黄老之道的养生之术。在大众眼里，这也就算是一个传说，但我现在研究结论是：传说可不是胡编，没有文字的时候，或不需要文字的时候，用口传，用口说，把真实的东西、最宝贝的东西传承下来，也是“传说”。《史记》中的“列传”，不也是“传说”？

黄帝之后，他的孙子继承天子位，叫颛顼，他有他自己的国号，高阳；然后是帝喾；第四辈，叫高辛；高辛之后，是一个短暂的天子帝挚，没有立住多长时间，德行不行，《史记》记载“不善”（崩），被废掉了或者死掉了；接他天子位的就是弟弟，大名鼎鼎的尧，尧的年龄非常大，“仁者寿”，活了一百多岁；后面是舜，全天下公推出来的大孝子——舜。其实舜，按照司马迁明确的记录，仔细地查一下，他是黄帝的第九代孙，但是，身份已经是平民了，而且早年日子过得非常的艰辛。尧禅让给舜，舜又禅让给禹。大禹是夏后氏的诸侯国君主，当大禹把天子位要禅让给他的臣子的时候，由于辅佐他的两位臣子皋陶和益，一个死得早，一个时间短，禅位没有形成；而且大家认为禹的儿子启德行和能力都超过辅佐他父亲的这些人，大家都去禹的儿子启那里汇报工作，都说“吾君帝禹之子也”，于是启接了天子位。这段历史并不是像我们小时候学的历史，说他的儿子，就好像是夺权一样，私立天下，不是这样，是人民自然选择出来的。可是启之后制度就变成了传位给自己的直系血亲后代。

从王国维先生《殷周制度论》的考证来看，商朝、周朝还是能够考证出当时的传承制度，传给嫡长子，就是老大来继承，这就是从夏朝开始的。它为什么叫夏朝？就是从大禹那里来的，诸侯国名为夏后氏，简称为夏。夏的末期，为商所代替，商的末期，为周所代替，夏、商、周总共持续了一千八百多年，从约公元前二〇七〇年一直到公元前二五六年。而我们现在所要谈论的管子，他处于这个历史当中的什么位置呢？就是在周朝后半期的早期，我们叫“春秋时期”。管子当然不知道在他身后有“战国时期”，因为当时也不会有“战国”这个称呼，这是西汉刘向写《战国策》，慢慢被后世学人提炼出来的名称；他更不知道有个叫秦始皇的，就是嬴政，最后终结了齐国，统一了天下；也不知道有汉、三国、两晋、南北朝、隋、唐；他也无法预见我们今天有这么一群人在谈论他当年留下的一些思想文化遗产，包括他的弟子、他的门客记录下来的一些东西，距离我们今天大约两千七百年。这是管子——从我们整个中华历史上来看——他处于的位置。

追溯上古　设想管子的时空

我研究历史发现我们的二十四史，唐以前叫“书”，唐以后叫“史”。二十四史里面有《新唐书》《旧唐书》，有《汉书》，然后我们看到的《尚书》里面有《周书》、有《商书》、有《夏书》，还有《虞书》，这是我读《尚书》十几年突然发现的一个疑问，原来我们都是按“代”来写这个历史。然后夏、商、周留下来的史书非常短，不是我们先祖不记录，而是那时候没有纸，记录一件事情用字要很精简，要刻在龟甲兽骨上、石板上，刻在竹简、木简上，最高级、最奢侈的有可能写在绢上。既然有《周书》周朝的记载，《商书》商代的记载，《夏书》夏朝的记载，那什么叫《虞书》啊？然后再看历史，尧舜时期他们各有国号，尧的国号叫陶唐，舜的国号叫有虞，那我们就清楚了，叙述舜那个时代的史书叫《虞书》。然后我就想，有没有尧时代的《陶唐书》？而《尚书》开篇就是《尧典》，就说明尧的一些观点语言已经被记录在《虞书》当中。那再往前推，高辛，也就是帝喾的国号，那个时代有没有《辛书》？或者叫《高辛书》？因为朝代国号就叫这个名，还有高阳，黄帝孙子颛顼帝的国号，我们都没有见到。黄帝的诸侯国名原来叫“有熊”，那记录黄帝行动的会不会叫《有书》《熊书》或者《有熊书》？为什么这么怀疑呢？因为我们今天看到的《尚书》，作为上古史的记录，现在只留下了几十篇，可考见的没有真伪争议的就二十八九篇那个样子。然后，又出现了“伪《尚书》”，就是后代学者考证，说梅氏贡献的《尚书》是假的，是后人自己杜撰弄出来的，这就雌雄莫辨了。

再看历史，据说孔子以前《尚书》有三千多卷，到孔子的时候《尚书》有一百篇。所以传说“删诗书，定礼乐”，是孔子干的这件事情，“定礼乐”这个没有问题，《论语》里面有孔子本人说的话，所谓有史料可证；“删诗书”，台湾的学者屈万里认为这件事情不靠谱，就是孔子未必会那么做，他表示怀疑。后来我发现这个怀疑是有道理的。那我们想象一下，绝大部分的《尚书》都失传了，那中华上古史是不是大部分我们现在看不到了？只能从《尚书》当中了解一点点，那个不存在的东西不能够证明它在当时不存在啊！

19世纪末期，日本的一些学者污蔑中华历史，污蔑尧舜禹，说他们都不是人，我们一些无良的学者就跟着说，中华没有那么长的历史，谁告诉你的？你没见过你八辈以前的爷爷，你那个爷爷就不存在？这不莫名其妙嘛！那我们根据各个史书当中可考见的蛛丝马迹可以推出来，我们上古史是有很多很多的资料记录下来。而且现在《尚书》居然不被列入“二十四史”这样的“正史”，这是我坚决反对的一件事情！如果我教孩子，我会告诉孩子，《尚书》是信史，你要读；还有《春秋》也是信史，要列入我们国家的正史。不能根据过去这一百年间，按照“西风压倒东风”的状态，也就是完全倒向西方，按照他们的观点来割裂、虚无、丑化我们中华的历史。“欲灭其国，先去其史”，这已经是被世人公认了的阴谋。而我们要保护自己的国家，保护自己的民族精神，一定要把这个历史保护下来，传承下去。

我最近看一个报道，说考古挖掘，已经把我们这块土地上有人类活动生存的时间，前推到一百万年，这和南怀瑾先生讲的一个观点不谋而合。因为从古籍当中告诉我们，这个文明到底多长，不可考见，但绝不那么短，这是告诉我们中华的历史要用中华的史观去看。

设身处地想象一下管子，他当时处于周朝建立三百多年的时候，大概是周平王，就是东周初年，公元前七一九年左右，也有说是七二三年的，所以管子就生活在距今两千七百年以前那个时代。这是什么感觉呢？他的那个天子，周天子已经传承了三百多年了，我就想问：当中华人民共和国建国三百年的时候，是什么情况？我们现在建国还不到七十年，我们的目标设定了两个一百年，第一个建党一百年，第二个建国一百年，两个一百年的伟大目标。那么今天所谓的创新改革措施写下来以后，在后人看是不是都成了传统？所以管子看文王、武王，就是周朝建国的开国之君，什么感觉呢？历史距离相当于我们现在看清代早期。我们不谈朝代更迭，就是往前看，我们看当时那个天下管理的领导人，相当于康熙和雍正，就是那样的一个历史时空。然后周朝整个朝代跨越了八百年左右，公元前一〇四六年到公元前二五六年，整个中国历史上可见记录的最长的一个朝代。

东周为什么叫东周呢？因为平王东迁，都城由长安附近的那个地方搬到了今天河南洛阳附近，地理位置上从东西来看，国都往东迁了，所以叫西周和东周。

春秋时期

东周的前半期，即被称为春秋时期的是公元前七七〇年到公元前四七六年，是因为鲁国的编年史《春秋》叙述的是这个时期的历史，这就是管子生活的时期，前半期，他没有活那么长，在春秋之后又出现了战国时期。而我现在完全反对这种称呼，它会让我们的小孩子或不经常看史书的人搞不清楚春秋到底是什么时期，也搞不清楚孔子跟管子谁先谁后，诸子之间的生活关系、传承顺序也都混乱了，所以我建议，在大众中恢复和强调“周朝”的说法。我们有清楚的纪年，为什么要替代？！所以“春秋”这个称呼就是由鲁国这个编年史造成的。而且经过现代人的验证，比如说《春秋》里面记载了三十七次日食，现在天文学记录，推算有三十次完全符合，这就说明《春秋》是信史，绝不是人编出来的，而且也不是孔子做的，因为在孔子出生之前就有《春秋》内容流传。但是孔子弘扬《春秋》，以这个历史来教化学生，把历史作为案例，作为教材。就像我们有一段时间学习西方经济学，好像是要把那个哈佛大学的案例教学推崇到了天上。我学了中华的经典以后才知道，我们实在太对不起自己的祖宗！用《春秋》教学不就是用历史的案例来教自己的学生吗？讲述《春秋》其实是以史为鉴。孔子让他的弟子了解社会的变化，“以史为鉴可以知兴替”，这是唐太宗和魏徵他们已经明确告诉给世间人的，其实在古代这种思想早就有了。《春秋》之所以重要是因为它详细地记载了当时发生的历史真实事件，除了鲁国，好像没有其他的诸侯国修订出如此真实可靠的历史。所以虽然记载得简短，但是有准确的时间、地点、人物，是史学发展上的巨大进步。这就是我坚持一定要至少让我自己的孩子知道，《尚书》和《春秋》一定要列入正史！

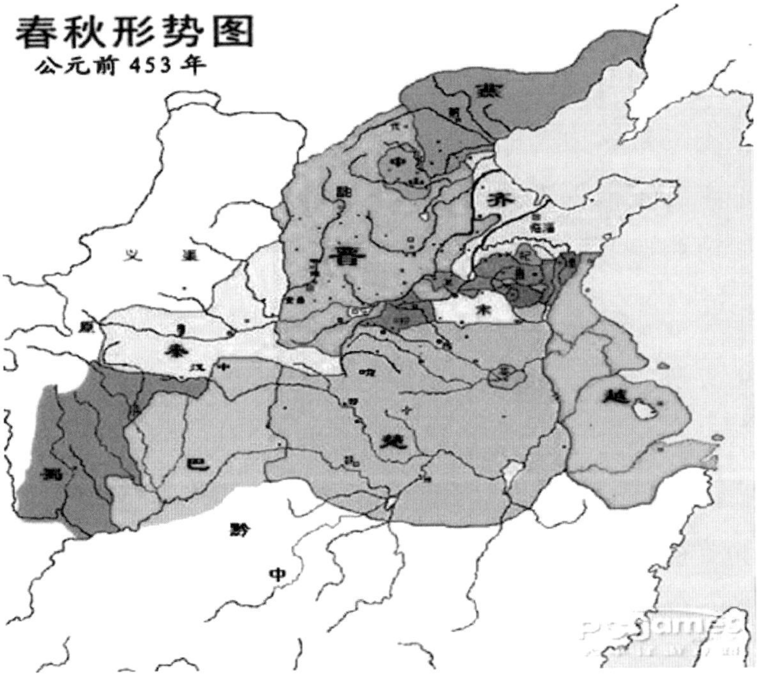

春秋形势图

我们看一下春秋列国的图，管仲施展他才能的空间，大概就是这个图的范围之内，因为当他九合诸侯的时候，这片土地应该大家都是唯齐国马首是瞻。在今天山东半岛的位置就是齐国，稍微往里，靠近今天河南的那个位置是鲁，所以我们今天也有人说齐鲁大地，齐鲁大地指山东，就是从这个时候来的。那我们的首都北京，也曾经叫作燕京，那个时候是燕国；然后我们看黄河拐弯这个附近，西面是秦，东面是晋，再东面就是卫国，卫国和鲁国相邻；再往南，有郑国和宋国，都是今天河南、山东那个范围之内的；再往南，我们湖北还有一个叫《楚天都市报》，大家可能听说过吧？为什么叫“楚天”呢？毛主席横渡长江后写词，有一句叫“极目楚天舒”，是因为那是楚国的领域，地域是楚国，上面就叫楚天哪；上海以南，江南、江浙那一带，是吴国和越国的领域。这个图，请大家看一下，就是标得很准确，是公元前四五三年的一个图，国与国之间的范围也有变化，这就是几百年之间随着各国国力的强盛，版图也会不断地变化。

战国时期

跟春秋相对的，再跟大家说一下战国。战国这个称呼不是正式的历史时期称谓，但今天几乎都用春秋时期和战国时期代替了对周朝的称呼，这会让人没有历史感，或者让不学历史的人缺少了历史坐标的定位。今天山西的这个位置左右是晋国，可是被韩、赵、魏三家给分了，那对于老晋国的人来讲，可能是一个痛楚的回忆。三家分晋，最后形成“战国七雄”——齐、楚、燕、韩、赵、魏、秦。

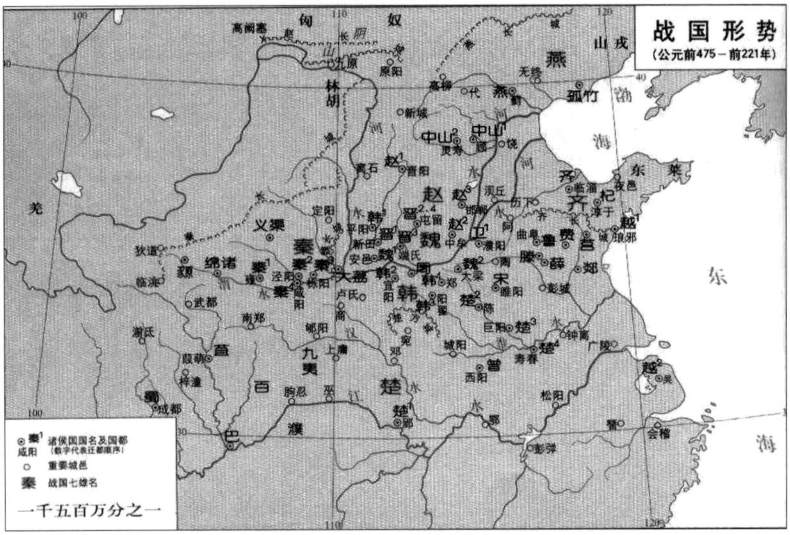

战国形势图

最后，秦国吞并了六国，我们看一下这个顺序。秦先灭的韩；然后打的是赵和燕，把这两国的国君或者太子都打到辽东半岛那个位置了，但是国家已经被占领了；秦国紧接着回师攻魏，把魏国又吞并了；然后是攻楚，把楚国灭了；最后才是齐。一个是地理位置离得远，还有一个可能先打齐国也不太好打，因为长途跋涉，另外齐国在管仲之后几百年间都是大国，这非常不容易，就是一个人的策略、智谋、智慧，可以造福一个国家几百年。我们今天谈论，好像是一提春秋时期，“唰”的一下几百年过去了，可是在当时你要知道，就像我们今天，我们这一辈子好像是痴心妄想地说活一百岁就觉得了不起了，所以历史现在要变得更加精细一点我们才能知道，原来管仲在当时会取得那样的成就。这个问题是有一个对比，就是春秋刚开始的时候，齐国第一次成为诸侯国之间最强大的，成为霸主，那最后为什么秦国统一了天下呢？这个值得思考，因为当时秦国处于西域，他怎么变得兵强马壮的？人们说是商鞅变法，从孝公开始到穆公，穆公还有过霸主的经历，积攒了好多年，到秦始皇那个时候统一了。

何来“周国”？

现在看，我们很少有人（包括学历史的）去认真地总结在当时周天子还没被秦国灭掉的时候，诸侯国之间，一查，远亲远祖都是一个祖先，为什么会发生那样的吞并？而不是说和平地解决？尤其是这个图里面，大家看这个叫周国实际上是周天子都城所在的地方，它不应该叫国，整个天下都属周，或者那个朝代以周为国号，所有的这些各

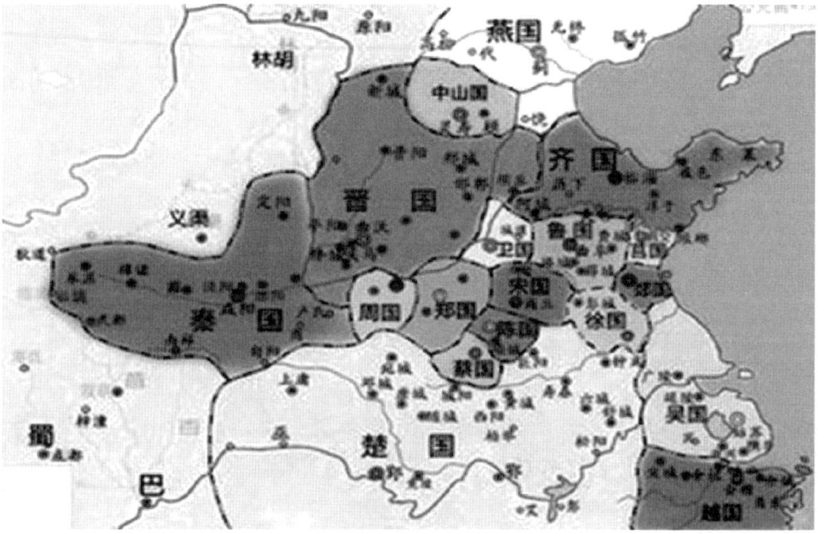

周国位置图

国都是周天子的孩子到各地做国君，或者是像太公这样的，尽管不是一个姓，但是封他一个地方做国君。都是同一个周天子的后代，结果时间长了，后代打得一塌糊涂。

通过这张图我们还能够看到，孔子他老人家在鲁国出生，北面是齐国，西面是卫国，他还到过宋国，在陈、蔡之间断粮，是楚国的国君派人把他解救过来，这个图很能够说清楚当时他是怎么走的。

讲完了这些，那么我们就已经把历史差不多交代清楚了，就是目标越来越凝聚，凝聚在当下，管仲活着的那个当下的时空。

征伐礼乐不从天子出，这是孔子非常痛心的一件事情，东周时期各国已经开始争霸。看一下历史上春秋五霸，第一个称霸的是齐桓公，但齐桓公他要没有管仲的辅佐，不可能，而管仲没有鲍叔牙的推荐，更不可能，所以真正促成了齐桓公成为霸主的其实是鲍叔牙。春秋五霸，有两种说法，每一种说法都包含着齐桓公，也就是说他是真正无可争议的，在当时叫全天下意义上的霸主，其他人都是局部的，或者是很短。

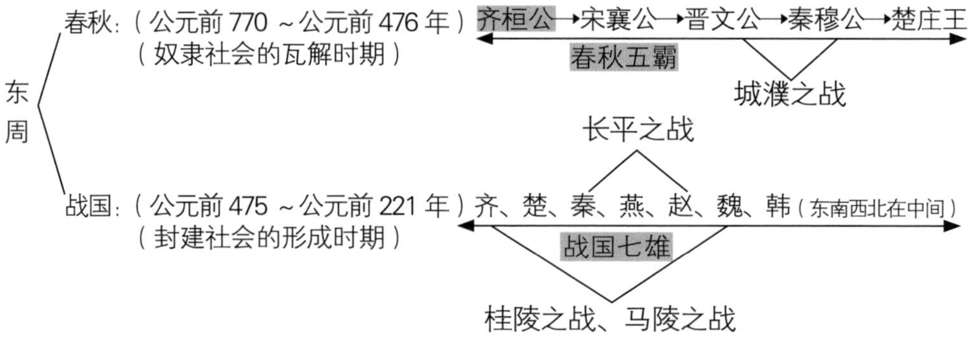

这个图把东周分为春秋和战国两个时期，然后有“五霸”、有“七雄”，简单地勾画出来。但是括弧里面的这个解释是现代的世界

历史研究，其实整个夏商周才真正应该叫封建时代，而他们定义为奴隶时代，因为夏商周才是真正的分封建国。

我们考虑一下，一个国家强大了，如果没有做到文武并重、刚柔相济会是个什么样的结果?

管仲强调富甲天下一定要武装到牙齿，这是我们翻译成今天的话。他那个时候强调，国家强大，军事力量一定要足够，才能够保护好国家财富和人民的安定。

汉朝能做到这一点，简单地说叫“文能明，营能富，武能战”，对匈奴一战而胜；但是大宋就留给我们一个很沉痛的教训，富甲天下一点问题都没有，可是不教民战，“杯酒释兵权”，把武官兵权解除掉，皇权得以保存，可是当面临外辱的时候，最后结局就是大臣背着小皇帝跳海，十万子民跟着跳海，宁可喂鱼也不知道组织起来反抗。所以孔子老早就警告过，“以不教民战，是谓弃之。”一定要教人民战略、战术、战法。

我们渴望和平，但不能放下保卫和平的武器。

另外，建议我们现在开始从自己做起，在平时谈话时恢复周朝的说法，至少恢复东周的称呼、恢复周朝的认知，把战国、春秋这种历史定位、历史坐标、朝代顺序告诉后代孩子们。

第二部分　管仲其人

管仲乃“春秋第一子”

历史交代清楚，我们再看管仲这个人，他实际上不姓管，管是氏，这个氏还是由于他的先祖的封地来的。他本来是姓姬，他的先祖应该是周文王第三子管叔的后代。管叔当然不姓管了，是因为封在管地，管城，所以称他为管叔，后来就以它为姓了。我们现在人就以为这是姓，其实不是。

大家查网上信息，称“管仲名夷吾，字仲，谥敬”，说他是“春秋时期法家代表人物”，被称为管子、管夷吾、管敬仲，颍上(今安徽省阜阳市颍上县)人，周穆王的后代；又被称为“中国古代著名的哲学家、政治家、军事家”，就是没有恢复其最本质的称呼：“经济家”。被誉为“法家先驱”“圣人之师”“华夏文明的保护者”“华夏第一相”，被道教列奉为“丙申太岁管仲大将军”。

为了大家熟悉一下春秋时代诸子的情况，我们把常见的诸子生卒年全部列出来，请大家看：

诸子	生年	卒年	年龄
管子	公元前723年	公元前645年	79
晏子	公元前595年	公元前500年或518年	96或78

续表

诸子	生年	卒年	年龄
老子	约公元前571年	约公元前471年	约100
孔子	公元前551年	公元前479年	73
孙子	约公元前545年	公元前470年	约76
墨子	约公元前479年	公元前381年	约98
庄子	约公元前369年	公元前286年	约84
孟子	公元前372年	公元前289年	84
荀子	公元前313年	公元前238年	76
韩非子	约公元前280年	公元前233年	约48

管子应该算是诸子当中第一子，公元前七百二十三年（或者公元前七百一十九年，这个有两种不同的说法，台湾的学者认为是公元前七百一十九年），活了七十九岁；如果他要是公元前七百一十九年出生的话，那恐怕是要小几岁，反正在当时算是高寿，七十九岁。

在他一百多年之后，齐国又出了一个闻名天下的丞相，晏婴，晏子，晏子和孔子生活有交叉。本来齐国的国君也想重用孔子，但晏婴不同意，具体，可以看司马迁的《史记》。这位晏子的生卒年有两种说法，我在自己书中采用的是第一种，公元前五百九十五年到公元前五百年，九十五周岁，九十六虚岁，最短的一个说法是公元前五百一十八年出生，所以他跟管仲的年纪，要是按照这个短的说法差不多，将近八十岁。

老子这是不靠谱的，这是我们查历史给出来的一个说法，就是一百年之间。在《史记》上明确地说，他要么一百六十多岁，要么两百一十多岁，不是死了，是不知所终。活到那个岁数，没人知道他老人家去哪里了，出了函谷关之后是升天了？是化形了？不知道。

孔子就特别清楚，公元前五百五十一年。我们现在看到的全都是公元纪年推算出来的，以前不是这种纪年，都是我们自己国家的纪年，但是现在流行，没有办法。纪念孔子，居然也都以推算出来的日期为准，这简直是莫名其妙的事情！他是周灵王二十一年（公元前五百五十一年）农历八月二十七日出生的。

孙子跟孔子同时代，活了七十六岁，孔子七十三岁，墨子活了大约九十八岁，因为都是“约”，不知道到底哪年出生哪年去世，不清楚，但显然非常高寿。

庄子活了八十四岁，他和孟子就差三岁，庄子和孟子几乎完全同龄。

荀子要稍小一点儿，但是他也活了七十六岁。

韩非子是我们所列举的诸子当中唯一没活过五十岁的，唯一没活过六十岁的，唯一没活过七十岁的，为什么？因为他不是正常死亡。才华横溢，被秦始皇看中，丞相李斯非常忌妒，找个理由把他下狱毒死了。所以你想，忌妒会让人产生什么样的可怕行为！

古人的年龄

“人生七十古来稀”吗？那么除了韩非子，我们看一下荀、孟、庄、墨、孙、孔、老、晏、管，无一例外，寿数都在七十以上，完全可以推翻唐代大诗人杜甫说的“人生七十古来稀”。看这个表我们就知道，人生八十都不稀奇，只能说“人生百岁古来稀”，因为只有老子过百。什么意思？上古时代，包括春秋时代，那些人都是仁者寿，即使在战乱的时代，他们仍然能够独善其身，“仁者寿”。这等于告诉我们，不要跟周围的现象去纠缠，只是解决自己的事情。

同时也告诉我们中华文化有真东西。试想，如果把这些诸子所有的著作和话语抽出来，拿走，中华文化还有什么东西？他们是代表着中华文化的传承，那就意味着我们这个文化里有真的一种东西，你得到没有？

黄帝的老师广成子，黄帝时期汝州人，住在临汝镇崆峒山上。为道家创始人，位居道教“十二金仙”之首。传说广成子活了一千两百岁，不是死了，是升天了，在崆峒山还留下了两个升天时的大脚印。还有一种说法，说广成子就是太上老君的化身，在那个时候下来作为广成子。

在《太上老君开天经》中说：“黄帝之时，老君下为师，号曰广成子。作《道戒经》《道德经》。黄帝以来，始有君臣父子，尊卑以别，贵贱有殊。”

《神仙传》是这样介绍广成子的：广成子是古代的一位神仙，住在汝州西南崆峒山的一个石洞里。黄帝听说后曾专程去拜访他，向他请教修炼道术的要诀。

那么，姑妄言之，姑妄听之。但是他是黄帝的老师这一点好像是不需要怀疑了，因为道家的传承里面一直这样传承着。

广成子一千两百岁这种说法，我们已经认为好像是不靠谱儿，但又来一个更大的“不靠谱”！两千岁的鬼谷子。据明代杜光庭《求异记》记载：鬼谷子生于轩辕时期，历经夏商周三代。这就意味着鬼谷子生活在黄帝时代，历经夏商周三代，我们刚才说过，夏商周三代精确的年表是近一千八百五十年，他从黄帝时代一直活到战国，还教了好几个弟子，摆布天下，寿命达两千多年。孙膑、庞涓是他的弟子，苏秦、张仪是他的弟子，包括毛遂自荐那个毛遂也是他的弟子。

历史可查的鬼谷子生平：

公元前约四百年，鬼谷子出生，十几岁离母而去；公元前约三百八十年，鬼谷子二十岁，走出云梦山各国游说，建功立业（孙膑、庞涓出生）；公元前约三百六十年，鬼谷子返回云梦山隐居教书授课，孙、庞二十岁拜鬼谷子学艺；公元前三百五十三年，孙膑、庞涓大战于桂陵；公元前三百一十三年，张仪拜师学成后任秦国相国（此时苏秦二十岁左右，张仪五十岁左右）；公元前约二百九十年，毛遂出生，继后拜师学艺，成为鬼谷子的关门弟子；公元前约二百七十年，鬼谷子仙逝；公元前二百五十八年，毛遂大器晚成，三十岁“毛遂自荐”。

我们讲这个不是跟管子没关系，也是要说明一件事情。孙膑跟庞涓大家知道有个孙庞斗智，孙膑为什么叫“膑”呢？就是庞涓特别忌妒他，最后把他的膝盖用刑，叫“膑刑”，他走不了了，就叫了“孙膑”。师兄弟呀！“相煎何太急”！这也是忌妒造成的。你看庞涓忌妒他，那样去伤害他；李斯忌妒韩非子，给毒死了。

这是历史可查的鬼谷子生平，即使说两千年那个说法是完全胡诌，那么他的寿命也至少在一百一十岁到一百三十岁，因为准确的活动时期能够查出来，公元前四百年到公元前二百七十年之间，历史有案可查，一百三十年。

大家都觉得这个年龄像扯淡是吧？来个真的吧，宝掌和尚。他出生时间相当于周朝周威烈王十二年，丁卯兔年出生的，七月七日午时，特别精确。他出生的时候不同于常人，眼睛大，鼻子长，关键是两耳垂肩，那跟老子差不多，大耳朵。最奇怪的是从出生开始一直到九岁，左手从来没伸开过。满九岁了，父母带他出家，落发的时候，左手自然张开，露出一颗珍珠，然后合掌，献于释迦牟尼像前，所以剃度师当场赐名，法号“宝掌”，宝掌禅师就是这样来的。

他每天诵般若等经千余卷。有一天跟大众说：我发愿住世一千年，今年六百二十六岁。我们曾经说中华有一个彭祖，活了七八百岁，以为是乱说，但其实你看一下，这个宝掌禅师是真的，他活到了唐代贞观十五年，居于浦江宝岩寺。值得一提的是呢，他到中华来，等到达摩祖师来到中华的时候，宝掌禅师向达摩祖师请教，而得开悟。活了八九百岁也没开悟，然后来一个达摩祖师，一请教，开悟了。什么道理？不在时间长短，关键是看没看到、碰没碰到明白人。他于显庆二年示寂。我查了一下，是唐朝高宗时期，公元六百五十七年，寿命是一千零七十二岁。

对管子的历史评价

知道了管子在历史时空当中的位置，知道了诸子生卒年代，我们再看这个管子在诸子当中获得的是一个什么样的评价。

“管子是我国古代重要的政治家、军事家、思想家，也是先秦诸子中法家学派的代表人物，这一学派的思想集中体现于《管子》一书。此书篇幅宏伟，内容复杂，思想丰富。如《牧民》《形势》等篇讲霸政法术；《侈靡》《治国》等篇论经济生产，此亦为《管子》精华，可谓齐国称霸的经济政策；《七法》《兵法》等篇言兵法；《宙合》《枢言》等篇谈哲学及阴阳五行等；其余如《大匡》《小匡》《戒》《弟子职》《封禅》等为杂说。《管子》是研究我国古代特别是先秦学术文化思想的重要典籍。”

他可以列为哪一家？杂家？以前的历史把他列为“法家”，我认为都错了，从“本朝”开始，把管子列为“经济家”。（笑声、掌声。）这是恢复管子本来面目的一种说法。

其实，中华文化并不分家，在佛学没传入中华之前所谓的儒家、道家、法家都是后世人给命名的，当时的人，在大师那里面全都是融会贯通。你读完《老子》、读完《庄子》、读完《论语》，再去看佛经，才会发现，如果把佛经里面儒家和道家的词汇抽走，佛经就没有了，就是汉文的佛经没有意义了，有价值的东西几乎就被抽走了。什么意思？当时翻译的人就是儒、道两家的大修行人，也就是中华的圣贤们，被聚集到一块儿，翻译外来的佛经。所以翻译完之后，大家认为，为了防止后代人产生分别心，把原文销毁，这就是地地道道用华文表现的佛陀思想！这个气魄，我们猜想只有中华文化的圣贤才有把握做到当仁不让，才敢于做到。

说管子是什么古代的政治家啊、军事家啊、思想家啊，这都是现代人的称呼，我认为最恰如其分的是：经济家！因为我们上午跟大家分析的就是中国文化的经济和管理是一以贯之的概念，全都包括！上面这些文字都是大家在网上，或者其他的书籍，尤其是大陆的书籍当中能够查得到的说法，这种说法通常就是说篇幅宏伟，内容复杂或者是杂乱，有道家的、儒家的、法家的、墨家的……听到这种说法我就会反问，治理一个国家哪一种学术不需要？

以管窥之见去窥管子，只能是一孔之见！

孔子的评价

“子曰：‘管仲之器小哉！’或曰：‘管仲俭乎？’曰：‘管氏有三归，官事不摄，焉得俭？’‘然则管仲知礼乎？’曰：‘邦君树塞门，管氏亦树塞门。邦君为两君之好，有反坫，管氏亦有反坫。管氏而知礼，孰不知礼？’”

这个我们说过了，孔子对管仲的评价造成了后世儒生看低管子，我们现在要为孔子正名，孔子不是小看他，而是站在圣人的角度去评判，我们，没有这种资格。

再看另外的评论，“子曰：‘桓公九合诸侯，不以兵车，管仲之力也。如其仁！如其仁！’”怎么做到“不以兵车”的？依赖的是“管仲之力”。这也是孔子说的，这不就证明着孔子其实并不是像我们后世很多儒生所说的他瞧不起管仲，哪有这种说法？！

“子曰：‘管仲相桓公，霸诸侯，一匡天下，民到于今受其赐。微管仲，吾其被发左衽矣。岂若匹夫匹妇之为谅也，自经于沟渎而莫之知也。’”简单地说不是普通老百姓就能够了解的。

如何看待孔子评价管子呢？最近这些年我想起小时候语文课上学过的四个小故事，用它们来看世界非常好玩儿。

第一个，小马过河：小马要过河，老牛说水很浅，过去吧；松鼠说，那会淹死——不同的人，不同的境界，不同的深度。

第二个，叶公好龙：我反问的是，大家是不是真的喜欢创新？

从西方经济学的角度上来说，突然提出中国有自己的本土经济学是百分之百的原创和创新提法，大家喜欢吗？未必呀！我的一个师妹，同门的博士师妹，在另外一个财经大学里做老师，她就说，师兄，我看了你的样书，作为中国人我知道你转述的传统经济学，老祖宗的经济学是对的，但是作为经济学的老师，我不知道在我的课堂上如何告诉我的学生什么是经济学，而且我警告你，那些依靠西方经济学建立起自己全部经济利益、名誉、地位的人会天然地反对你！

第三个，狐假虎威：拉大旗，作虎皮，现代的西方经济学，尤其是大陆的，在做学问的时候，很大程度上具有这种特征。当然我这样讲，还有摄像，一旦被人看到以后会有拍砖的，我也不怕。

第四个，自欺欺人：不真诚、不老实、不真干，连自私都不会。这就不用说了。所以，找到一个人品好的人，是为人之幸，祖宗之德，非常不容易。就是你周围有一个朋友，能够不离不弃地支持你、看好你，很难啊！

管鲍之交

没有鲍叔牙就没有管仲，也就没有管仲的功业，当然没有管仲的功业，更显示不出鲍叔牙的伟大，所以识人、荐人、用人非常关键。

“生我者父母也，知我者鲍子也！”这是管仲的话，历史记载下来的原话。

下面这五句话是管仲自己叙述的，古往今来，大家耳熟能详，但是我们还是要温习一下。

“吾始困时，尝与鲍叔贾，分财利，多自与，鲍叔不以我为贪，知我贫也。”我早年生活贫困的时候，曾经与鲍叔牙做生意，赚了钱，哥们儿弟兄进行分配的时候，通常我都给自己多分一些，鲍叔牙不因此以我为贪婪，知道我贫困。

“吾尝为鲍叔谋事而更穷困，鲍叔不以我为愚，知时有利不利也。”我曾经为他做事，反而变得更加穷困，鲍叔牙不认为我愚蠢，知道人生有时走好运，有时走背运。

“吾尝三仕三见逐于君，鲍叔不以我为不肖，知我不遭时也。”我曾经三次做官，三次被领导赶走，鲍叔牙不以此认为我不能效法圣贤，上不了大雅之堂，知道我没有碰到天时，时运还不到。

“吾尝三战三走，鲍叔不以我为怯，知我有老母也。”我曾经三次参加战斗，三次逃跑，鲍叔牙不因此认为我是个怯懦的胆小鬼，知道我家中有老母需要赡养，自己死了，老母没有人养，所以必须逃走。管仲的这种行为和《论语·宪问》当中推崇的“卞庄子之勇”完全相同。

“公子纠败，召忽死之，吾幽囚受辱，鲍叔不以我为无耻，知我不羞小节而耻功名不显于天下也。”我辅佐公子纠，公子纠败了，我马上就要死了，被囚在黑暗的牢房里面，受着狱卒的侮辱，鲍叔牙不以我为无耻，知道我不羞于小节，而耻于自己的功名不显名于天下也。

一连五句话，把管子生平讲出来，这反映的是什么，感恩嘛！所以结论就是“生我者父母也，知我者鲍子也”！

我们现在有没有一位同胞或朋友可以感得这样的朋友？

这本书（举书示众）是《中国经典经济学》英文版的翻译者，中国科学院的鲍勤博士利用去台湾讲学的机会给我带回来的，《管子今注今译》两大册，都这么厚，从台北背到北京，从北京送到大连。是我看到的目前华文版里面印制最好的一个版本，也是最全的一个版本，我们在大陆看不到这样的版本。我之所以萌生跟大家选讲《管子》的想法，跟她送来这两册书不无关系。在这里面详细地分析了管子这个人生活的时代，以及《管子》这本书在历史传承过程中所发生的一些个错讹。比如说作者不同意大陆学者认为的现在只剩下七十六篇，有十篇已经失传了，根据作者李勉先生的解释，他认为所谓失传的那十篇已经混入了其他篇。因为看《管子》经常发现错文，现在被列入正文的，有些地方是注解，不是原文；而有一些原文，又被列入注解，但是为了保存那些宝贵的叙述，现在全都收录进来。这是我们需要感恩的地方。

鲍叔牙对管仲也有一个评价，这个评价发生在齐桓公争夺国君位之战胜利之后，他自己要给鲍叔牙相位，就是请他做总理。可是，鲍叔牙这个时候就表现出了一个忠臣、一个贤人、一个大度之人所拥有的心胸，说了这样几句话。告诉桓公，我不如管仲的地方有五点：

第一，“宽惠爱民”。我不行，我心眼儿小。但其实我很怀疑这一点，按照管仲自己讲的，管仲这个人早年为人好像很不堪呐，如果我要跟他做朋友的话，不用那五件事都发生，大概发生两件事情我就不搭理他了。咱俩一起做生意，起码平分也行吧？或者你干事情，越干越穷困，越干越糟糕，怎么回事？尤其是打仗还逃跑！（众笑）所以在历史当中记载，说管仲是什么人？管仲是“城阴之狗盗，天下之庸夫”。城阴是什么地方？就是我们老家山东高密，“庸夫狗盗”就说这人已经人渣到极点了。但是鲍叔牙不知道为什么就特别看好他，这就是识人的眼光。他有那么多在常人看起来好像很不堪的事情，可是鲍叔牙相信他一定会成大器。

当时公子纠和公子小白两个人争君位打起来，鲍叔牙辅佐的是公子小白，也就是后来的齐桓公；管仲辅佐的是公子纠，而且管仲亲手射了一箭，射到了齐桓公，就是当时公子小白袍子的钩儿上，那个玉钩儿挡住了这一箭，齐桓公没被射死。也就是说管仲对齐桓公有杀身之仇，只不过没杀成。最后兵败，被囚困在鲁国。这个时候鲍叔牙派人到鲁国要人，要把他带走。鲁国的大臣跟鲁国的国君讲，不要给他，管仲这个人是天下的大才，他要去齐国，那鲁国就堪忧了；他去晋国，那晋国得益于天下；他去哪个国家，哪个国家会得益于天下。什么意思？他可以在天下范围之内得其治，得其益，那就是称霸呀。鲁国的大臣对他也有这种评价，说明鲍叔牙并不是看走眼，就是好多人都看出他有经邦济世的大才。所以鲍叔牙这个评价就不是孤立的，有代表性。

“宽惠爱民”，为政者如果“宽惠爱民”，就是全心全意为人民服务能够做到，那国家执政的基础就非常稳固。

第二，“治国不失秉”。权秉，秉公办事的秉，管理国家他能管理好。

第三，“忠信可结于诸侯”。外交依然可以处理得好。我念到这一句还是感觉到怀疑，三次当官，被君王赶跑，三次打仗临阵逃脱，为了养老母亲，孝顺可嘉，忠信何在？可能是有其他的表象能够露出来。我现在就是找不着可信服的管仲的画像，如果能找到的话，根据他的面相可以看出一些端倪。就像《史记》记载汉高祖刘邦的面貌，叫“额准而龙颜”，那不是一般的相貌。

第四，“制礼仪可法于四方”。这已经涉及《管子》的内容了，这完全是《管子》内部的一些说法可以证明了的判断。

最关键的一点，“介胄执枹，立于军门，使百姓皆加勇”。穿上铠甲，拿着兵器立于军队之中，临阵的时候，“使百姓皆加勇”，这是更加不理解的。他自己三战三跑，但是他能鼓起别人发起战斗的勇气，这实在是高明的人士！

最后鲍叔牙说：“管仲，民之父母也。将欲治其子，不可弃其父母。”你要管理好天下，你必须相信他，这个话鲍叔牙说的当口是桓公要让鲍叔牙做齐国的相国，换句话说，一个领导人要任命他的下属做总理了，这个人说请我的朋友来，我五个方面都不如他，你要想管理好咱这个国家，一定要请他来。多大的胸怀！所以“管鲍之交”是不是成为一个千古绝唱不知道，反正很难再找到了。

第三部分 《管子》其书

《管子》的结集

《管子》这部书与齐国的稷下学派有关系。稷，是齐国国都一处城门的名称，好像是西门；稷下，就是国都附近，国君在这里面设立了一个学宫，相当于我们今天的社科院，中国科学院，差不多吧，相当于是官办的高等学府，我们说就等于是“国立大学”了，始建于齐桓公。《史记》里面记载，当时稷下学派里面有七十六个人被列第为上大夫。这就说明这个学派非常兴盛，有好多人获得了国家的高官俸禄。然后在它存续的一百五十年间，好多学术著作相继问世，就包括

《管子》。

这个《管子》，我们现在看到的版本有一些篇章，比如说《牧民》，确信是管子本人叙述的内容，还有一些是他的门人、后人（未必是直系的后人，就是后面的学者）根据历史史料或者当时参与国家管理的情况记述下来的。已经形成了一个定论，《管子》当中的经济概念和思想的奠基者是管仲，但是，它是很多人在长时间里面，一直到战国才完成的，不是管子一个人自己写的。这在春秋时期是很正常的，就像《论语》也不是孔子写的，弟子们慢慢地记述，后来经过几次结集。我们今天能看到的就是《鲁论》二十篇，鲁国的《论语》二十篇。所以现在说《管子》是现存七十六篇，七成以上讨论经济，台湾李勉不同意这个观点，就是这本书的作者不同意，实际上八十六篇都在，只不过就混入到了某些篇章里面。

对《管子》的评价

已故的上海财经大学中国经济思想史教授胡寄窗先生认为，《管子》这部书是以商品货币关系为论述的核心，提出了一些有利于新生事物发展的经济政策。可是现代人经常就是以分科的学术思想观念去解读《管子》，比如说批评管子“把国家变成前资本主义市场”“使国家的财政经济措施采用资本主义商业的经营方法”，这些话是受“文革”思维的影响。

为了能够理解《管子》的内容，并应用到当下，我们通过思考三个问题，寻找古今社会的共通之处。

首先，国家有没有抽象之后的？

其次，正常范围内的人性是否有差异？

然后，国家社会是不是都要公平、公正？都要追求道德规范？

实际上国家面临着同样的问题，所有时代的国家都要面临同样的问题，比如说吃穿住行，是不是？然后古代的两千五百年前的人性跟我们今天的人性大体上差不多，国家一定要公平、公正，古今中外没有哪个国家说我就是要追求不公平，追求不公正。好像即使很差的国家，口头上也会说追求公平、公正，追求道德规范。但实际上生产贸易和资本生利构成了最主要的内容。

恩格斯在《反杜林论》里面说，“某些古代的著作家毕竟对一定的经济现象曾经做了天才的陈述”，这句话被中国学者引用过来评价管子，叫“天才的陈述”；胡寄窗教授说，“在《管子》中，出乎一般人想象的卓越经济见解，是美不胜收的”。

《管子》的篇目与学习

人们通常认为刘向编定《管子》时，全书一共八十六篇，今本实存七十六篇，其余十篇仅存目录。按照李勉先生这本书里面展现给我们的内容，这十篇已经混入到了其他七十六篇的某几篇当中。

《管子》分为八类：《经言》九篇，《外言》八篇，《内言》七篇，《短语》十七篇，《区言》五篇，《杂篇》十篇，《管子解》四篇，《管子轻重》十六篇。至于分类，我们不做学问，因为以应用为上，所以根本就不必去细记、细究，那种驳杂的看法会障碍我们对《管子》的学习。

我们要学习的是分三个层次，第一个层次就相当于上午告诉大家的，制度经济学或者法律经济学，或者是我们熟悉的那个经济学，直接讲怎么让国家开始建立好的基础，在一个法制范围之内建设一个市场经济。相对应的《管子》篇目有《牧民》《权修》《立政》《形势》《霸形》《霸言》。《形势》包括政治形势和政治策略；《霸形》《霸言》指政治战略。

第二层开始谈君臣是不是信任，如何处理消费不振的问题，如何治理国家的问题，也就是经济政策、经济制度背后的内容。相关的篇目有《侈靡》《君臣》《治国》与《枢言》。

第三层就追溯到这些经济制度是依据什么样的思想观念做出来的、谁做的那个主、从哪里来的，就追究到了心，心的层次。这部分要涉及的篇目是《心术》《白心》《内业》和《小问》。

我们这三天，按照我自己的想法是逐层深入，也可以说，重点放在前面。因为像《心术》《白心》这样的篇章被后世认为是道家的文化，而《牧民》这一章毫无疑问古今中外所有学者都认为就是管仲自己直接叙述的，这个内容是可靠的，所以我们将重点解读。

第四部分　重点解读

重点解读一：《管子·牧民》

我们看第一篇《管子·牧民》。也就是说，我们从上午开篇讲到现在才终于进入了《管子》正文的学习，以前的铺垫有没有用大家可以自己去琢磨。因为按照我自己的想法体会，没有前面的基础，后面好多内容也需要回过头去补课，而且不容易在没有那样概念基础的情况下，理解他这么表达有什么好处、有什么作用，在整个世界经济知识范围之内，他处于一个什么样的层次。

我们先看《牧民》的经文。我把所有古代圣贤的经典，文章的正文都称为经文。

《牧民·国颂》

凡有地牧民者，务在四时，守在仓廪。国多财，则远者来；地辟举，则民留处；仓廪实，则知礼节；衣食足，则知荣辱；上服度，则六亲固；四维张，则君令行。故省刑之要，在禁文巧；守国之度，在饰四维；顺民之经，在明鬼神、祇山川、敬宗庙、恭祖旧。

列出经文，起码得有个解释了。古文好的人，其实看起来它也就是像白话一样，表达得很清楚。在古代那个时候，分封建国，你一定要有土地才能够做国王、做诸侯。分封嘛，天子的孩子到各地为王，封哪块地，就是哪块地的国王。所以“凡有地牧民者”，这块土地上，古往今来就会有人，不管人烟稀少还是人烟稠密，他一定有“民”在居住。这个“牧民”可不是我们今天这个概念，农民、牧民那个牧民，这个牧民是指管理的意思。后来在中华文化范围内出现了“牧师”，就是外来宗教神职人员专有的名称叫牧师，我们都习以为常，一听牧师，哦，这好像是天主教或者基督教的，不知道这个“牧”也是中华文化地道的用词，被他们借用过去，包括*Holy Bible*翻译成《圣经》我就很有意见，这是谁干的事情？！它使大众和孩子们不知不觉地把西方宗教思想“混同”中国的圣贤教育，后果非常严重！不但很容易破坏“文化自信”，甚至还为亨廷顿所言的“文明的冲突”埋下“宗教潜伏”。

自古君王有土地，需要管理人民的，用他们的角度来说就好像放牧一样。我小的时候放过猪，没放过羊。放猪比较省事，因为猪也比较懒，它找个地方一待晒太阳，那小孩子没有多少事可干。放羊可能麻烦一点儿。而“民”是活人哪，吃穿住行，想法也多，所以“牧民”就不容易。要怎么做呢?“务在四时，守在仓廪。”“四时”，春夏秋冬啊；“仓廪”，装粮食的地方，粮库、国库；“务在四时”，就是一定要在春夏秋冬，也就是春耕、夏耘、秋收、冬藏上下功夫，保证粮食，而且颗粒归公。手中有粮，心中不慌。

“国多财”，这个国家如果有财富，财富多，远的居民就会投奔而来；你这个地开辟出来，大家就会在这块土地上休养生息，繁衍后代；如果我们这个国家有足够的粮食、足够的财富、足够的储备，仓廪实则人民知礼节。吃饱穿暖之后，人民想象的就是文化生活了，想要看电影，想要看地方戏，有更高的追求。刚开始几个明星在一个很简陋的舞台上说唱就能办一个春节晚会，结果后来的“春晚”，就越来越奢华。随着时代的进步，人们的要求也在提高，所以我们党提出，要满足人民日益增长的物质文化需求。

“衣食足，则知荣辱”，吃得饱穿得暖，衣食不缺，荣辱的观念就会上升；如果他没得吃没得穿，荣辱的观念非常容易下降。

上午杨总跟我讲，他们的公司就招农村里穷困的女孩子到自己公司里来。我就说了我在大连跟一位女老总提出的想法，因为当时我们要建书院。我跟她讲，我们要合作的话，把你要招的职位，书院的也好，公司的也好，这个职位优先给具备三个条件的人：第一，家庭特别贫困，不管农村还是城市的；第二，学历特别低的，没怎么念书的；第三，特别漂亮的女孩子。符合这三点你一定要优先把她招进来。为什么？我说这三点全符合的女子，如果你不能够把她招到你的公司，以我现在的观察，她在社会上保护不了自己的安全。穷，要解决吃饭的问题，衣服肯定要有穿的吧，不管好赖，她总会有件衣服，但明天吃什么？怎么办？就有问题；没有受过高等教育，你像我大学的同学，她穷没关系，有助学金哪，有同学帮忙啊，有老师啊，国家救济的层次已经到她那儿了，可是那些没念过大学、学历低的女孩子找不到体面的工作；最要命的是一个女孩子还漂亮，会被什么样的人盯上大家都知道吧？她在这个社会上很难正常地生活下去，结局都很清楚，她自己没好结果，纠缠进来的人也没好结果。所以我说您要是有工作岗位，优先把她们招进来，进来一个我们教育一个！您扶植她，等于扶植天下母教。我们把讲解中国孝道、母教的碟片发给她，让她好好地看，将来母仪天下，未来的某个家庭就有一个好母亲，这是子孙昌盛之源头。有淑女就有贤妻呀，有贤妻就有良母啊，有良母就有好的孝子贤孙，家庭有孝子贤孙国家就有良民，建设和谐社会和强大的国家就有了好的人才，无论做经济、做管理，都可以（长时间掌声）！

为什么我会对她提出这种想法？因为她是女老板。当然我们现在男老板如果立志，洁身自好，一样可以心正，做到这一点。我希望越来越多的人可以做到这一点。先把她们救回来，这是中华文化考虑到母仪天下，因为我们所有人都是女人孕育的。如果说这个母亲心地纯净，像文王的母亲那样，“非礼勿视，非礼勿言，非礼勿听，非礼勿行”，养育孩子的时候在后花园养十个月，那生出来的必定是大贤哪！毫无疑问，他的身体会健康，头脑是聪慧的，性情是温和的，本性是仁慈的，会引得天下的人都到他那里去，大家都有好日子过，可以让天下几百年间过太平日子，没有战争的日子。而起源，就是一个女人的纯净！所以天下的源头要清洁。

她衣食不足的时候荣辱观念就淡化下去，没有人帮她，没有人救她。本来有一张照片我想加在这里面的（指用于讲解的PPT文稿），但是想来想去还是算了，防止听众见色起意。就是美国已故影星玛丽莲·梦露的一张早年照片，最近新闻媒体上传出来，卖了六百万美元，是她二十多岁的时候，在城市里面生活不下去，一个摄影师就动员她拍裸体照片，然后摄影师把自己的妻子请到现场去安慰她。大家知道当时这个默默无闻的女孩子拍完照片获得的酬劳是多少吗？区区五十美元。如果她要是有吃的、有穿的，生活无虞，当时她也不会做这种事情，为生计所迫，被逼无奈，就做了。可是一旦做了，就回不来了，因为全世界给她贴上了一个标签，叫“性感明星”。这就是一开始没有人肯伸手搭救一下，当然有些学习了一点儿传统文化的人会认为还是她本身福德不够，走上了错误的道路。但是不管怎样，做错了那就没有好结局嘛，事实已经证明了。而如果我们现在有条件的，无论是政府官员还是企业家，给农村女孩一个最起码的承接，不就把她救了嘛！这样不但大积阴德，还会造福百姓、社会和国家。

“衣食足，则知荣辱”，这句话里面有太多的历史含量，如果看历史事实，会使我们感觉到，说出这句话的人，那真是民之父母。鲍叔牙没有说错，管仲乃民之父母。当政者一定要让他的人民富足，然后才好教化他们。土匪为什么成为土匪？为什么被逼上梁山？什么原因造成的？这是古往今来，两千七百年以来，中华文化里面耳熟能详的一句话："仓廪实，则知礼节；衣食足，则知荣辱。"其实我们这三天就讲这句话都足够了，讲不完哪。

香港的股神曹仁超，小的时候家里贫寒，穷得吃不上饭。在香港，有一次邻居家里面丢东西了，就诬陷他偷了。他觉得很冤枉，就说你凭什么说我偷了？邻居说就因为你家穷，你有偷的理由，有偷的动机啊。所以这位曹先生，现在叫"曹sir"了，可能当时就心里发誓，我老曹这辈子一定要发财！所以他最近出的书，书名就叫《非富不可》，写给当代中国青年。我即使没时间看，我也买他的一本书，《非富不可》。没有了财富，你怎么去尽孝呢？怎么去养道呢？怎么去建修德谷？怎么有我们这个环境呢？所以财富不是不好，关键在于人，在于人是不是会用。我反复地观察世间的经济现象，比如说同样一笔钱，我们捐出去就叫善款，被贪污了就是赃款，钱没有变化，谁决定它的性质？人的行为嘛。人的行为怎么弄出来的？就是心里那一念，你这一念肮脏，它成赃款了；你这一念纯洁，它是善财，就这么区分。所以秘密在哪里？秘密就在我们心念之上，心里歪了，表面上做得天花乱坠也不行。

当年毛主席面临着和苏联外交关系的僵局，面临着核大国的威慑，也曾经"深挖洞，广积粮，不称霸"。"广积粮"什么意思？老百姓要吃的。我们经历过1960年，看过电影《一九四二》的，尤其是我去河南巩义的时候，市委宣传部景部长晚上请我们一起到食堂去吃饭，有那个地瓜叶子烙的饼，说当年缺粮食的时候，这个地瓜（就是红薯）和地瓜叶子救了多少人！不计其数啊！没有粮食吃，就吃这个东西把人命救下来。

前年的11月7日，团中央第一书记秦宜智同志到大连去调研国学教育，走之前的中午我有机缘跟他一块儿吃饭。因为他是清华的校友，听领导们说我到清华大学讲座过，就问起一些情况。吃饭的时候有煮地瓜，做饭的人当然认为这是现在最好的食品，我们都爱吃，尤其是烤的那个地瓜，非常香。我们都很恭敬的，等于把自己认为最好的东西给秦书记，说您也尝一个。结果秦书记说了这样一句话：我当年吃地瓜吃得一见地瓜就想吐（众笑），那时粮食不足，上顿吃，下顿吃，好像是月月吃、日日吃、顿顿吃，他说现在见了地瓜就吃不下，什么都行，就别是地瓜。这我才知道，原来秦书记、景部长他们经历过那段艰苦日子，尽管感恩地瓜（救命），但是已经吃不进去地瓜了。

抱歉，一不小心说多了，该下课了。

谢谢大家！下节接着来。

第四讲

本讲作者继续讲述《管子·牧民》之《国颂》《四维》《四顺》，作者强调我们要继承真正的传统文化，把《管子》重新提出来，强调它的原创性与可实践性，以及对后世巨大的影响，等于是给我们一个信心，我们现在利用他们的思想指导生活、指导经济建设、指导国家管理，完全可以帮助我们走向一个大治和巅峰的时代。

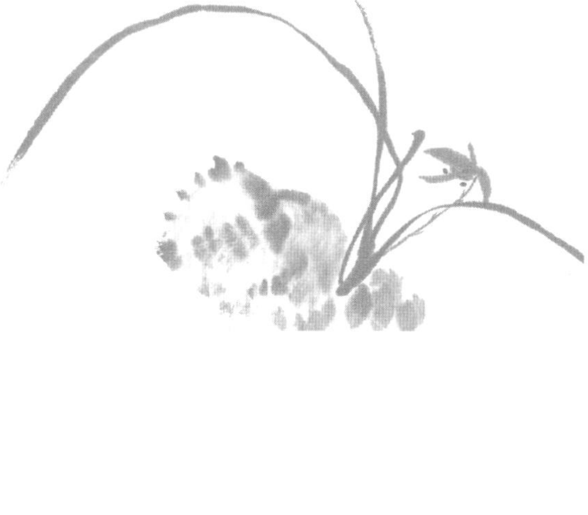

尊敬的各位同人：

我们接着往下学习。

仓廪实　衣食足　上服度　四维张

《管子》第一篇《牧民》中第一句话叫“凡有地牧民者”，我一开始就想，《管子》这本书雄才大略，无所不包，一开篇，这么平庸。起码来一个让我们感觉到很过瘾的叙述啊，在国际上纵横捭阖什么的。结果弄块儿土地，牧民，然后把自己的粮仓弄满，务农。尽管说在农业国里面，那个时代很重要，这有什么意思呢？可是越品味越觉得这是基础！“仓廪实，则知礼节；衣食足，则知荣辱。”我们不详细地多解释了，但是劝大家，像这样的话，没事儿的时候就念一念，练练嘴皮子、练练反应、练练记忆力，念得越多越能够把自己同化掉，念着念着悲心就出来，念着念着慈心就出来。所谓的慈悲，叫“予乐为慈，拔苦为悲”，予乐就是给予欢乐，拔苦就是把他从生活的困境当中、挫折当中解救出来，这是慈悲、仁心。古语，尤其是我们的文言文，它应该是一个符合天道的文字，从发音，从字形，可以使我们比使用其他字母文字更容易入道，所以多念、多写、多练。

“上服度，则六亲固；四维张，则君令行。”上，领导人，做君王的，做统帅的。如果说这些人，他们的吃穿用度能够符合中道，那他周围的六亲，固，坚固、维护、守规矩。这个里面也是包含着对现实人情深刻的体验之后才能够说出来的，有些时候一家过得富足，周围的这些人都不大舒服。我们先不谈六亲，先谈邻居之间，邻里之间是很好玩儿的一件事情，大家可能听说过马祖，他本身，是马家的孩子，后来出家修行，悟道以后回老家四川，大概是看妈妈。前后院儿的听说来了一位祖师，争相来看。见了面以后，说这啥祖师呀？不就是老马家小三吗！就像我们东北的农村说，他小时候鼻涕邋遢穿开裆裤的时候我还抱过他，算了吧！就类似这种状况。那你说马祖有损失吗？一点都没有，损失的是邻居自己！

上节我们举那个千岁宝掌的例子，活了几百岁了，从中印度来到震旦，也就是华夏，就是我们现在所说的中国，赶上达摩祖师也在中国，请益，才开悟、才明白。如果有一个人碰到马祖，请教一下，那他是不是也有机会？所以说问题在哪儿？问题不在外面，全在我们自己这里面。如果自己程度不行，祖师在面前、明白人在面前，依然小看对方，那实际上就是障碍着自己，就把自己的慧命断了，上升之路阻塞住了。然后，邻里家过日子，他家凭啥天天吃饺子呢？人们容易接受离我很远的人有出息，成名、成功；身旁的同事得个奖啊，领导表扬一下呀，或者是有一个好机会，是出国呀还是晋升了，有些人心里就越不舒服，好像是人之常情。

对于治国的人，当领导的人，他自己不守这个度、不守这个规矩六亲就不“固”了，就松动了，就可能出现了“叛”。六亲是什么？其实就是五伦哪，父母兄弟妻子等。不要过于拘执在哪“六”亲上，实际上相当于孔子所说的五伦关系。这是告诉我们，人自己要守规矩，把自己做好了，然后周围的事情自然地会好，这就是天人合一的道理。

“四维张，则君令行。”“四维”，管子是在下篇解释什么叫四维，现在提出来，我们只能理解四个柱子，张立起来，然后“君令行”。大家看一下，他不是说，我们的制度建立起来了，命令下去了，领导人的意志才能执行下去。他是说“四维张”，而“四维”是道德基础，首先要把人教好，才能够有令能行，甚至是孔子说的“不令而行”。

按照李勉先生的解释，牧民的意思就是教化民众、抚养民众。我们说古代的一个领导人，这块儿土地就是他的，那这块儿土地上的民众无论是千年还是万年，生活得好不好，看领导人的德行和能力，就是这样简单。跟我们现在这个状况，你当县委书记，当然要造福这一县人民。可是跟古代的观念它不一样了。我们现在说，我是人民公仆，公仆就得伺候主人嘛，这是很显然的关系吧？那仆人有些时候对主人其实不那么恭敬，服务也不是那么好。为什么？定位的问题。而我们传统上是什么心理呢？你即使是12岁做了天子，那你都是万民的君主，是国之父母。为什么鲍叔牙说管仲是民之父母？这个是需要仔细体会这个心理的位置，角色的扮演。如果是父母的话，请问在座的已经做了父母的，你会糊弄你的孩子吗？你会对付你的孩子吗？好像是不大可能吧。尤其是现在，几十年的计划生育，两代人对着一个孩儿，含在嘴里怕化了，宝贝得不行。所以一旦以父母的心态去对待黎民百姓，那只能是说叫“牧民”。这个“牧”在当时春秋时代，是教化、养育的意思，牧民就是养民，抚养的养，给你吃、给你穿，还给你考虑住的地方，希望你生活得好，这叫牧民，也就是养民。可是如果换成人民公仆，主仆关系可能会很好，但是它一定不如父母对子女那种心情！所以我认为古今的心理定位差了一层，除非这个领导人真的就是具有高尚的人格，才能够做到爱民如子，才能够做到全心全意为人民服务。

省刑之要　守国之度　顺民之经

“故省刑之要，在禁文巧。”为了一个国家、一个社会，能够轻刑罚，不繁文缛节设很多的法律条文规定，而是“禁文巧”。我以前讲传统经济学和管理学的时候，会经常举曹参的例子：萧规曹随。萧何去世以前，推荐曹参来接自己做丞相，曹参其实心里也知道，所以他一听到萧何去世，他就说我要去做丞相了，要做相国了，他的部下都不理解。他上任以后，所任用的部下，都不是那种“工文巧”的部下、“善文辞”的部下，都是木讷之士，不善言辞之士。好像很符合《论语》上说的，“君子敏于行而讷于言”。

为什么要“禁文巧”？因为如果这种风气流行起来，社会风气就会受着它的熏染。我们说中国古代文化是高层次的文化，是深度的文化，就是因为它时时刻刻要在“因”上解决问题，恰如《黄帝内经》所言，要“治未病”，要“治未乱”，使你能够在还没等出现这种乱象的时候，在萌芽的地方就消灭掉了，防止你犯错误。就像现在我们对党的干部要“抓早抓小”，还没等他把大错铸成的时候，有危险倾向的时候，稍稍警告一下，别犯错误，就回来了；有点小毛病，提示一下，谈谈话，收敛了，也就好了。人非圣贤，孰能无过？这是防微杜渐，这是“治未乱”。就说明我们现在反腐已经进入了一个新的阶段，这也是中华文化的一种体现：防微杜渐，惩前毖后，治病救人。也是早一代共产党人，就是毛泽东主席那一代人提出来的方针，治病救人，以把人救回来为宗旨。

“守国之度，在饰四维；顺民之经，在明鬼神，祇山川，敬宗庙，恭祖旧。”“四维”还是礼、义、廉、耻，把它放在重要的位置上，把它放在显要的地位，大张旗鼓地宣传，这是国家要做的事情；“顺民之经”，相当于是老百姓舒服的事情我们就干，老百姓不喜欢的事情，不要干。众人又代表着天心，这些个思想，大家听来好像是很熟悉，我们共产党好多领袖的文章就是这样论述的，只不过用词不同。那怎么在两千七百年以前，它就被笔之于文字了呢？刻在竹简上、木简上流传下来了呢？

“顺民之经，在明鬼神”，鬼神这件事情，由于孔子的观点，后世中国的儒家基本不谈；现在科学昌明，更加不谈，谈也被视为无稽之谈。无稽就没法考核，无法证明，但是要“明”！

李炳南先生认为，两千多年大家对孔子有一个误解，他的弟子问他关于死亡的问题，他说“未知生，焉知死”啊！误解在什么地方？不是孔子不了解死后的情况，不是孔子不了解人从哪里来这件事情，否则他写不出《易传》里面那八个字：“精气为物，游魂为变”。生命的变化，生死之间的转换，孔子非常清晰，他只不过就是说，你程度不够，我跟你谈你不了解；如果你要想了解“死”这个情况，你必须了解“生”，把“生”了解透了，“死”自然知道。如果知道黑夜白天怎么转换的，那离明道也不远了。

像南怀瑾先生所说，你能不能知道自己如何睡着的？能不能知道自己如何醒来的？我们有好多是打过禅七、修过道的人，大家是不是知道这一点。你做梦的时候能不能知道自己在做梦？从梦境里出来的时候能不能知道自己正在从梦里出来？就是这个经验有没有。我有过一次，看着自己从梦境里出来，或者梦境从自己的眼前世界里慢慢地退出去，然后才知道，经文上所说，那不是假的。为什么？在梦里面你以为是真的，山川大地，人物场景，有声有色，好像全都是真的；从这个场景一出来发现，哦，刚才全都是假的。噩梦是假的，但惊出一身冷汗又是真的。那怎么做？永远心安哪。二祖求，求个心安；孟子说学问之道无他，唯求其放心而已矣。一旦你放好心，明白了，就是结束了，就是到头了，就剩下做了。所以这个“明”比较难，但一旦做到，就势如破竹，就很容易。

紧接着就四句话连在一块儿，无非就是敬鬼神、敬山川、敬宗庙、敬祖旧。“祖”不用解释，“旧”就是古嘛，过去的、陈的，相当于孔子他老人家讲“信而好古，述而不作”。对山川、鬼神、宗庙、祖宗、传统文化都要明、要恭、要敬、要祈祷，那无非就是要认真地对待、认真地学习。

违背天时地利的后果

我们谈这些东西都是在《牧民》里面，而且叫《国颂》这一段。牧民就是养民，说来说去又恢复到一个人的修为，领导人的修为，你心放在什么地方，把人民放在什么地方，把山川、社稷、祖宗、文化、传统，包括好像一般人根本就没有机会见到过的鬼神，怎么跟它们相处。我们现在跟自己的关系叫自处，跟人的关系叫人伦，国与国的关系叫外交，那还有传说中看不见的鬼神，这叫什么？怎么沟通？老话说“头上三尺有神明”，这个怎么沟通？这里面的答案就是“明”，后面跟着的是祈祷啊、恭敬啊，态度就说出来了。如果一个人行得真，按照中国古代的文化说鬼神都敬，不要说人了，看不见的都敬。

刘力红老师2014年在大连海事大学体育馆的论坛上跟我们讲他自己的变化，现场的很多人开心一笑。刘老师做医生，以前板着脸很严肃，严肃到什么程度呢？他说不仅孩子怕他，他们家的狗都怕他！回到家里以后，狗看见他都溜着边儿走！严厉到那种程度。可是等我去的时候，刘老师已经不那样了，他的变化非常大。其实脸色严峻不是心不好，是因为心中有原则，希望周围的亲朋都能够如理如法地做好。可是做不到的时候，他自认当时宽容心容忍度不够，所以面色严峻；当意识到自己这一点给家人带来了恐惧，甚至给狗都带来了恐惧的时候，他深刻地反省。现在连北京的朱总都说，刘老师居然会开玩笑了！就给人们带来了欢乐。这就是跟周围的人相处，看得见的、看不见的如何相处，说来说去要照顾到各方的舒适度……也就是你要恭敬一切，物品，把它摆放整齐就是恭敬它。它可能没生命，它不需要恭敬，是我们需要，我们通过对它恭敬修炼了自己，就相当于我们对祖宗像恭敬的道理是一样的。当你对世间所有的天、地、人、事物都恭敬的时候，成就的是我们自己，所以感恩一切是这样来的，逻辑关系非常清晰。

说到底，一个国家的强盛是整个这个国家的福德，就是人民表现出来的福德的外化，那按照《管子》的论述，没有德，四维不张，国乃灭亡，毫不含糊，斩钉截铁。

不务天时，则财不生；不务地利，则仓廪不盈。野芜旷，则民乃菅；上无量，则民乃妄；文巧不禁，则民乃淫；不璋两原，则刑乃

繁。不明鬼神，则陋民不悟；不祗山川，则威令不闻；不敬宗庙，则民乃上校；不恭祖旧，则孝悌不备。四维不张，国乃灭亡。

“不务天时，则财不生；不务地利，则仓廪不盈”，如果你不按照天时去劳作，财富就生不出来；如果不能够利用地利，那你国家的粮仓不会充满。表面上的意思是这样。但“天时地利”这个词，中国人耳熟能详，这里面就差谈“人和”了。我们为什么把诸子生卒年月给大家展列出来，就是告诉大家孟子他老人家所谈论的“天时不如地利，地利不如人和”，也是在继承传统的基础之上说出来的这句话，在他之前的管子已经说了天时和地利是很重要的。没有继承就不会有发展，没有继承也不会有真正的创新。而且在传统里我们曾经讲过一句很绝对的话，就是“传统里无创新”！不过就是《易经》所说的“与时偕行”，把核心，把常道应用于你自己的当代，那就是创新了。

“野芜旷，则民乃菅（草菅人命的菅）；上无量，则民乃妄。文巧不禁，则民乃淫；不璋两原，则刑乃繁。不明鬼神，则陋民不悟；不祗山川，则威令不闻；不敬宗庙，则民乃上校；不恭祖旧，则孝悌不备。四维不张，国乃灭亡。”有些时候我认为古文是最不需要解释的，最好的方法就是你怀着恭敬心一遍一遍大声地读下去。有一些字会发生错解，其实不是那个字，也不是原文，读了几十遍、上百遍之后，你就有胆量去怀疑，可能这个字错了，或者说我不计较这个文字到底对不对；或者某一个音，古今之音到底有什么差别，但是慢慢地通过文字之间的对应关系就能悟出来，那个核心的思想到底要表达什么。你要把这几句话连续地读出来，它无非是对上面这几句话的一个解释。所以李勉先生认为我们现在看到的《牧民》和古代所进行的

《牧民解》已经混到一块儿了，前面的是原文，后面的就是解释，已经被当作同一段文字，都当成正文了，但时间久远，大家都认了，就这样吧。

“文巧不禁，则民乃淫”，这个邪淫的淫，它有过度的意思，过分的意思，打个比方说，你不禁止它，国家没禁止，喜欢这样的文风，人民就会越来越在这上面花费心思。范仲淹在《岳阳楼记》里面所写的“淫雨霏霏”，就是这个雨下多了，梅子时节，天天下，过度。人们如果没有得到国家明确的指示，它会按照一个既定的运行规则发展下去，以至于过度。市场就是这样，你没禁止，它就一直按照这个方面去取利，最后一直到市场过度繁荣，到失灵的状态，政府就不得不出来收拾。所以我们说20世纪，整个世界经济就在西方经济的学说里面左右摇摆。一段时间，市场自由占主流的地位，整个市场流行的就是自由主义经济观念；可是自由到一定程度，就是淫，过度了，垄断得也过度了，然后由政府来干涉，叫国家干预；国家干预得过多了，说遏制了市场的自由，凯恩斯那套学说又被批评，然后自由主义的那一套又重新再成为主流。就是这么摆来摆去，始终找不到那个最佳的状态。

我读古代经典发现国家大治的时候，杰出的领导人，都能够把握这个中道，把握这个度，什么周代的成康之治、汉代的文景之治……那齐国，它并没有形成整个全天下大治的状态，可是，齐国在四十年间，称霸诸侯，这个效率是太高了。李勉先生的评价也应该说快到极致了：在政治上君臣互信，桓公非常相信管仲，政令畅通，言出即从；在军事上，他几乎并不真的用兵，已经强大到用经济实力就已经使诸侯归附；还有管仲做的最重要的事情通常不被提及，叫扶危济弱，他当时是主持公道的，有些小国经常被一些稍微比他们强的国家欺负甚至吞并，管仲就帮助他们，有点像当时春秋时代的联合国的角色，就是警告一些诸侯国别胡来，你要遵守一个规矩。所以那些小国一看有主持公道的大哥，都归附到齐国的周围。他为什么能够像孔子说的不以兵车而九合诸侯？不是说他就是凭强大，手里掌握着原子弹、核武器，不跟他不行，不是这样。他尽管有这个实力，但真正凭借的是他能够在国际上让大家信服，就是鲍叔牙给他的那个评价：“忠信以合诸侯”，这太难得了！

下面这个“不明鬼神”“不祇山川”“不敬宗庙”“不恭祖旧”，相当于是把前面那一段从反面论证一下，就是你做不到这一点会产生什么样的后果，最严重的后果那就是“四维不张”，这个国家就要灭掉了。谈论的是最基础的治国措施，跟经济关系不大，这就是两千七百年来，被人们津津乐道的“礼义廉耻”。

《牧民·四维》

国有四维，一维绝则倾，二维绝则危，三维绝则覆，四维绝则灭。倾可正也，危可安也，覆可起也，灭不可复错也。何谓四维？一曰礼，二曰义，三曰廉，四曰耻。礼不逾节，义不自进，廉不蔽恶，耻不从枉。故不逾节，则上位安；不自进，则民无巧诈；不蔽恶，则行自全；不从枉，则邪事不生。

管仲说这个国家有四个柱子，一个柱子绝了会倾；两个柱子绝了会危；三个柱子绝，就坍塌嘛，叫覆；四个都没有了，叫灭。缺一个柱子我能把它正起来；两个，发生危机，还可以再使它重新安全；即使覆了，就是三根柱子都倒了，还是可以起来，因为还有一根支撑着嘛，借力就可以起来；可是四根全趴下了，这就麻烦了，“不可复错”，就是不可复兴、不可复起、不可复建。

何为四维？礼义廉耻。“礼不逾节，义不自进，廉不蔽恶，耻不从枉。故不逾节，则上位安；不自进，则民无巧诈；不蔽恶，则行自全。不从枉，则邪事不生。”这是对这四个字的解释。“逾节”，过度、过分，这是违反了礼节的中道精神。每一个人，他的本分，应该做的事情，他也不能够自己精进地去完成，因为是行到反面去了。“廉”就不用说了，我们在座的最近这些年对于廉这件事情体会得比较多。

不逾节上位安的例证

后面这个需要看一下，“不逾节，则上位安”，单拿出这句话好像不理解，但是看后来《论语》上孔子看到的鲁国的情况，我们就一目了然他为什么要这么讲，有什么道理在。比如说当时的鲁国国君已经不能把持鲁国的国政，是由谁把持着呢？三家权臣，更搞笑的是，权臣把持着鲁国的国政，可是，他在自己家里也说了不算，他的管家又把他架空了，例如那个阳虎，这是一件因果循环的事情：你架空鲁国的国君，你自己的管家就把你架空。怎么个意思呢？“八佾舞于庭”，本来八乘八，六十四位舞女跳舞，这只能是周天子享受的礼节；诸侯六乘六，三十六位；大夫，四乘四十六位；普通人，像我这样的，一个人给你跳，你都没那个福报去看，那就是“逾节”，过分了。所以“八佾舞于庭”是礼节上过度了，你自己不是那样的身份，就不能做那样的事；你不是省委书记，就不能坐“2.8的奥迪”。我们经常看有些奥迪，后面的那个排量标识被人抠下去了，可是一看底下那排气管会知道，排量是很大的，这也是“八佾舞于庭”里面揭示出来的，就是你做了不符合你身份、地位的事情。

“则上位安”，如果底下没有人在礼数上做得过分，上面的位置就“安”；如果诸侯国的人没有做那种超越礼节的事，周天子的位置就“安”；如果国君的家臣不僭越、不逾节，那他的位置就“安”；如果你做部长的，你的部下没有人挑战你的权威，那你的位置就“安”嘛，就是这样简单的道理。“才大压主”也是这样，如果你手下培养一个人，把你手下所有的人全都变成拥护他了，那你这董事长就麻烦了。这件事情古往今来，从来都需要仔细对待，慎重对待，很不容易，因为它涉及身家性命，功败垂成都在这里面。

有太多太多的例子，比如说唐代郭子仪，保证了唐王朝不灭亡，从安史之乱的泥潭里出来，国势大衰，他经历了四代君王，八十多岁了，自己提拔的将领几十位，按照今天的级别打比方，可能都是政治局委员级别的。所以皇帝其实是担心的，据说也经常派人去看郭令公在家里干吗。这个例子我也经常举，郭令公为了让他放心，晚年的时候你看他怎么做的，郭府的大门打开，然后请戏班子给他表演，八十多岁老人了，看戏，可能旁边还有很多年轻漂亮的小姑娘，天天在那儿享受，也可能泡一碗普洱茶喝，回去的人向皇帝一报告，皇帝安心了；我想如果派去的人回复说，郭令公在家里看《孙子兵法》呢，我估计皇帝一定是睡不着觉，你想干吗？（笑声）

还有更直接说出来的例子，就是汉高祖刘邦，刘邦这个人也挺搞笑，他本来是统帅嘛，应该坐镇大后方，让元帅、将军出去打仗就行了。但他老不放心，总是动不动就亲自出战，然后打仗还不行，经常打得全军覆没，萧何得给他组织兵源。有一次他要出去灭掉这个反叛的将领，还不放心，问萧何在家干吗呢？萧何本来在家是尽职尽责地给他看管着这份家业，做丞相嘛，而且老百姓都非常支持。可是有一个朋友，这是《史记》上记载的，告诉萧何，你灭门的时间快到了。那萧何就吓了一跳，赶紧问什么意思？人家告诉他，你现在弄得大家都称赞你有功劳，你让我们这个刘邦在外面领兵，他能够安心吗？他在外面领兵打仗，关中这个地方全归你了，老百姓拥戴你，那很可能发生兵变那种情况啊，那他刘邦没皇帝当了。萧何说那怎么办？他朋友说你得想办法自污名节。这是真实发生的事情，萧何一听，那就干吧，按照他朋友出的主意，故意欺负人，抢夺土地，做几件不公正的事情，这百姓就有怨言嘛。刘邦一回来，就有告状的，说萧何没干啥好事儿，而且证据确凿，材料都整理好了。刘邦是亭长出身，他那个嘴脸也很有意思。萧何一过来，他把那材料一扔给他，你自己去看吧！但是这么奇葩处理会造成什么样的情况呢？就是让这个一把手老大安心。所以郭子仪、萧何都这样处理过。

“不逾节，上位安”，六个字里面，有着古今中外多少惨痛的教训。治理国家就是在这个礼节上，就这一个“礼”字要不守的话，麻烦就大了。为了争夺一个位置，然后不守礼数，其能严重到什么程度？“玄武门之变”大家都听说过吧？我们非常为李世民惋惜，惋惜什么呢？尽管他为我们整个历史奉献了一个贞观之治，塑造了后来的大唐，可是亲手射死李建成，那是同胞兄弟啊！那是他哥哥！所以他死得非常早。尽管按照唐代的术士李淳风跟袁天罡他们的推算，他已经加了寿命，可是他还是死得很早，什么原因？就是悌道大亏。本来袁天罡给他算，他还要更早地死，但是到那一天他没死，袁天罡就名誉上受损，算得不准嘛。后来李淳风就嘲笑他，你算的是“死卦”，按照李世民的生辰八字，他确实那一天该归天；但是“活卦”，他做了好事，施行仁政，还有增加。这个就解释了做恶事有恶的结果，做好事有好的结果，“天之在我者，德也”，体现得一点不差。李淳风说你光算了他以前的那些事情，他施行仁政，造福万民、国家百姓这个事情，增加寿禄你没算进去，所以最后哥俩儿合起来演绎了一幅《推背图》，很神秘地就传到今天，很多人对那个东西感兴趣。

说这些是什么意思？李世民也就是不守这个“礼”，“义”也亏了，他是皇帝，“廉”不需要谈，但是有“耻”。所以他后来施行仁政，委屈自己到什么程度呢？喜欢一只鹞子，魏徵来汇报工作，他都不敢公开地让大臣看到这只鸟，在袍子里闷死了。那是一个可以夺天下的英主，他为什么委屈自己到那种程度呢？他内心有敬畏，“君子有三畏嘛”，“畏天命，畏大人，畏圣人之言。”他有敬畏，所以大唐有大唐的天下，这是德行感来的。可是从这个“礼义廉耻”上考虑，他是不是“逾节”了？那他是做兄弟的，他是秦王，太子在他上面是皇储，他这不就是“逾节”了吗？“上位安”吗？不安。然后他的部下直接到他父亲那里，也就是唐高祖李渊那里，拿了手令，不但射死了李建成，拿到这个手令是剿灭太子全家，大家能理解吗？妻儿老小，灭门哪！当爷爷的李渊据说已经无可奈何，不管你批准不批准，事情已经这样发生了，那是他自己的孩子，自己的后代，眼睁睁地看着同胞之间相残。什么叫“上位安”？有一段时间这个“上位”指的就是大位，就是皇上，天子位。宫廷之间的斗争就不安，欠缺在哪儿？逾节，没守中道。

从上到下，我们谈论的，没有一个不一样的道理，全都是一样的。以为我们谈论的是古代，两千七百年前，我可以说，我们之所以铺垫那么长时间，就是让大家具备贯通的思维。这个思维就可以放在你家里，放在你的单位，完全一样的。培养的后备干部，他是真恭敬你还是假恭敬你？可不保准啊！我听来现在政局上的故事，那很精彩，都是周围朋友告诉我的，说竞选之前，那对老同志非常恭敬，一天一问安，一日几乎就差一叩首了；当选之后，不认识你了，就是任命一下，当上了，好了，翻篇儿过去了。这种做法，礼义廉耻一衡量，他占了几维？说是“国之四维”，我们可不可以说一个人事业的“业之四维”？你这个事业嘛，也得有四根柱子，守没守礼？有没有义？自己清廉不清廉？有没有羞耻之心，就是敬畏之心？太简单了！所以从古到今，管子的这种说法仍然被天下人耳熟能详，就是因为简单明了，老百姓一听，是这个道理，要不是好人的话不会有好结果。

不自进、不蔽恶、不从枉的后果

“不自进，则民无巧诈。”看到这几个字我就想起《道德经》里面说：“不尚贤，使民不争；不贵难得之货，使民不为盗。”对于“自进”，我们举一个现在大家更能明白的例子——选举，尤其是“美国”的选举。我好哇，你要选我的话，我怎么样怎么样，先许诺；然后攻击对方，挖掘对方的丑闻，无所不用其极，这就叫“自进”。结果就是“民巧诈”。自进嘛，你这样表率，人们就有可能使巧、使诈，说假话，先选上，选上能不能兑现那不一定。你看哪一个选上的完全兑现他竞选时候的诺言了？不太容易。可是这种闹剧，每隔四年他们就表演一次。当领导的“自进”，或者说争取自己的荣誉，一来了什么评选，我先当上，下属、同事都没有份儿，自己是要争先进，那底下人一看这领导都是这样的，他就使巧、使诈；如果领导自己不这样，底下人也就相对淳朴，特别简单的道理。

那后面的我觉得都不必要啰唆了，“不蔽恶，则行自全；不从枉，则邪事不生。”“蔽恶”是啥？自己犯的错误要尽可能多地让天下人知道，因为当世就报销了，拉倒了；你要隐藏下来，它还是个种子，越长越大。“行自全”，我们念过《黄帝内经》，德全不危吧，可是如果你要把这个自己的恶隐藏起来，不要被别人知道，我要有隐私，能“全”吗？全不了啊，它始终在啊，那个“恶”始终在啊。《四维》之后是《四顺》。

《牧民·四顺》

政之所兴，在顺民心；政之所废，在逆民心。民恶忧劳，我佚乐之；民恶贫贱，我富贵之；民恶危坠，我存安之；民恶灭绝，我生育之。能佚乐之，则民为之忧劳；能富贵之，则民为之贫贱；能存安之，则民为之危坠；能生育之，则民为之灭绝。故刑罚不足以畏其意，杀戮不足以服其心。故刑罚繁而意不恐，则令不行矣；杀戮众而心不服，则上位危矣。故从其四欲，则远者自亲；行其四恶，则近者叛之。故知予之为取者，政之宝也。

“政之所兴，在顺民心”，这个道理简单至极，也深刻至极，却不容易做到。为什么要“顺民心”？首先你要知道民心是什么样子的。有些领导人，顺什么民心呐？就顺自己之心，这个“政”，政治，国家政策，就不能够使社会兴旺发达，因为逆了民心。

“政之所废，在逆民心。民恶忧劳，我佚乐之；民恶贫贱，我富贵之；民恶危坠，我存安之；民恶灭绝，我生育之。”这简直就是全心全意为人民服务！老百姓你喜欢什么吧？你不喜欢忧愁、劳作、辛苦，好，给你创造一个老干部活动中心，先把老同志安抚好；年轻的同志活多，偶尔弄一个健身室，打打乒乓球，以此类推吧，反正是让你感觉到舒适，生活条件好，工作环境好。喜欢什么，给你来什么；不喜欢什么，咱就不做了，叫“满足人民日益增长的物质文化需求”，是检验我们工作的标尺之一。人们都不喜欢贫困下贱，那好，我想办法让你发财、让你升官，“富贵之”；不喜欢经济危机，不喜欢生活越来越退步，那我就提出“发展是硬道理”，让你过几年就翻一番，再过五年，我们结束还有贫困人口的日子，“存安之”；大家都喜欢（尤其是古代）多子多福，那就放开一对夫妇一个孩子的政策，变成二胎。“民恶灭绝，我生育之”，很简单，很明了。

以上这些是学术界公认的，是管子自己的阐述，就是《牧民》这一篇，大家都认为是出自管子，即使是包括解释，那也没有出离管子的想法。

《孟子》里面的类似表达

孟子说：“得天下有道，得其民，斯得天下矣；得其民有道，得其心，斯得民也；得其心有道，所欲与之聚之，所恶勿施尔也。”（《孟子·离娄上》）得民心者得天下，人民喜欢的给他，不喜欢的拿走。一开始以为这是孟子的原创，但是看了《管子》这句话之后，我才知道孟子可能看过《管子》，孟子应该也受到当时管子思想的影响。那这个思想要是在学术界按规矩找原创的话，实际上不起始于管子吗？孟子可比管子晚了几百年哪，相当于孟子他继承传统文化，然后有了自己的表达。这就是我们为什么说《管子》其实非常值得我们学习的原因所在。

后来儒家为什么说只要读孔孟就可以治理国家，而且治理得很好呢？道理也在这里面。孔子是继承了上古文化，他是大成者，传给子思、传给曾子、传给孟子，已经把中华文化里面教化民众、治理国家的智慧全部融汇在自己的学说里面了，所以儒家它并不仅仅是一家。道家它也并不仅仅就是服气、辟谷、导引、吐纳，每当乱世出来的时候，总会有一个师父教几个弟子，你们去把天下收拾安定了，然后回来交差。这个文化传统代代传承，你只有连续地看、历史地看才知道，我们以前狭隘了，我们以前只知其一，不知其二，不知魏晋，怎么能知道有汉朝？

目前，我们这一次等于是把《管子》重新提出来，强调它的原创性，强调它的可实践性，强调它对后世巨大的影响。等于是给我们一个信心，我们现在利用他们的思想指导生活、指导经济建设、指导国家管理，完全可以帮助我们走向一个大治和巅峰的状态。

“能佚乐之，则民为之忧劳；能富贵之，则民为之贫贱；能存安之，则民为之危坠；能生育之，则民为之灭绝。故刑罚不足以畏其意，杀戮不足以服其心。”这一段调过来了，前面是正面的解释，现在反过来。简单地说，如果你能够为其他人考虑，其他人就会为你考虑，就是这么个道理。你照顾老百姓，老百姓可能就会为你去卖命，受穷也不要紧。

明末袁崇焕将军的例证

明末有一个例子，传说是袁崇焕将军，因为他死得很惨，中了反间计，被皇帝活剐了（史书记载为“遂磔崇焕于市”）。据说死之前，他把年轻的妻子和一个小孩儿托付给他的一个部下（《明史》记载：“崇焕无子，家亦无余赀，天下冤之。”）：我死之后，把她们母子照顾好。他死了以后，他这个部下以跟女人、孩子一块儿生活的方式照顾她们母子。其他人就感觉到奇怪，好像是一家人，但是神态举止上，这个男的对那个女的特别恭敬，而且有点像仆人对主人的态度，很奇怪。还有，当袁将军被杀以后，他将军的地位没有了，他的亲人是被发配到远方的，他们好像是被发配到西北（《明史》记载“兄弟妻子流三千里”）。路途当中有很多危险的地方，尤其是这位年轻的妈妈很漂亮，有一些人见色起邪心，就想干邪事，袁将军这位部下利用他的武功（那是真正的军人哪），打退了这些人，保护这对儿年轻的母子。他放弃了自己这一辈子再凭军功获得名利的机会，就是因为当时一句话答应了袁将军。而且袁将军活着的时候对他应该是有恩，所以宁可自己一辈子不富贵，也要照顾好将军的遗孀和孩子。后来大明王朝为袁将军开平反大会，知道错杀了。这个时候这位部下才把真相告诉大家，这是袁将军的夫人和后代，我的任务完成了。这不就是你“能佚乐之，则民为之忧劳；能富贵之，则民为之贫贱”。士为知己者死，可以说从这里来的。也未必是管子的原创，管子也应该是有他的天才成分，也是继承上古文化。

“刑罚不足以畏其意，杀戮不足以服其心。”严刑峻法能解决问题吗？不能彻底解决。民不畏死，以死拒之，可能吗？他不害怕死啊，所谓“舍得一身剐，敢把皇帝拉下马”，所以“杀戮不足以服其心”。像诸葛亮，他一捉孟获的时候，完全可以一刀杀掉嘛，不服？放你回去，再来。一擒、二擒、三擒、四擒，这也是碰到这种“滚刀肉”，七擒之后他才服气，叫“七擒孟获”。那服不服呢？这会儿服了，确实你厉害！所以“杀戮不足以服其心”。中国共产党人在早年的时候，在抗击日本侵略的时候，或者我们最近这一年纪念抗战，大家看到了，我们确实当时武器不行、国力不行，包括组织效率都不行，但是面对屠刀，服你吗？你杀死我，我也不服你！

而有些场景的记述让我们后人感觉到……怎么形容？潸然泪下，义愤填膺！被劈杀的那都是一些非常淳朴的汉子，但是我认为《论语》的精神没有被继承下来。我看到了孔老夫子这句话“以不教民战，是谓弃之”，我才知道中华文化里面什么叫刚柔相济，老夫子为什么是圣人。我再看到日本一小撮倭寇横扫浙东七县，再看到十万大宋子民跟着跳海，三件事情合在一块儿，我才知道，我们的文化从宋代以后出了问题。宋儒，宋代的那一批自称大儒的学人，要为中华历史的这些血债负责任！他们没有很好地把中华上古文化传递到世间！天下人不明理罪责在老师，你读书，你的任务是明理，教明白天下人，结果你没有把天下人教好。

我在南京军区某部讲的时候，我面对战士群体，我谈我的想法，我说十万子民中，即使有一半是女人，剩下的五万男人可不可以作战？五万男人当中若有老人和孩子，我们再剔除一半，两万五千人的精干的将士可不可以保护小皇帝？能够跳海，视死如归，那为什么不可以为了国土、为了自己国家的君主去战斗呢？大好的江山拱手送人，然后用自己的身体去喂鱼，宁可喂鱼也不知道战斗，这是什么文化？！

我们要继承真正的传统文化

再一考察，南怀瑾先生说，那一批宋儒把自己的学问做出来以后，本来他们借鉴了佛家的学说，却反过来攻击佛学，做得不够光明磊落吧？

他们自己说隔了一千多年，继承了孔门的心法，那我要问：孔老夫子是仗剑而行的，是能文能武的，你们干吗了？

我再看北宋称为“大儒”的那些人，几乎很少有活过七十岁的（周敦颐五十七岁，程颢五十三岁，邵康节六十六岁，张载五十七岁，只有程颐七十四岁），所以宋儒的书，我从此敬而远之！

中华的学子要想继承中国传统文化，应该越过唐宋，直接回到汉以前，找诸子百家——找孔子、找老子、找庄子……找《黄帝内经》，还我中华文化刚柔相济的大气！重振平和中正、安定寰宇的雄风！

作为读书人，我们现在是一个文弱书生，眼睛都读近视了，可是，那些勃发尚武的精神不能丧失。我们有投笔从戎的故事吧？国家打仗还写什么写？如果有需要，扔掉笔、拿起枪、去战斗！抗战期间，不是有还俗的和尚吗？抗战期间不是有新婚的新娘子把丈夫送上战场吗？母亲父亲把儿子送上战场吗？为的是什么？没有国哪有家！这个道理现在想起来，原来两千七百年前，人家已经说清楚了。可是那些读书人读哪里去了？所以说，讲道不行道是天下第一大恶人！

（掌声。）

你识字，你有机会读书，你有机会研究，研究完了之后你就为自己那点吃穿住行去考虑？这天下的文化是天下的，国家要你干吗？！

读《管子》的时候，我就想他怎么是“牧民”呢？他怎么是“养民”呢？他把自己摆在老大、父母的地位？刚开始我还怀疑，越读越觉得不对，这才是真正的慈悲心，才是使一个国家富强、让人民有好日子过的慈悲心理，甚至可以说应是领导人的心理。

所以，如果人没有教好的话，即使你说我《刑法》规定得非常严厉，也“不足以畏其意”呀！现在这个例子多明白，我们说谁都知道贩毒抓到几乎就是死罪，可是依然有人贩毒；抢银行抓到就要重判，还是有人抢。这是什么道理？人没教好。所以《牧民》这一篇，所谓养民这一篇，作为《管子》的开篇，谈论的都是如何安民、如何顺民、如何乐民、如何让大家过上好日子，就是如何富民、如何贵民。民本思想，昭然若揭。

“故刑罚繁而意不恐，则令不行矣。”这样一句话一读出来大家都知道吧？你刑罚设置得再细腻、再烦琐，他不害怕呀，你下命令就能行吗？上面有命令，下面还有对策呢！

“杀戮众而心不服，则上位危矣。”杀了很多人，以为人家都怕你，“杀戮众而心不服”啊！那总有一天要揭竿而起，秦代灭亡不就是这样来的吗？仅仅十五年秦朝的天下就拉倒了。你想象一下，他们秦国，从孝公开始，经过穆公，到秦始皇，几百年间，积攒了那种“包举宇内，席卷天下”实力，最后吞并了六国，统一了天下，建成了一个大秦帝国，他做梦要做始皇帝，传千秋万代，可是二代就灭亡了。什么原因？杀戮众嘛！一个是杀戮众，另外一个是毁坏文化，做这两种事情，从历史书上看，没有一个领导人会有好结果，没有一个会有善终。所以再强大的国家都经不起这两件事情。秦对文化的毁坏就是焚书坑儒嘛，书，这是传承天道的东西，怎么能够给烧掉呢？所以那么强大的国家，积累了几百年的国力，十几年就亡了，这是历史规律。缺德到极点了，所以天时一下子就没有了，等于现在说“爆表”了，一下子归零，就报销了。杀戮众，秦末就有起义嘛，然后天下归汉。所以我们到今天，如果不是少数民族的同胞，我们还叫汉族。

“杀戮众”这件事情对人的官位财运影响特别大，跟大家说一下李广，他的经历。我们读宋词就会知道有一个典故叫“冯唐易老，李广难封”。李广为什么难封呢？李广不姓刘，在汉代不可能封王，所以他只能封侯，可是始终就封不上这个“侯”。他战功卓著，跟匈奴作战，对方一听到是他，也是感觉到害怕、感觉到恐惧，可他就是封不上。很郁闷嘛。比他平庸，比他战功小的，很多人都封侯了，但他仍然没有得到这种奖励。所以有一天喝闷酒，其中有一个高人，听他谈起来这点儿牢骚，就问：将军生平有没有心里过不去的事情？他说，有。这人就问是什么事情？李广说有一次打仗完了，对方可能是上百名俘虏吧，已经投降了，被他杀掉了。然后那个人说，就这件事情导致你不能封侯！战场上你死我活不影响，对方只要放下武器，你就不能再打了，向你投降了，你就不能再杀了。因为他已经成为平民，是你的俘虏，再杀——因为上天有好生之德——那你就过分了。所以“李广难封”，他就封不上。近代的例子也有……但是一定记住“杀戮众而心不服”，你在上面那个位置也坐不安。

“故从其四欲，则远者自亲；行其四恶，则近者叛之。”我顺从你的欲望，即使你住在天涯海角，你也会感觉到这哥们儿挺亲切的；

行其四恶，近在咫尺，也会背叛，众叛亲离就是这样的。他一定是做了过分的事情，比如商纣王，商纣王从资质上说本是个不世出的人才，膂力过人、智力过人、口才过人，死的能辩成活的，别人都辩不过他。他本来应该成为商代第六位中兴的君主，可是，他做的事情大家都清楚：宠妲己、制炮烙、剖比干、囚文王，坏事干尽了，那他自己就不得好死嘛。不得好死这件事情就是咎由自取，你自己做一定逃不掉。

我们现在讲《管子》，我们举齐桓公做例子，齐桓公不得好死吧？大家知不知道？不知道？那简单说一下。管仲活着的时候就警告过齐桓公：你身边那个厨子易牙（一看这个名字就不是什么好名），还有那个竖刁（也不是什么好人的名字），还有个叫开方的，还有一位，四个人，是小人。管仲曾经警告过桓公，你用他们，我估计你自己会深受其殃。本来桓公对于管仲是言听计从，可是对这四个人就没下去手，为什么下不去手呢？我们看清代历史就会知道，一个宠臣，他可以对皇帝的什么下手？人性的弱点下手。你喜欢玩儿花岗石？好，我就征收花岗石，就是宋代发生的事情；你喜欢玩古董，他就给你弄那个古董；你喜欢美女，他就四处搜罗，就干这种事情。桓公，历史记载，他有一些臭毛病，例如他好吃，他跟管仲承认我好吃，管仲说这没关系，跟做领袖关系不大；再说我好玩，管仲也说没关系；他还好色，他自己还承认，管仲说这也关系不大。管仲告诉他，做领袖有几个基本的条件：第一条就是决断要快。他说这我可以，简单到你说啥我听你啥不就完了嘛，决断很快。还有一点，用人要信服，要相信他。所以他对管仲，管仲说没钱，他给钱；管仲说我没地位，那叫他仲父，然后赐予爵位，什么都摆好了，管仲再一发命令，令行天下。

但是，这个易牙是个厨师，手艺还非常好，然后用心非常细密，伺候齐桓公吃喝玩乐这一套。首先是吃，就把他这个嘴和胃吊起来了，我们现在流行一句话 no zuo no die，已经写入英文了，就是由于汉语的强大影响，就是不作不会死。齐桓公就作大了。他有一天跟易牙讲，我什么都吃过了，就是清蒸小孩儿没吃过。这哪是人说的话！更不是人的这个易牙，把他儿子的脑袋蒸了送给桓公！那这两人会有好结果吗？其他那几个人也都不是什么好东西，各有这个难堪的事儿。那桓公没来得及听管仲的，管仲先于他们几个去世了。结果管仲的预言就发生了，他们把齐桓公软禁起来了，有说七天的，有说十一天的，反正齐桓公吃不得吃、活不得活，最后死在宫闱里面。死在里面还不得好死，身体生蛆，蛆虫都爬到外面去了。九合诸侯又能怎么样？称霸天下又能怎么样？有人辅佐你，你听话，那你可以造福天下；你自己作，不符合天道又不听劝，那只好死，而且不得好死，叫咎由自取，也都他自己作到的那个结果。所以“行其四恶，则近者叛之”。

当这几个小人在齐国被灭掉之后，齐国才重新按照管仲的这个规矩、政策、制度恢复到正常阶段，也有一个拨乱反正的过程。然后隔了一百多年出现晏婴，又重新拾取他的政策，又使齐国强大几百年，成为最后一个被秦国灭掉的诸侯国家，那也就是说它比周朝存在时间还长。周朝是先被秦始皇他们灭掉的，公元前二五六年就灭掉了，当时战国七雄其余那几雄呢？还没全被灭掉，齐国的国运在这些诸侯国当中属于最长的。

“故知予之为取者，政之宝也。”为政之宝是什么？一句话说清楚了。

下面说的就是《十一经》，但按照李勉先生他这个版本里说，这个“十一”呀，是一个错字！我们现在的书写习惯是横着写，发现不了，古代都是正体竖排的，“十一”连在一块儿是“士”，战士的士，所以这个《十一经》相当于是《士经》。所以看中国古代的文字，要特别小心这一点，就是如果哪一个字完全跟现实生活不对应，解释不了，那你就试着怀疑是不是脱字、错字，有错误的地方。根据你悟得的那个真实的道理去评判，有没有可能在传承的过程当中，发生了一些文字上的疏漏，这是很可能的。

今天时间到了，我们明天接着讲。谢谢大家！

第五讲

作者开篇告诫我们要破除概念的束缚，回到原本的内核上，并提醒我们如果读对了经典，不管你年纪有多大，脑子会越来越清楚，身体会越来越棒，心情会越来越快乐，跟别人计较的程度会越来越淡，然后洒脱自在的感觉会越来越上升。本讲继续讲解《牧民》之《十一经》和《六亲五法》。

尊敬的各位同胞、各位同人：

大家上午好！

破除概念的束缚

我们今天继续我们的“禅三”，我把打“禅七”变成打“禅三”。为什么有些时候这个概念要通融一下？就是希望大家破除概念的束缚，恢复到一个原本的内核上。因为你考虑一下，如果说我们的六祖大师他要识字的话，他会怎么办？而在盛唐，中华文化出来这样一个人物，用今天的文化标准衡量，是个文盲。在他指导其他人修行的时候，对于其他人所讲的文绉绉的话，他不知道。但是你要念给他听，通常不用念多少，他就会说：哦，我知道了。他就给你讲，而且听讲的人，就会觉悟。

《坛经》这部经典精彩极了，如果你只把它看作佛经而拒之门外，那我觉得你对唐宋以后的中华文化好像总是缺了一块。它是由弟子法海记录下来的，因为老师不能写，不识字。但是他讲出来的话，让一千多年之后的我感觉到震惊极了，即使我再用几十年的功夫专门去学诗词，然后想随口就能说出像他老人家所讲的那样的话，也做不到啊！

我们现在写诗，我自己的感触，跟唐宋相比，好像这个韵味差很多。宋还不如唐。诗分唐宋，按照钱锺书先生的论述，它不是时代的区分，是思想内核上的差别。鲁迅先生讲，好诗在唐代已经作尽了。以此类推，好词在宋代已经作尽了。后世倘非能跳出如来佛手掌心的孙悟空，还是不作为好，其实孙悟空也没跑出如来佛的手掌心。所以我的感受是我们经典阅读，如果读对了的话，不管您年纪有多大，应该是脑子越来越清楚，记忆力越来越好，身体越来越棒，心情越来越快乐，跟别人计较的程度呢越来越淡，然后洒脱自在的感觉呢越来越上升，包括我们说身体会有明显的变化，比如说气血不再那么枯竭，皮肤由干燥转向莹润光洁，这都是实证。

管子的经历成就了他

我们谈《管子》，可能大家想的都是发财，让国家成为霸主。可是讲到《牧民》，昨天已经跟大家分享过，好像是很朴素，就是如何养育人民，如何让人们生活过得更好，就是这样简单。甚至您可以说，我们的党也是这样的想法呀，我们整个民族的这一群精英也是这样的想法呀，都已经努力好长时间了。然后找“民本”思想。如果看文献的话，发现在《管子》这里面，大量的论述，甚至以后出现在《论语》、出现在《孟子》当中的一些个观点、说法，在《管子》当中都能找到原型，而且后世并没有超出他的范围，也许表达得稍微精练一些，或者是更贴近我们今天的文字表达。那就给我们说清楚了一个道理，即使在春秋时期，即使他通过发展渔盐之利，通过富国强兵成为霸主，根基也是在筑德上、明道上、行仁义之上。

昨天我说，我会感觉到有一个矛盾，管子在早年的时候，生活那样困顿，当官，三次被老板开掉；战斗，三次逃跑；分财，除了鲍叔牙，其他人可能还认为这是一个贪财的家伙，不够朋友。史书也有记载说他是“城阴之狗盗、天下之庸夫”。什么是狗盗？就是鸡鸣狗盗之徒；庸夫，平凡的人。想象一下，实际上他就是在早年的生活当中，在民间历练，各种生活情况都了解，深切地了解民生的艰难，深切地了解下层人民的愿望，所以当他成为相国的时候，当他可以动用整个一国资源，可以进行纵横捭阖的时候，那种心底里面的诉求就迸发出来：让人民过好日子，让国家富强。

而且，他不仅仅是称霸，他还扶弱济贫，把小国保存下来，等于是他在当时诸侯国国际之间主持公道的。那时候尽管没有联合国的设置，但大家都归附他，所以他能够做到“九合诸侯”，九次召集诸侯开会，“一匡天下”。管子之所以能做到这一点，就是他在几十年间，行道德、行仁义，对外、对内都做到了。所以当我们讲到《牧民》里面这些内容的时候才知道，原来一国要想兴盛，首先要让人民过好日子。

怎么让人民满意呢？昨天简单地分享过了。但最后一句话，我回去想了一想，还有必要跟大家再强调一下。

“故知予之为取者，政之宝也”，知道先给他，实际上就是获得这种情况，就是为政的秘诀、宝典。“知予之为取者”，“予之”是给他，您给他作为取的手段，简单地说是这样。读过《道德经》的可能会想到老子他老人家有一句话，“将欲取之，必固与之”，就是这句话的翻版。到底谁先说的？想想昨天我们列出来的诸子的年表，管子出生年月在老子之前，“前了”将近两百年，一百多年，而且《牧民》是学者考证，出于管子，就是这一篇争议不大，几乎没争议，就是出自管子，是他本人的叙述。那么我们就知道，老子其实跟孔子是一样的，“信而好古，述而不作”。老子他老人家可从来没说我是道教创始人，这是后世弟子把他捧起来，那样去称呼。圣贤之心不会有那样的想法。

“为政之宝”，就这一句话说透了，“将欲取之，必固与之”。你想得到什么？作为君主当然希望国家强盛、国泰民安，然后还能领导世界走一条正确的道路。那做企业的领导人呢？一个单位的领导人呢？完全同理啊！我们花大量的篇幅去做外围的铺垫工作，奠基工作，而不是直接拿过书来，直接照着条目开始注解式地往下讲，费那么大的成本、那么多的时间和口舌为的是什么？希望大家掌握贯通理解的方法。不能像颜回那样“一闻十悟”，我们“一闻两悟”也行啊，也可以啊，听一句能知道两个，或者是举一反三，这书没白读，经济效率特别高。如果说读《管子》就读《管子》，跟《道德经》一点关系没有，跟《论语》一点关系没有，跟《黄帝内经》一点关系没有，那我看这个书能读明白的可能性很小，因为中华文化本身就是联系而贯通的。

“知予之为取者，政之宝也”，我们多重复几遍，希望在座的各位政府机关和企业的领导人能记住这句话。如果您希望自己的单位和谐，积极向上，有活力、有创造力，这是您想要的，作为领导人您想要的，那么给自己的员工，给自己的同事什么东西，他们能达到这样您想要的状态，是最关键的，所以相当于是要会投资。您要一个和谐的成果，这是收入，这是结果，或者叫一种利润，但你投资出去的是什么？通过这一句话要想明白、想清楚。孔老夫子有一句话，“己所不欲，勿施于人”，你施与别人的是什么东西，特别关键，因为那是种子。

我们这一次非常特别的就是给大家详细地分析了什么叫量子纠缠，时时刻刻不要忘记这个概念。这是一个伟大的时代，通过微观的分析，要解决世界“色即是空”的问题，因为实质的物质分析到最后没有了，是念头，而且观察者直接介入他所要观察的结果。科技发展到极致了，它更能帮助我们理解古代的经典。

《牧民·十一经》

接着往下看经文：

错国於不倾之地，积於不涸之仓，藏於不竭之府，下令於流水之原，使民於不争之官，明必死之路，开必得之门。不为不可成，不求不可得，不处不可久，不行不可复。

解释过这个《十一经》很可能是《士经》，但是也有人说，因为前面有《四维》《四顺》《四域》，这里面应该有一个数字，然后数一下，从“错国於不倾之地”到“不行不可复”，说是十一句，是不是？大家数一下。所以有人说这是《十一经》，就是十一句经文。为了能够解释，人们总是会生出很多的念头。我学习的体会：我管你是《十一经》还是《士经》，就看你这里面说得有没有道理，我能吸收些什么。篇目名字不必去较真儿，那不是我们的任务。你要考察自己这一辈子在这个世界上承担什么任务，你说我是个考古的，那最近的海昏侯汉墓，那个挖掘、辨别、恢复历史的原貌，包括碳十四的测定，都要学习，都要去做。但我们不是干那样的工作，就要完成自己分内的那一块儿。你管得太多，挂碍得太多，肯定不自在，而且得不到最想要的。

我们先看前十一句。“错国於不倾之地”，这个“错”是放置的置，相当于举措的措（但是没有人说这是个通假字），就相当于建立的立，这就能清楚了吧？立国於不倾之地或把国家放置在不倾之地。

“积於不涸之仓”，可能以后大家看到的版本，有的不是这个干涸的涸字，按李勉先生的考证，说那是错字，就是干涸的涸这个字。积存粮食放在什么地方，这都是生活常识，只不过他用文言文来表达，记录在一个据说传承了有两千七百年左右的一篇古文里面，大家往往看着有隔阂、有神圣。实际上就相当于说我们建“修德谷”要找一个山清水秀的地方；你要藏东西，别人给我们两万斤萝卜，那得找一个地方好好埋起来保存，无非就是这样；我们放个讲台，要找个平地，别倾覆了。他所论证的就是这个道理。但是一铺排开，文字就很美。

“藏於不竭之府”，这还用解释吗？不用吧。

“下令於流水之原”，这个也有考证说是“下令如流水之原”，下命令要顺畅。我们当部长的，说自己在自己部里说话好不好用啊？好不好使啊？自己的同事听不听啊？那你怎么下命令才能做到行云流水一样，令行禁止？齐国之所以能够称霸，有一个非常明显的制度，就是把军事的机制引入到政府，政府管理就像军队。你说这怎么理解？很好理解。有军政府听说过吧？然后现如今还有政教合一的国家吧？像伊朗，最高领袖不是总统，是他们的精神领袖（宗教领袖），是这样吧？

“使民於不争之官”，后面有解释，当官容易引起竞争，尤其是现在流行西方的那套方法，要进行选举，然后有些单位还搞全体下岗，重新竞聘，一个人拿着稿上去，我有多么多么的有本事……我有一个老师说，这在古代是读书人的耻辱，说我自己好，大家选我，完全违反传统！那个时候“三顾茅庐”，我能出来就不错了！看你是真诚的，那好，你绝对真诚，我回报以“鞠躬尽瘁，死而后已”。这是读书人的气节、风骨！所以汉代时候叫“举孝廉”，那是真正的选举社会。北京师范大学有一位伦理学教授何怀宏，写了一本书叫《选举社会及其终结》，说的是中国古代这个选举的传统和现在西方那套民主。所谓选举的社会，完全两个概念，他是推举出来孝子做国家的廉政官员，就这个意思，叫“举孝廉”。这套制度好不好？十里八村的，大家公认这人品行好，把你举出来，他平常的品行、德能、智慧，大家都看在眼里。关键是品行！所以能够敬天地、敬神明、敬祖宗、敬传统、敬大家、敬天理，这样的人选出来做官，他起码要考量一下，我要做了缺德事，我都回不了宗祠，族长都不让他入族谱，每个人都受这种束缚。

中国古代的五层法制

所以我讲中国古代的法制是五层。先给你教化，希望你做好人；教化不听有家法，你家长就收拾你了；家里管不了你，还有族规，第三层，你属于这个家族的。比如说钟氏家族在山东高密那个地方，那个村大部分都是姓钟的，李家村、王家营，我们叫钟家王吴村，如果你一个人，你说我就对自己负责，老族长都不干哪，在族谱上，我们都是一家人，你败坏我们这一族的名声，全族蒙羞能行吗？要收拾你。所以你得听话，就要有族规。家族的事情家族内部处理，这是第三层。那如果钟家跟王家有了点争议，说这条河我们怎么分？灌溉的时候是不是平分？然后大家觉得这事儿好像不公道，那怎么办？到“社”里面去。寒鸦社鼓，听说过这句话吗？山川社稷。为什么设这个东西？好，不服吗？我们往上数，都是一个祖先传下来的。咱现在上炷香，哪怕撮土为香，大家都给天地叩头，你评你的理，我评我的理，说良心话，你觉得怎么样公正？在社里面论一下。你别觉得你王家的，就可以欺负一头；钟家的，觉得我们经济实力强就可以怎样，大家都不那样去论，找天理。神社神社嘛，从这里来的，江山社稷也是从这里来的。古代人都认为天有神明，地还有土地公公，他就那个想法。所以敬神明、敬天理。大家一商量，这个靠谱儿，回去了，不用争了。如果还是不行，这样都议论不了，那只好到官府去断，叫面临王法，就是法律。那官老爷怎么断你就得怎么听。这是具有强制执行力的，这是最后的关口。所以五层制度。

我们老师讲，在古代的太平社会，当官是最幸福的，那时候当官是非常有福报的，为什么？全社会尊敬你。因为你是父母官，大家像尊敬父母那样地尊敬你，然后你保一方平安。所以鲍叔牙说：“管仲，民之父母也”，全国人民的父母，他有这样大的德行，所以推举他为相国。

那么，我们平常跟法律根本就一点关系都没有，前面好几层全解决了，能够最后吵到去击鼓升堂，去告个状子的人，非常少，他没有案子可断。所以当官清闲，可以读圣贤书，可以游山玩水，写《岳阳楼记》，当然这是托付的；或者写《醉翁亭记》，留下来这些好的精彩的文章传下来给我们后人读。我们现在的官员太可怜了，那个状态实在是不能够做到“道法自然”，甚至有些时候真正想干点为民的实事都困难。所以现在开始解决嘛，着力解决这个问题，而且我们看到了巨大的希望和巨大的进步。

怎么能做到“使民不争”？就是各尽所长。前一段时间提出教授治校，专家治国，就是请内行人来管理。有道理，但是不能太执着，太执着了，概念化、僵化了，还会出问题。

明必死之路

下面，“明必死之路”，什么叫“必死之路”？有好长一段时间，我就很奇怪，有些事人为什么要那么做？尤其是当我看到经典当中明明白白写出来的时候，就很奇怪，如果大家读这个经典，明白了以后，那有些事儿真是打死不要去做。他为什么去做？那就是糊涂！你说当到市委书记的人也糊涂？还是糊涂，没有明道。你说他受过高等教育，拿了博士学位也糊涂？那是现代知识的教育，不是“文化”的教育，他性格没变，观念也错了，根本就没明道、明德、明仁、明义、明理，五重都没明。所以一旦犯错误就面临着法律制裁，很可怜！这是我们教育已经失去了防护的作用。所以我们一再地注意观察中央的政策，然后有人评论抓早、抓小，中纪委提出来的这个想法已经开始恢复传统，又实事求是，这样的奠基，会给未来的行政系统增加官员犯错的防御性，不等你犯大了就已经有提示了，有预警机制。那所谓“明必死之路”就是让你明白有些事情你绝不要做，做了必死无疑，就这个意思。所以不要走这条路，那叫不归路。

有一次，与大连某学院一位领导（是北京派去的）聊天，我说我有一种怀疑，作为研究经济的，我怎么感觉最近七八年，在我们的系统里面有奸细。有很多现实的政策，底下职能部门就认为这种政策的出台是“亲者痛，仇者快”的，是违反人民和国家利益的，为什么能够推出？什么道理？例如前几年股市暴跌，好像是背后有人喊口号一、二、三，大家一起做，唰！就出现了。谁在操纵？我说我怀疑有一些人表面上看是炎黄子孙，其实不是了，已经被植入了病毒系统，灵魂已经被收买了。但是我没有证据。那位北京派来的官员跟我讲，这个事儿你不需要怀疑，我亲身经历过，你的怀疑是对的，我的同学来策反我，给我的价格将近一个亿，但是呢我没干。因为干一次永远回不来！那叫卖国呀，一念冲动，永远回不来了！

这就是让人民“明必死之路”，这条路不能走！别说一个亿，十个亿都不能干！因为一旦东窗事发的时候，在古代，你进不了族谱；在西方，你的灵魂上不了天堂，因为是背叛者；还有我们辽宁省政府研究中心的一个博士跟我讲，我们党从来没有放弃对任何一个叛徒的惩罚！天涯海角也要抓到你，就是不能容忍这样的人。

如果你做了对民族、对国家有利益的事情，即使一时没有得到“赏”、得到“庆”，也不用抱怨。“赏”“庆”就是我们《管子》里面用的这个“庆赏”、庆祝，开表彰会要庆祝；赏呢，给你房子，给你汽车，给你物质奖励，给你提职，给你发奖金。所以有一些词汇，明白它背后的那个实质意思，古今是一样的。“开必得之门”，就是国家有信誉，你这么做一定有奖励。比如法律规定，国家科技奖最高奖五百万，至少十分之一用于你个人补贴生活，那对于学者来讲，这就叫“开必得之门”，你只要做到了，这个奖励一定会给你兑现，明文规定了的。

做可靠之事

“不为不可成”，永远不做那些事先就可以预知一定做不到、一定做不成的事情，不去做那种事情。很多人现在学传统文化，我认为有一个值得商量的地方，“我希望你好，你看你这副嘴脸！我希望你好，好心当成驴肝肺！”这就是拿尺子要求别人。我们老师教我们的是，你把自己的事情处理好，自己的五伦关系处理好，把自己的人做好，你别管其他人。那我一想，只有我自己这个事我有把握，我能做得成，我去改变其他人，这个事情大部分是做不成的。除非有人就像古代那种弟子，十分至诚、万分至诚找老师，那这老师一看机缘到了，这才可以改变他、教化他，他才“可成”，这叫“为可成之事”，不是“不为不可成”。

我对我自己的改变，我认为这个事情我有把握，一年不行两年，两年不行三年、十年。我们的一位老师说他“十八年性乃化”，从26岁开始到44岁，80年代初期出来给人讲。一个农民讲什么？他说就讲做人的道，人当没当好，这个太关键了！

“儒”字，起笔是单立人儿，教你做人的，人民需要的人。人民需要什么样的人？全心全意为人民服务的。然后人民会回报你所有的名誉、地位、鲜花、掌声，退休以后还给你好的待遇。

时下里面误解得最深的是学佛的。佛字起笔也是单立人儿，然后弓着身子劳动，古代是女的纺线，男的耕地，弓下身子劳动的人。左撇为真，右捺为正，这个佛字里面不是捺，变成竖了，真正把两种精神贯穿始终，这一辈子干活的人，他可以叫佛。你以蒙昧、污染那个心理解的佛是什么佛？分别、嫉妒、懒惰，不干活的，哪里是觉悟的？以为自己跑一个地方，神秘兮兮地在修。人没做好，我敢打保票，修不成，一定要人修好了，才可以。

那“道”就更不用提了，尽管它不是人字旁儿，它是走之旁儿，它是告诉你这个东西是你自己修出来，要行出来才叫“道”。

整个传统文化就是告诉我们如何在世间做人，如何尽自己的义务。这个事儿我认为个人都有把握，完成我自己分内之事还没把握吗？其实很简单。你是个教书匠你好好把学生教好，就成了，你想成什么都可以。就是如果做一个老师，真诚地对学生、对国家负责，他可能苦一辈子，没有大别墅住，没有好车开，也不揩家长的油，也不因贫富而区分学生，就像《大医精诚论》里面孙思邈论证的，一个好的医生不论美丑妍媸——这个病人，哎呀，是厅长，我得好好给他看，给他开点好药；一听这是北京半壁店村里来的，那可能没什么钱，就不待见，应付了事，孙思邈说这是“含灵巨贼”！哪是大医啊！根本就不是！那老师更是这样，老师是医人心的，所以把老师当“成”了，有人说，他没学佛，我说他可以成佛！错了，我负责！要下地狱，我替他下！有人说他没学道，我说他走的就是大道！他没成道，我替他去承担。但关键是要做得真，不做真的话我不负责。做老师本身就是学孔圣人哪，这件事情一定就能成。所以“不为不可成”，就是一定要对自己负责，我们只承担我们自己承担得起的任务。

“不求不可得”，道理是一样的。你一看这件事情，非分之想，算了，就不要做。这就等于在源头上把麻烦的后果全部消除了。现在这话是管子说的，管子是为什么？治理国家，牧民就是养民，就是为人民服务，建设一个强大国家，让人民都过好日子。我们说以此类推，当老师的把自己班上的学生教好，当校长的把一个学校的学生教好，把教师这个团队带好，让家长放心，那是积大德，你家生生世世出读书人，辈辈要出人才；当宣传部长的，把这一世的宣传工作做好，弘扬正能量，祖宗的精华弘扬出去，开一个频道，让全体人民时刻打开电视都能看到圣贤教育，这就是教化一方。公门当中好修行啊！一个指令下去，万民受惠、万民受福，这就是积德，而且是积阴德。因为很多人不知道，谁安排的不了解，但是百姓受惠了。百姓的智慧当中有一分光，你借一分光；他积一份德，你就跟着得一份德，跟“随喜”是一个道理。那你说修行很难吗？非常愉快地就可以做到，不必向外去求。

“不处不可久”，君子不立危墙之下。孔子也说，“危邦不入，乱邦不居”，卫灵公一问他军阵之事，立即收拾东西就走，因为知道这个国家以后会发生战乱。孔子什么人？！我的经历是，批评《道德经》的人很少，几乎没有，也就等于批评老子的人很少；但批评《论语》和孔子的特别多。我最近讲话也不客气，我非常看不起这种人，圣人他都看不起，胡乱批评，我不要跟他做朋友，这是一个铁的标准，让我听到一句对孔圣人不恭敬（其他人以此类推，一样的）的话，我们这辈子没有机会做朋友！你说得天花乱坠，你的财富盖过比尔·盖茨，那是你的事，跟我一点关系都没有；你当到联合国秘书长，也跟我没有关系。而且这是我自我保护的策略，两千多年历代祖先公认的圣人，李世民都把他列为国家朝廷公认的至圣先师，你都看不起，能看得起我吗？不会呀！你高你就高去，反正我没时间跟这种人去交往。说到底是很可怜的人，这种人就是属于“处于不可久之地”，无论在什么位置上都“不可久”，无论有多大的财富都不够流，因为位置站错了，心里的位置站错了。

看看《易经·谦卦》你就能知道，仔细地读解释《谦卦》的经文，你就会发现，所有人、所有神灵，包括鬼（假如有神灵和鬼的话），都敬重有德行的人、谦虚的人、真诚的人，都帮助他。这就是孟子所说的“得道者多助”。如果你不是这样的人，昨天讲了即使近在咫尺，是六亲都不固，都会离你而去，最终叫众叛亲离。什么是最要紧的？什么是我们荣华富贵里面最根本的那个基础？反反复复说的其实等于是个常识，立在什么地方可以久呢？立在道上，行在道上、立在德上，一时有苦楚，那仅仅是表象，心里面会越来越安。

最后一句“不行不可复”，有一种解释“复”是施行的意思，“不可复”就是你不要做不可施行的事，这是一种解释。但有些时候，读书人爱打妄想，瞎琢磨，既然他用了“复”字，那就是重新来啊，不要做不可重复之事。什么样的事儿不可重复？就是见不得人的事。你不敢在广众之下再说一遍。有没有这种感觉？你觉得在办公室里面偷偷摸摸的，说天知地知、你知我知这样的事情，那好，咱俩来复盘一下，下完棋之后，重新摆，重新研究，叫复盘。那我们现在把你以前从出生到现在脑子里起的念头、背地里干的事儿，能不能说一下？有没有人敢？有人敢，那你就是大圣人的好学生；不敢，那你就藏着。《管子》这里面就有论述嘛，你把那个恶隐蔽起来，那你就包着吧，心性当中永远恢复不了光明的状态，因为你自己藏着、掖着。恶怕什么？恶怕隐藏，不怕曝光。你说我做错了，弥天大罪，一悔了之。

所以，我在写第一本书的时候，在里面特意开了一个口子，写明了一个悔过的方法：如果你的家人，包括看书的读者本人，你觉得做了对不起天地、国家、祖宗之事，还没有人来追究，怎么办？现在知道错了，想学好，面对苍天大地，把头磕下去，说“我错了”，最关键是以后绝不再造，这事儿就了了。说得再直白一点，你当官了，假如说你贪了别人一点钱，拿了国家一点钱，政府还不知道，同事也不清楚。错了怎么办？止住，今后绝不再拿。这叫悔呀，真悔，绝不再犯了。然后对着苍天大地说“我错了”，我以前不懂这个道理，做错了，从今以后重新做人。一般来说不会有人再追究了，就过去了。因为你看到这一页，有人说破这个道理的时候，就证明你祖上有大德，你能知道这个方法，就已经给你解了。最关键不是别人帮你解，是你自己说：我错了！所谓上天不杀悔过之人，有好生之德，就是这样，给你改过的机会。

如果心存侥幸，是最大的麻烦。风险从哪里来？经济风险从哪里来？就是从“行险以侥幸”，所以孔子他老人家讲“君子居易以俟命，小人行险以侥幸”。“君子居易”，易是道哇！是阴阳啊！永远居住在道儿上。说“无所住而生其心”，什么意思？心行在道儿上。小人正好相反，小人在古代其实不是骂人，客观地形容人没明理、没行道、没积德，算不得顶天立地的大人，也就是身子这一块儿，小小的一个肉身而已，叫小人。时间长了，它被赋予了褒贬的色彩。“行险以侥幸”，这事儿没人知道，贪得一点小利。这就是“处不可久”，这就是“求不可得”，这就是“为不可成”，这就是“行不可复”。

对《十一经》的解释

错国於不倾之地者，授有德也；积於不涸之仓者，务五谷也；藏於不竭之府者，养桑麻育六畜也；下令於流水之原者，令顺民心也；使民於不争之官者，使各为其所长也；明必死之路者，严刑罚也；开必得之门者，信庆赏也；不为不可成者，量民力也；不求不可得者，不强民以其所恶也；不处不可久者，不偷取一世（时）也；不行不可复者，不欺其民也。

这相当于《牧民解》的内容，它有解释，就是对《十一经》有个解释。大家看一下，什么叫“错国於不倾之地者”？就是“授有德也”，安放在有德的地方。“德者，得也”，这可就是最广泛的解释了。国家立于不倾之地，我们举例子说这桌子也立于平坦之地，教室立于一个平坦之地，以此类推，都叫有德，就得到一个平安之地。

“积於不涸之仓者，务五谷也”，五谷丰登，我们现在都说，一过年的时候，这样好话都出来了。

“藏於不竭之府者，养桑麻育六畜也”，这都是国家的根本，发展经济，发展生产，让人民安居乐业，饲养猪、牛、羊、鸡、马。

“下令如流水之原者，令顺民心也”，顺民心的命令下去，那不就是万民称赞嘛！十八大结束了，我们事后同事们沟通，说习主席当时，语气和缓地发表着他的就职演说，大家也听清楚了他要做的事叫“踏石留印，抓铁有痕”，但没想到他真的是“踏石留印，抓铁有痕”哪！全国人民喜出望外。然后我说我们国家现在有今天的时政情况，是以前历代领导人努力的结果，正反两方面试验的结果，吸取经验教训的结果。代代努力，觉得这样做不行，好，改；这样做老百姓喜欢，行，我们发扬。才总结出“三个有利于”这样的提法，满足人们日益增长的文化需求，就是“令顺民心”。大家听不听呢？当然是听的。包括现在全国呈现出传统文化四处开花、遍地兴盛的情况，这都是时令之应，有天时你才能做，然后有地利才会有人和，大家聚在一块儿。

看新闻，我们经常会很感慨，中东有些国家，北非有些国家，他们什么情况？早上醒来离开床，不知道晚上能不能回到这张床上。即使你到学校去，哪怕是到超市购物，或者是看一场电影到剧院去，或者是看一场球赛，都有可能被身边的炸弹炸死，面临着机枪的扫射。这是什么国家？而我们呢，大家都很安然，因为中国好像不发生这种事情。仔细想一想改革开放以来，我们这三十年的日子怎么过的？吃的是什么？穿的是什么？现在享受的是什么？如果心里面还没有一点感恩之情生出来的话，那这个人的福德就太薄了！就是你自己本身的福太薄了。没有感恩之心的人一定是福薄之人，说得严重一点一定是下贱之人。只有感恩的人才会谦卑下来，奠定福德，往上走。

一看《管子》这些经文我们就知道，齐国当时不称霸天下那就没天理了。他把人民放在第一位吧？你不能要求他说的话也跟今天一样，但是顺民心。古人讲众人心就是天心，顺民心不就顺天心嘛，顺天心不就行天道嘛，行天道不就有天时嘛。“天之在我者德也”，天时具备了就是福德绵长，所以整个齐国尽量按照他开创的格局往下执行，才成为将近八百年的一个诸侯国。“慎终追远，民德归厚。”

“使民於不争之官者，使各为其所长也。”让我去管理电力局，这根本就不是我内行的专业，需要一个懂电的干部。初中、高中可能我们学物理学的一样，但大学的那个电力课程不是我的专长，你找一个这样专长的人做电力局局长我一点都不嫉妒，因为那是我做不来的。恰恰我认为国家安排对人了。但是如果说你一个学新材料的，和我的师兄竞争财政厅长，那我有可能表示怀疑，你可能是大才、通才，但从专业的角度也许会差了一层。我们哪一个企业的领导人会找一个学硅酸盐专业的大学生做你的财务总监，有没有？有的请举手。没有吧。你想找财务总监，你总会找一个学过会计或者干过会计，经验丰富，人品可靠的吧。那对于我来说，这个财务总监你做你的，因为不是我的专长，我一点都不嫉妒，你让我做，我还苦恼。

我有一个学生，现在在大连某集团，他做得非常好。毕业十几年了，他是学会计里面一个专业方向的。毕业的时候，我给他推荐工作，去了以后，人力资源部的总监问他，你学什么专业的？会计专业，直接给财务部打电话，安排面试。这位哥们儿在那就一脑袋汗，出了门就跟我讲，老师啊，我干不了会计呀！我当时就一愣，你不就是学会计的吗？他说，我是学会计的，但是我这性格不愿意坐办公室。那最后怎么办？我说那努力给你找一个适合的岗位。他最终没做会计，就发挥他性格能力上的这个专长，等于给公司项目跑各种手续去了，结果干得如鱼得水、风生水起。如果说别人忌妒他，可是做不来又怎么嫉妒？就是这样，“使民于不争之官，使各为其所长也”。

“明必死之路者，严刑罚也”，你要这么做，必死无疑。抢银行数额达到一定程度，枪毙，那绝大部分人不敢了；有铤而走险的，我们就说这脑子灌水了，明知道死也去干。那是什么道理？确实这种情况也有。人脑子清楚的时候，你让他去做一些伤害自己的事情，他是不干的。他要自残自伤，通常都是精神恍惚，出了问题，才会出现不理智的行为。你让一个正常人去摸那电门，有人去干吗？不会干。为什么？死得难看。从二十五楼跳下去，他不干，为什么？死得很难看。谁干哪？谁都不会干！要明白这个道理。可是天下还真是有这种人，明明知道这种事情不能干，但是还要干。这就不明啊！没明白天理昭彰这个道理。说到贪官，这些人能力不强吗？人脉不广吗？处理问题的手腕不高明吗？可能任何一方面都比我们强，但有些时候我就为他们遗憾。什么道理？他们缺在哪儿？后来想通了，就是没明白道理，他就是没真明白！

“开必得之门者，信庆赏也”，这就相当于是激励机制，我这么干，做到了，我就可以得到我应得的那一份。改革开放以后，家庭联产承包责任制，激发了广大农民的劳动积极性。不再是挣工分那个时候，干好干坏一个样，铲一垄地和铲十垄地一个样，最后把那些多干活儿的人心干凉了。你不能要求他们每一个人，都说我都是学道的、学孔圣人的，要不就是学佛的，大公无私不计较，不能一下子让他明白“我干活是为自己修的功德”，然后你去给他讲广义相对论的道理，物质决定时空，你转化了，你的世界就转化了，或者讲天人合一观，你转化了你的世界也转化……他不但不会理解还嫌你烦！碰到那些就是听不明白的人，就不要跟他讲了。有人说对牛弹琴，错的不是牛。讲清楚这些事情，就是把国家的制度、法令跟人民讲清楚。

“不为不可成者，量民力也”，人民有多大的力量，不要超过，在这个范围之内你要做什么事情，都能做成。超出了，做不成。即使勉强做成了，也因为民怨沸腾而后患无穷。

“不求不可得者，不强民以其所恶也”，他讨厌这个事儿，你就非得这么做，就是非得要把这个瓜强扭下来，还得要求它甜，不可能的。

“不处不可久”，他的解释叫“不偷取一世也”，李勉先生认为是“不偷取一时也”，还有很多相关的考证。

我们国家有一个传统，我还没考证清楚到底从哪一代开始，叫“为尊者讳”。当领导人的不直接称呼名，比如称呼叫当今圣上，很高大上的一个称呼；称呼自己的部长也不会直呼其名，姓后面加上官职，算是尊称；更亲切一点的，名字后面加上官称，那首先都得是关系好，而且辈分是平的才能这样；有一些晚辈称呼老师，可以称呼某某先生，也可以，是非常尊敬的。但是落实到经典上就产生了一个麻烦事儿，比如说，如果这段经文到了唐代李世民时期，那儒生们就不敢说“偷取一世也”，你这称呼李世民的“世”字了，你对当今圣上不恭敬，这麻烦了，所以就得改。那《牧民》怎么改？大逆不道嘛！所以有些古籍前朝“为尊者讳”，改了很多字，不用了。后面的有些人，朝代过去了，他还知道给恢复回来，有一些就恢复不回来了。然后过了千八百年，我们这些后世子孙一读，往往就不得要领。比如说“天地玄黄，宇宙洪荒”这《千字文》吧，到了唐玄宗的那个时候，改成“天地元黄”，元旦的元。所以你看宋徽宗用瘦金体写的那个《千字文》，就是“天地元黄”，它不是“玄黄”，形成习惯了。我们今天看的是“天地玄黄，宇宙洪荒”。“玄黄”从哪里来的？这词从《易经》里来的，天玄地黄。我们今天对领导人直呼其名，没有古代的“为尊者讳”的传统了，也不会改字了。可是从声调、语气、神态上，我们能看得出来，你在叫一个领导人的称呼的时候，心里是什么样的位置。

“不行不可复者，不欺其民也”，我觉得这个解释跟我的判断差不多。你作假，就相当于欺嘛，瞒着，别人不知道，相当于欺天、欺人，还自欺。所以把这个“复”解释成施行，我认为不太靠谱，应该是解释成不可复制，你不敢再重新表述一次，具有欺骗的事情，你怎么敢大庭广众之下再弄一遍呢？

行安民之道

故授有德，则国安；务五谷，则食足；养桑麻、育六畜，则民富；令顺民心，则威令行；使民各为其所长，则用备；严刑罚，则民远邪；信庆赏，则民轻难；量民力，则事无不成；不强民以其所恶，则诈伪不生；不偷取一世，则民无怨心；不欺其民，则下亲其上。

“故授有德，则国安”，你把国家立于不倾之地，国当然是安了。我把这个桌子放到那个山脚上去，什么都放不下呀，它不会安的。

“务五谷，则食足；养桑麻，育六畜，则民富”，在中国古代，要让人民富裕，就这几点。我在小的时候，听我爸爸讲过，“要想富，先修路”。还有一段时间除了打粮以外，还听说过“要想富，养獭兔”的说法。那几年就流行养那个兔子，就是一种可以出产皮毛的兔子。就是在农村里面为了发展生产，会有各种各样的方案，因地制宜。

“令顺民心，则威令行”，这都不用解释。你这个命令顺着民心，老百姓就等着你这个命令。说全国复兴传统文化，那都高兴，风起云涌，当然就是“威令行”了。

“使民各为其所长，则用备”，这是他的专长，那你就不需要操心了，各方面他都能备好。你找一个外行去操纵这台摄像机，都快讲完了，才发现说镜头没开，镜头盖没打开。

“严刑罚，则民远邪”，肯定就不干了，有畏惧之心嘛。

“信庆赏，则民轻难”，你说了奖励他，说了给他开庆功会，就一定开，一定奖励他，大家一看这领导人说话还靠谱儿。“则民轻难”，老百姓会觉得这个人值得交。士为知己者死，大家听我的，跟他干，一定有好日子过。难，没关系，创造条件都要帮助他！所谓知难而上，甚至不畏死去为国家出力。

“量民力，则事无不成”，前面都解释过了。

“不强民以其所恶，则诈伪不生”，不以其讨厌的事情强迫民众做事，他们就不需要奸诈、说假话、藏着掖着，都不需要。

“不偷取一时，则民无怨心”，不会抱怨你。这个怎么解释？打比方说，我听到有人发牢骚，现在的官员都是任命制，三年五年，自己是不是一直在这儿干都不知道，他怎么做长远规划？不会的。在任自己捞足了就跑，反正后任去给他还账。铁打的衙门流水的官，因为他管不了十年以后的事情，他只能管任内。那任内考核机制，没什么政绩他怎么提升啊？所以就开始各种各样的政绩工程、面子工程，造假就出来了。现在我们开始恢复好的传统，开始纠正短视主义作风。比如统计数据不能再掺水了，要实打实地上报。有些时候到农村里做村官的，或者下去做挂职的，通常一年就回去了。但也有说要扎根当地，奉献青春，实在的老百姓就想，我们终于盼来个好人，没承想很快走了。那他们就会有怨心呀，我们指着你干事儿呢，你忙活几天，忽悠我们一下，跑了，他们能没怨心吗？但是如果“不偷取一时”，真是为官一任，造福一方，踏踏实实地做，不是为了自己的面子，那永远被人记住！像焦裕禄、孔繁森这样的人物。

“不欺其民，则下亲其上”，不要说上下级关系啊，就是你自己的孩子都是这样啊，你不欺骗他，他跟你都亲切。

《牧民·六亲五法》

以家为乡，乡不可为也；以乡为国，国不可为也；以国为天下，天下不可为也。以家为家，以乡为乡，以国为国，以天下为天下。毋曰不同生，远者不听；毋曰不同乡，远者不行；毋曰不同国，远者不从。如地如天，何私何亲？如月如日，唯君之节。

乡比家的范围要大，国比乡的范围要大，天下比国的范围大。如果你以一个小一点的私心去管理、去治理——那个“为”就是管理和治理的意思，或者叫“经济”的意思——是做不到的。换句话说，假如你老人家以管理“修德谷”的这个心思去管理整个北京城，那我估计北京城管理不好，就是这个道理；你的眼界当中只有北京城这一个地方，以这个心量去管理整个中国，是管理不好的；如果现在的天下概念不是指全球，那你不能够团结亚、非、拉的兄弟们一起过好日子，也不能得到他们衷心的拥护。毛主席说，我们回联合国是亚、非、拉兄弟把我们抬进去的，一定要回去。因为当年联合国通过决议恢复中华人民共和国的合法地位，还要请示他老人家我们去不去？毛主席说那当然得去，是兄弟们把我们抬进去的，不去不识抬举。你看看他老人家这个思路，抬我们进去怎么能不去呢？

所以，如果以一个小家的自私的心理去管理一乡，那是治理不好的。当乡长的尤其是这样，当乡长的就知道往自己家里搂，这就叫“以家为乡”，那你那个乡一定管理不好，至少人们都不服气，以此类推了。有的人说这个乡相当于邦，就是国家里面的一部分，反正就是下一级单位，管他叫什么名，我向来不在这方面浪费功夫。国家里面的小部分，一个城市也好，一个省也好，就我们今天的概念来理解就通达了。如果说你做上一级的领导人心界还没有放开，心量小、有私心，那你做不了公务员哪。你的职责范围就在巩义市，那你的公务在全市就都要包括了，不能说某一个区、某一个县是你照顾的，其他的不管了。做老总的你不能偏向某一个部门，你说那是我小舅子在那里面做部长的，我俩亲戚，我就照顾他，那就坏了。往下不用解释了，以此类推。

怎么治理天下呢？你要有天下之心，服务天下就对了，公心就对了。而且，他还提醒我们守本位，你当家长的，就要把家维护好；当乡长的，把乡维护好；当国君的，把国维护好；做天子的，那万民都在你的照顾范围之内，不能有所偏私。

“毋曰不同生”，这个“生”，有的版本说是通假字，是“不同姓”，相当于是告诉国君，你不要跟其他国国君讲，咱俩不同姓，这就是把关系推远了嘛。我们之所以介绍夏、商、周、春秋这段历史，就是让大家明白，诸侯国绝大部分在一开始设立的时候，全都是同姓。管子当时处于周朝，绝大部分国君都是姓什么？姬。就是几百年过去，那咱俩还是同一个姓，同一个祖上的，你别说那么远。有少数是当年建国的时候，功勋卓著、地位特殊，所以异姓也封了王。比如说姜尚，他原来叫吕尚，做了齐国第一个领导人，可是到管仲这个时候，已经被篡位了，齐国的国君已经不姓姜了，姓什么大家知道吧？

姓田，田齐时代，就是已经被姓田的篡了国君的位置。他这里面说的是在那以前，估计都是同姓。你在外交的时候，尽管是不同的国，那实际上远祖都是哥俩儿嘛，都是一个姓的，都是一个基因、一个血脉下来的，那就别说远话，近者就别说远话。

“毋曰不同乡”，概念跟前面是一样的，就是拉近关系。咱俩原来都是老乡啊，都是齐齐哈尔的、都是河南的、都是高密的，或者都是来自菏泽的（都是指现场听讲听众的籍贯），就这个意思。那一谈，老乡见老乡，两眼泪汪汪，很亲切，事情就好处理了嘛。

“毋曰不同国，远者不从。如地如天，何私何亲？如月如日，唯君之节。”“如地如天”，天地是什么？天无私覆，地无私载。没有说你长得帅气，她长得漂亮，就为他们遮云挡雨了，我们这些人不管了，全淋着，没有！天从来不干这个事情。大地也是这样，你给它施肥，我们叫做肥，实际上是气味儿也不好、形象也不好的东西，它怨你吗？不怨，它该承担你还承担你。你随地吐口痰，它也没说把你开除地球，让你滚蛋，没有！永远是安然承受着你面对它的一切。排污水呀，弄一些化肥让它寸草不生啊，都是人干的，但它还承载着你，没有怨恨；但也有说当它报复起来的时候叫（Earthquake）地震，那作到一定程度，人可能逃脱不了，那叫自然的惩罚。

可是古代的想法就是“如地如天”，它没有私心哪！你以为它私心照顾谁吗？它对谁亲切吗？就是“何私何亲”？根本就没有！“如月如日”，在天上，也没有说，我只照你，我不照他，没有这样的。

“唯君之节”，这个“节”我们要注意，大家知道不知道正体字的“节”怎么写？就是繁体字的“节”怎么写？有人说跟“照”是异体字，是照耀的照的衍字，就应该是这个“照”字，但是时间长了，被误认为是“节”字，就聊备一说吧，不影响我们理解。“如月如日”可以解释成照字，但我也可以说，它就像君主的气节一样，我没有私心，对全体人民都好，也能解释得通吧？

到点了，下一节再来。谢谢大家！

第六讲

作者继续讲述《管子·牧民·六亲五法》，其中着重强调了“上之所贵、所先、所好恶”是关键，具有指挥棒的作用；同时告诫我们要符合规矩、符合中道；要学会识人，知人善任；只有公平公正地分配，才能消除怨恨、解决矛盾。接着进入《管子·权修》的解读——公务员如何为人民服务。

尊敬的各位同胞，各位同人：

我们接着往下学习《牧民·六亲五法》。

御民之辔　道民之门　召民之路

御民之辔，在上之所贵；道民之门，在上之所先；召民之路，在上之所好恶。故君求之，则臣得之；君嗜之，则臣食之；君好之，则臣服之；君恶之，则臣匿之。毋蔽汝恶，毋异汝度，贤者将不汝助。言室满室，言堂满堂，是谓圣王。城郭沟渠，不足以固守；兵甲强力，不足以应敌；博地多财，不足以有众。惟有道者，能备患於未形也，故祸不萌。

这个“辔”就是指套车用的鞍辔，驾马、驾牛都需要这一套东西，叫辔头。学过《木兰诗》的，也能回忆起来，上面有这个字，中学就学过了。“御民”有统御的意思，统治国家，管理国家，管理民众。它就相当于是打一个比方，你要想把国家管理好，能够让他们按照你自己的想法，就像你赶牛车、赶马车一样，让这个人民走向你想走的方向。

关键在哪里呢？“在上之所贵”，这是个关键。如果当皇上的、当君王的、当总统的、当主席的、当董事长的，包括当谷主的，你好（音“号”）什么？以什么为贵？这就是方向。你团结的这一批人，也就是说，这一个国家的公民也好，子民也好，臣民也好，一个单位的员工也好，全都看着你到底重视什么。领导人喜欢正直、公正，那风气就好；要是喜欢别人拍马屁，阿谀奉承，这事儿就坏了，因为底下人会“以之为贵”。他们不是明白人，不能要求所有的人全都是大修行人，全都能把自己的心搁对地方，多数人需要引导、需要熏陶、需要教化。但是他们的好处呢？如果你真心去引领，一时不理解，二时也会理解；二时不理解，三时也会理解。所以，管子说“在上之所贵”。

有一次在去讲座的路上，好像叫“辽海讲坛”，是辽宁省委宣传部和大连保监局安排的，路程走了一大半儿了，到我们大连一二九街那个地方，接我的保监局的徐美丽女士突然回头问了我一个问题，她说：“钟老师，是不是现在社会上流行的东西，在您眼里一文不值？”我一听这个问题，就笑了，我说：“您怎么一下子会产生这么一个问题？”她说：“我感觉是这样。”我说：“即使我这么想，我也不敢这么说呀！”流行中还是有好多东西值得珍惜的。但是，我说：“那些东西确实对我影响不大，还没做到完全没有影响，但影响不大。”影响不大的结果，就是相当一部分人说你固执，相当一部分人认为这哥们儿忙乎啥呢，整天不务正业。这是我在学校，同事亲口告诉我的，很多人说你不务正业，怎么不早点儿忙乎自己的级别和课题费什么的。我说，总有一天，他们会知道我“忙乎啥呢”。当年在研招办的时候，我告诉周围的硕士和博士生，我要开始爬山了，至少用三年，现在我就告诉你们，跟不跟，你们随意，但是我有责任说清楚。别将来有一天说：你老哥儿一个人爬上去了，你不告诉我们。我早就告诉你们了，我要爬山，你跟着，可能会看到好风景，也可能爬三年，还没到山梁上，你自己选择。

《论语·乡党第十》最后一段，孔老夫子非常感叹，“色斯举矣，翔而后集”，老夫子感叹什么呢？“山梁雌雉，时哉时哉！”一只母的野鸡，它能跑到山梁上去，不管是老夫子想它高高在上啊，还是说，它借着山势，反正是“时哉时哉”！我说这是参禅的一个好命题，参禅，老夫子这句话没参明白，“子在川上曰：‘逝者如斯夫’”没参明白，那还算什么参禅呢？“无所住而生其心”也是中华文化的人用中国的语言表述出来的。你看了《庄子》、看了《道德经》、看了《易传》、看了《论语》，一定会知道，原来我们那些大师很多都是禅宗高手，都可以看明白。

每一代人都有每一代人的任务，“时哉时哉！”这一句话里面包含太多了，也可以说包含一切，天时里面隐含着一切。后世，就是孔子的后世，孟子又说，你再有本事，你不如趁时、不如待势，要等。打坐，你能“打”过达摩祖师吗？他老人家还要等九年，等来一个弟子。我们也是这样，啥事都别太着急，现在很多人求快，我有些时候说，我们能不能求慢，慢下来。慢下来有慢下来的风景，有慢下来的好处。你什么时候看着那些有大德的人着急忙慌的？用东北土话说，“一溜烟儿小跑的”？没有啊！稳重、潇洒、自在，稳如象步，我特别佩服他们。

“道民之门，在上之所先”，这两句话简直像对称的，门路门路，后面还有一个“召民之路”，现在人问你有没有什么门路，帮我解决一下。那个关键在哪儿？“道民之门，在上之所先，召民之路，在上之所好。”那个“道民”，可以理解成导引人民、领导人民、引导人民。“在上之所好恶”，你看，说了老半天，他所贵的、他所先的、他所好的，包括他所恶的，全都是方向性的。领袖领袖，做元帅的，率领的率，你到底把大伙率领到什么样的位置上去，引领一村人民致富，和引领一国人民富国强兵，没有什么不同。这就是中国文化，一开始我们列举了管子经济学的一个特点，就是“宏微贯通”，你不需要去区分这是宏观经济学（macro-economics），那是微观经济学（micro-economics）。然后向我们中国学生兜售教材，一本教材这么厚，叫跟国际接轨，如果能读原版的，大连话说拿着那个书，脸上都很“展扬”。“展扬”能不能听懂？就是自豪的意思，或者是骄傲的意思。好像读几个外文字，高人一等，心理的作用，其实是错觉。在六祖面前什么文字不都是“化”了嘛。所以，如果好这个，说必须是外文发表的东西才算是好的东西，才算是有学问，然后我们就看到所有的科研工作者、教学工作者就都奔那边去了，因为这是“上之所贵”“上之所先”嘛，你有了它，你排到先，你就可以破格，你喜欢的就是这个。我们不是说西方文献不好，我是说这种偏执的重视趋势。像我们昨天说的，你只要表达一门学问，不按西方那种模型的语言，他就不承认你这是一门学问。那亚当·斯密的书怎么处理？一个模型没有，一个数学公式没有，怎就成西方经济学鼻祖了？这不都是矛盾吗？

指挥棒的作用

“故君求之，则臣得之”，这相当于是归谬法，上面讲了，什么后果，给你列出来，你当领导人的，你就重视这个，就重视SCI，所以底下人全都去追求SCI，导引，方向，指挥棒嘛。我们大家都经历过这个，说高考就是指挥棒，指挥着全国的中等教育、小学教育，从幼儿园开始，甚至没进幼儿园之前都开始了，说将来这条路往前一看，十几年都已经给你规定下了。以前还很好，老师认真教，学生认真学，然后可以公平地考试，我们觉得还可以，像我这种农村的土包子，还可以考到一个城市里面去读大学。那有些人说现在发生了很多问题，老师在课堂上不怎么讲重点，重点放在自己课后的补习班上去，补习班上，你要交钱，不交钱，“色难”，老师脸色不好看，不知有多少人碰到这种情况。这就是指挥棒造成的。

这一段论述的，就是指挥棒的作用，领导想往哪儿指，你说重质量，拿代表作，那他可能真的就要找出一篇来，现在有这种趋势了，我已经看到有的地方已经开始执行。

我亲身经历的，有一年到辽宁省招办开招生会议，省招办的领导突然告诉我们，博士生的规模不再增加了，就此打住，硕士还正常增长。大家知道财经大学是很火的，我离开招办那年，报名人数七千七百多人，我们只能招一千多人，非常热门儿。那私下里我们就问那位领导，为什么不增加了？他说我们的博士招生规模已经达到了美国的招生规模，但是，我们的科技程度，显然跟人家没法比。言外之意，招多了，会更加难堪，你的规模都超过了人家了，但是，国际上有影响因子的论文，能够排进科技前沿的研究成果有多少？而博士生的培养代表着一个国家最高水准的高等教育，那还不如别自找难看，规模控制一下。我这才知道什么原因当时暂停了博士生招生规模的增长……

一个国家要批评她很容易，批评容易构建难。现在我们就是要想挑毛病，哪儿都有，但是，我强调的是，当我们发现有不足的时候，重要的是你能不能拿出方案去解决，重要的是我自己能不能改。每一个人都是如此，国家她才有希望。都把责任推出去，然后自己抱怨，那是改不了这个世界的。

我在高中的时候看过材料，国家对培养一名博士，达到什么样的程度，才授予博士学位，我当时升起了崇高的敬佩之心；后来我在研招办的时候，看到了世间百态，人是容易发誓的，就像我的一个民俗老师，他去看病，医生对他态度不好，他发誓说将来我要是能看病的时候，我一定对我的患者拿出亲人的态度；那我当时就想，如果将来我读博士的时候，我希望我读成一个真的博士。努力到今天，也觉得没达到那个标准。是真的，如果大家感兴趣的话，查一查以前国家对一个合格博士生的要求，专业达到什么程度，外语达到什么程度，然后，其他方面还有一些条件。几个硬指标都罗列出来，农村土话讲，“是骡子是马拉出来遛遛”，你去考验一下，你看合格率有多少。

道理还是在这段里面说的，如果他“贵”错了，“先”错了，他“好”错了，或者是客观上有不足，在人间群体一放大，就是很大的不足。要想底下没意见，那也不容易。

忠　告

“君嗜之，则臣食之”，读“食（shí）之”也行，读“食（sì）之”也行，你可以两方面理解，他有这个嗜好，底下人也跟着吃，是一个意思。上有所好，下面跟着学，上行下效嘛。另一种读音，可以解释为：领导有这个嗜好，下属就想办法“食（sì）之”，满足你。

“君好之，则臣服之；君恶之，则臣匿之。”打比方说吧，前两天看到一位领导，哦，他最近喝了一款茶，叫什么眉（指武夷山出产的红茶“金骏眉”），听说挺好，两三万块钱一斤，哎呀，不错，然后自己也得想办法弄上一壶，“君好之，则臣服之”；突然有一天，这位领导说，那茶，我不喜欢，同样一款茶，就是“恶之”了嘛，我觉得喝得不错呀，但领导不喜欢，喝不能让他看见，叫“臣匿之”，这是人之常情吧，我们今天仍然在发生这种情况吧。我们举一个简单的例子就能知道，为政的时候，这种思想，这种想法在人间就太多了。

所以，提完了，忠告就出来了：“毋蔽汝恶，毋异汝度，贤者将不汝助”，您老人家千万别隐藏自己的恶处、不足、缺点，您老人家千万千万要使自己符合法度、中道，符合规矩；否则的话，那些有能力的人、品德高尚的人，所谓贤者，不会跟着你的，不会真心帮你的，不会真心助你的。

“言室满室，言堂满堂，是谓圣王”，就是没有隐瞒，你说话，对着一堂人说话，满堂人都要听清楚，还是前面这个精神的一种延伸。“如地如天，何私何亲？如月如日，唯君之节。”天无私覆，地无私载，“言室满室，言堂满堂”，在哪里说，都是一视同仁，这样的王才叫圣王。

“城廓沟渠，不足以固守；兵甲强力，不足以应敌；博地多财，不足以有众。唯有道者，能备患於未形也，故祸不萌。”城郭呀，沟渠呀，再坚固，不足以固守。学过“二战”历史的知道，法国人搞了一个马其诺防线，结果，自以为固若金汤的防线，人家绕过去了！“兵甲强力，不足以应敌”，你觉得我是美式装备，隔着长江天险，结果，中国人民解放军叫“摧枯拉朽”——我从小就有这种印象，不管是看报纸呀，还是电影演给我们的，摧枯拉朽——“唰”的一下过去了。“博地多财，不足以有众”，地大物博，财富众多，财政盈余，也不足以让你的人民安安分分地待在这块土地上。

“唯有道者”，前面说这几种情况，一般大家都认为，那你看我这个地方，地大物博，财源丰富，兵强马壮，北京城、南京城、西安城建得都非常雄伟，这国家不好吗？没道就不行。“唯有道者，能备患于未形也，故祸不萌。”这等于是把后世好多的乱象，都已经描画出来了，想想看，安史之乱，大唐王朝经过了贞观之治，经过了开元盛世，强盛不强盛？那个时候，几乎是整个这个星球上最强大的帝国，西安城当时是都城，洛阳城是陪都，或者叫东都，不强大吗？可是皇帝居然仓皇地逃往大西南。怎么造成的？城郭还是那个城郭，护城河还是那个护城河，将帅好像也没变，大唐的土地当时还是那些，中央财政好像也没有说明显地下降，突然之间，七年零几个月的安史之乱就开始了！缺道缺德了嘛，就是这样简单。底下有不服的，然后就兵荒马乱。杜甫的诗就开始出场，所以后人说，“国家不幸诗家幸”，他经历了那样的场景，写出来的诗。“三吏三别”，称为中国历史上史诗的代表作之一，描写历史，他那个诗就像读历史，调过来就是诗史，通过读诗就能知道历史。

“唯有道者，能备患於未形也”，“治未病”嘛，它还没形成的时候，就已经把它消弭在萌芽当中，“治未乱”嘛，“故祸不萌”。他要安分守己，怎么会有这样的乱象呢？你想，如果管仲之后，这是在春秋初期呀，东周刚开始没多久的时候，后世的君王、臣子、人民，能够天天研习管仲的《牧民》篇，都不用往后看，而且，真信、真做、真行，还会有那些乱事吗？不会有的。这就是治未乱，这就是治未病啊！但是放着忠告不听，不听老人言，那就吃亏在眼前。

中国古代的相人之术

天下不患无臣，患无君以使之；天下不患无财，患无人以分之。故知时者，可立以为长；无私者，可置以为政；审於时而察於用，而能备官者，可奉以为君也。缓者，後於事；吝於财者，失所亲；信小人者，失其士。

“天下不患无臣，患无君以使之；天下不患无财，患无人以分之”，言外之意，天下藏龙卧虎，能人有的是，可是呢？如果没有一个英明的领导，人家都隐藏了。那现在呢，有好的领导，到修德谷学习去了，学习为了干吗？应用啊，出去建功立业呀，为国家效力呀。那学完了，谁能发现呢？还是需要领导。所以能人一直都有，也就是说，千里马常有，但伯乐不常有。识人的能力，世间人普遍缺乏，因为没明道，就看不清楚这个人什么性格，这也是教育缺乏尤其是传统教育缺乏产生的一个后果。

中国古代那个教育，让你看一看五行，看一看人的性格，甚至看一看八字，即使没有教他化掉性格的道理，一看骨相就知道这个人可以，孺子可教也，传给他。唐代的时候有一个长安的官员，叫裴度，有一天去看陈抟，两个人聊天，突然进来一个人，这人面相挺奇怪的，非常年轻，步履极其轻快，进来以后，看着他俩聊天，然后在自己的豹囊里掏出一个枣来，送给这个裴长官。他没接，傲慢嘛，估计心理在嘀咕，哪来了一个农村土包子，在那个包里拎出一个枣，还没戴手套！没接，这不很尴尬吗，陈抟就接过来吃了。陈抟大家知道是谁吧？这个就不用科普了吧，是个修道的祖师，一百一十九岁化形于华山之上，是宋太祖赵匡胤那个时代的。然后，拿着豹囊的这个人走了，这官员就问陈抟，这人是谁呀？陈祖师回答：吕洞宾哪！当时他就后悔了，这枣我怎么就没接着呢！看那人的面相，吕洞宾的面相非常年轻，这说明官员他没看破，没看透那是高人。

那还有一个故事，一个人要向陈抟学道，陈抟问吕洞宾教不教他，收不收他为徒。吕洞宾看了一下这个人的面相，回答："无此等骨。"他的骨相就没长得可以是学道的，所以就不收这个徒弟了。这就叫一眼望穿。你要想把自己骨相改了，那真是大修行人，你心完全要转化，所以人要几十年的修行，面貌才是一点一点、一点一点地变化，到底是越老越可爱，还是越老越烦人，那都是自己说了算的。

我都像是很谄媚地对大家笑了这么长时间了，怎么还有人不笑呢。（笑声、掌声。）这样的课堂上，你还不放松下来，开始让自己心情好一点，开一个好头，那你回去又回到你那个小圈子里，肯定给你制约，一个月，两个月之内，你又恢复到老样子。要抓机会，给自己一次机会，咧开嘴笑，没什么不好（众笑）。在物理上就有个虹吸作用嘛，即使把低水位的水吸到高处都可以做到。我们农村里面，有的拖拉机需要油，然后用一根导管，人吸一口，插里去，那油直接就一直往上流，怎么造成的？虹吸作用。你常常地这样咧嘴笑，就把真乐逗出来了，那不是假的，就是心里乐开花，老夫子所说的"不亦乐乎"？从心里面涌出来的那种快乐，那是真的。然后别人就发现这个人变了，他跟你天生长得是黑是白、是男是女，方形脸还是瓜子脸关系不大，再时间长了，慢慢地就变了，人就会越来越饱满。我为什么拼命笑呢？因为我这腮帮子往里瘪，老像吃不饱似的，我说如果我一年不讲课，也能鼓起来，光写的话累不着人。

看人是做领导的最关键的事情，领导不需要忙乎别的，识人断事就完了。学习《管子》，一定要知道管子和齐桓公有个对话，昨天说过一遍了，齐桓公说，寡人好吃、好色、好玩，管子说这跟当领导人都没关系，你只要决断快，只要用人不疑，差不多就可以了。决断快是很重要的，你看齐桓公就做到了；任人是最关键的，人在政兴，人去政息。桓公相信鲍叔牙的推荐，任命管仲为相，管仲第一次发令，不好用，什么道理？说我没有钱，好，我给你钱；第二次发令，还不好用，说有钱了，怎么还不好用？我级别低，好，上卿，当丞相，这还不好用，你的亲属都瞧不起我，那皇族都瞧不起我；好，我称呼你为仲父嘛，三次之后，令行禁止，全天下都听他的，这好用了。随后，齐桓公就优哉游哉地当他的霸主了，所有的事儿都是管仲给他弄。所以齐桓公最后那个情况，管仲也有责任，你明知道那是几个小人，为什么不活着的时候把他们去掉呢？这又是我们瞎想，你处于那个历史状态，你也没办法，所以责备贤者，春秋精神，说得容易，做起来难啊！你处理他，怎么下得去手？十分不容易！

李叔同先生说，不近人情，处处涉险。古往今来，道理很容易讲清楚，事情很容易分析清楚，但是人一交叉进来，清官难断家务事，就非常麻烦。所以有明君，有好的教化，这种时代很难赶得上，我们大家赶上了一次，千万要抓住。（掌声。）

平均分配之重要

“天下不患无财，患无人以分之”，多深刻！我们现在被这句话说准了。中国现在有没有钱？有。大家幸福感、公平感比以前增加了吗？很多人都有抱怨。这是我经常讲的一个例子，我的大学同学在国税局工作，他还算领导，我们两个人在我办公室里谈话，他说他的生活经历，一个月四千多块钱，怎么生活？上有老下有小，还有一圈儿朋友需要维护。当时我听了大为震惊，这是重大问题！因为他是国家公务员，而且被认为是强势部门的公务员，国税局的嘛；他又不是国税局的小卒子，他还有一官半职在身，他的生活境遇是这样的。那我就知道，出了很大的问题。什么问题？分配的问题。

分财这件事情要不均的话，那怨恨太深了，人们不在乎别的，就在乎公平。而且这个公平直接影响你的生活状态，直接影响今天晚上回家，是不是能够心平气顺地吃一顿晚饭。如果气儿不顺，晚饭吃不好，这一宿觉都没睡好，就因为分配的问题，谁先涨工资的问题。我比他先参加了五年工作，为什么这次他比我涨的还要多？就有可能出心脏的问题、心脑血管的问题、血压高的问题，什么都来了。这个问题不大吗？很大呀！涉及千家万户。

“天下不患无财，患无人以分之”，有没有人分，有。什么叫“无人以分之”？这个人指聪明人，指明白人，指公正之人；分是指分得大家都很高兴，觉得分得对，即使我一分没得着，我都觉得你分得对，分到这种程度，才叫“有人以分之”。那容易做到吗？很不容易。当过领导的，偶尔都会有一种感觉，类似“我已经仁至义尽了，你还不领情”这种情况，确实不容易，需要智慧、需要包容。

知人善任

“故知时者，可立以为长；无私者，可置以为政”，它俩相对的，“知时”这件事情，我们讲了快一天半了，对时间反复强调，时机反复强调。能知时是什么人？悟道之人。否则你怎么能判断清楚天时已经转化？我们能看明白春夏秋冬季节的这种现象的变化，人间的春夏秋冬，可未必能看明白。在世间办事儿的时候，事情也有春夏秋冬，什么火候？能不能看明白？这个时机把握明白了，才叫贯通，才叫明白人。

“知时者，可立以为长”，部长、处长、厅长、董事长，知不知时呢？我们大家都知时啊！到修德谷来，知道冷，所以戴围巾、穿棉衣，哪一个不知时？回到自己工作岗位上，有些时候就“不知时”了。什么办法可以知道呢？学赵普，无论现在做公务员的，还是做董事长的，你就学赵普，没事拿一本《论语》，可能一读一整天，找决策的依据，他第二天叫“决断如流”；你说我不喜欢《论语》，我喜欢《道德经》一样的，这是秘诀呀；你说这一次我对《管子》感兴趣了，那好，那你就拿一本《管子》，秘诀还是那样，反复读，每天没事都要读。即使这一天从早开会，开到晚上、开到半夜，没读着，这个书放在案头，我走到天涯海角做讲座，至少要有一本经典放在案头，以示尊敬，以示传承。然后，我们民俗老师还说，那个书，即使放在那里不看，它都有一个系数，影响着你的思维。这是高人之话，帮助大家时时刻刻，等于挂在网上一样，没有跟祖宗、传统分离，慢慢地你就合道嘛，天人合一的状态就出来了。（掌声。）心里就有定境，就安稳，就不会慌乱；不会慌乱，因定就生慧呀，有智慧你怕什么？没有解决不了的。

所以，“可立以为长”，选拔干部，这样的人，就可以立为长。那他没明白怎么办？你是他的领导，为之君，你还要为之师，教他，他不明白，命令他看，必须看。像大连有一个企业的老总，那是民营企业，完全是私人的。早上起来，读经典，后来有一段时间改成读《中国经典经济学》，大家一起研讨，他不管学什么，氛围形成了。老板带着员工每天早上学，哪怕十分钟，他也有这么一个会议，大家一起学，或者一起念都行，慢慢地全改了，全化了，一家亲。怎么知道他的企业好？没事他可以去美国，离开公司公司照常运转，你说这不就是做对了吗？越做越开心。经济危机期间，他的业务，应该说没怎么受影响，谁保证的？文化保证的！

“知时”特别重要！包括危机来之前，有很多征兆，一叶落而知天下秋，这我们能听懂；然后一家公司出现异样，你能不能马上就知道？国家经济、世界经济的冬天将要来临了，我采取什么样的方式，这不就是知时，这不就是贯通地理解嘛。

我在我家小区栅栏上看到一个纸条儿，卖房子，急售。我们那个小区，靠近几个大学，中间的生活设施匹配得非常好，而且还有早市，生活极其方便，所以很多人都愿意在那里面买房子。突然之间卖房子的多起来，我就知道反转了，这一段趋势是扭转不回来了。出门口就是地铁，那应该是有增长趋势的，本来这小区里面几乎没有人卖房子，只有求购的，前两年是一万五一平方米，现在不到一万一千就有要出售的，那我就知道，现在是什么情况，就可以判断了吧。你不需要听哪个什么得诺贝尔奖的、什么有名的宏观经济分析专家，请他十万、二十万的到大连开什么会议……我看那小条儿，就知道大体上如何。这是真实的交易，他比你到那个统计局去打听数字要可靠。突然一下，门口上也贴了，栅栏上也贴了，然后你再看看《新闻联播》，再看看相关的分析，只要扫一扫题目，一印证，就知道大体什么情况，所以调查成本几乎为零。（掌声。）

没有私心的人，“可置以为政”，这个政治的政，有的版本说，它跟那个前面的“长”相对，应该是正负的正，也是聊备一说，因为“政者，正也”，这两个字在古文当中也有通用的。加上反文这个政治的政，就是《论语》里面《为政》的政，那就是为国家做事，为天下做事。没有私心的人，可以把他放在公务员的位置上，可以把他放在重要的位置上。什么是重要的位置？为大家服务的位置就是重要的位置，为政嘛，有私心就不行，前面已经有说了，他有私心，有以一家之心去治理乡都不行，都是这样的道理。

“审於时而察於用，而能备官者，可奉以为君也。”“审於时”“察於用”，谁能做到这一点？在《素书》第一章里面，贤人君子有四种本事——明、通、审、达。“明于盛衰之道，通乎成败之数，审乎治乱之势，达乎去就之理。”黄石公传给张良的，张良得到《素书》，就不再是一个要刺杀秦始皇的莽夫，就成为一个运筹帷幄之中、决胜千里之外的“汉初三杰”了，成高人了，成皇帝的老师了。这个智慧哪里来的？就是黄石公传给他一千三百多字的《素书》。相当于是说，我这电脑，突然净意（协会的同人）给我输入了一个高级的、最新版本的操作系统，功能瞬间强大了，比我以前要快多了、容纳的也多了，就是这个道理。

为什么我会反复地跟同胞推荐读经典哪，读经典哪，反复地叨念，就这么点事儿。好处是你以百年之身获得千年智慧，这是什么样的所得？经验、智慧、案例，全都在里面。那在人间办事，应付一点生活，开创一点局面，咱不说易如反掌吧，起码是按照规划，指日可待呀。就是按时间表推算，五年之后，这个族群已经没穷人了，那我肯定要算富人嘛。“邦有道，贫且贱焉，耻也。”现在国有道，国家都要精准地扶贫了，言外之意就是直接把这些人拉到贫困线以上，财政上叫“转移支付”嘛。那我们这些根本就不是贫困的人，在这样的情况下，你不富不贵，耻也，这老夫子讲的。“邦有道，贫且贱焉，耻也。”“邦无道，富且贵焉，耻也”，那说明是腐败来的，所以是可耻的。目前这个状况，你能凭着本事，干净地做事，达到富贵，不就是表率吗？值得表彰啊！应该是“信庆赏”的事情。

“审於时”，说现在天时就是这样；“察於用”，我怎么用？落实到自己的身上；“而能备官者”，把它全部应用到自己的职责范围之内，这样的人，“可奉以为君也”。找到这样的人，我一定要跟他干，因为他知时、察用，能把这些知识用到自己的职责范围之内，我还有官当，为啥不跟着他干？所以，“良禽择木而栖，贤臣择主而侍”。

“缓者，後於事；吝於财者，失所亲；信小人者，失其士。”这似乎都不用解释了。“缓者，後於事”，那审时度势的人，见机行事、坐言起行的人先於事吧？在财富上很吝惜的人，“失所亲”哪。我们这里面有一位老板，昨天我听说，员工的首付都是他交的，这叫“宽於财者”，是不是？大富长者，是不是？有点良心的人，那会怎么想？投桃报李呗，认真干活，为老板负责。我听过很多这样的话，我不能坑我的老板，他也不容易，企业不好的时候，即使贷款都要给我们发工资，那我不能对不起他，这就是良心话。他有了这个天良在，这个人一定是好人，他将来不富且贵嘛。

最麻烦的是后面这句，“信小人者”。问题是我们现在有多少人可以自信地说，我能分辨我周围的人，谁是君子，谁是小人。容易吗？白居易有一首诗，其中有两句，叫“试玉要烧三日满，辨材须待七年期。周公恐惧流言日，王莽谦恭未篡时”。要想试这个玉是真的还是假的，古代的方法，烧，烧三天，不炸，哦，是真的。假玉呢？好像经不起这样的锻炼，真金不怕火炼，现在看这个，好像玉也是这样。那辨才呢？辨一个人是不是真的贤人、圣人呢？要等七年，路遥知马力，日久见人心，是这个意思，要考查。像尧考查舜，那是怎么考查的？把自己的两个姑娘嫁过去，让自己的孩子跟他共事。我就想，尧真是伟大！为了天下人，能够找到一个好的天子能接他的班，豁出去了，是吧？东北有一句土话，“舍不得孩子套不着狼”，后来有人说那个孩子，四川话叫鞋子，跟孩子没关系，鞋子的发音“孩子”，反正是说，你得有所舍，才能有所得。他把两个姑娘都嫁过去了，去检验，看看舜能不能齐家，哎，家能齐；然后让自己的儿子跟他交朋友，共事，都做官员，一起做事，政事关系也能齐，觉得差不多了；把他扔在山林当中，下大雨，打雷，有雾，他不迷路（厉害！）。所以就相信他，考查了二十年，摄行天子政。就是尧其实是看着，你去干，但是他一直在观察，相当于今天所说的太上皇吧，看着你做，最后放心了。而且大家说，那传给你儿子丹朱啊，他为了教育他儿子丹朱，还发明了围棋，围棋是尧发明的，是为了教育自己的孩子。但是，他去世之后，舜避让，没有直接迫不及待地举行就职典礼，退让了三年，但是天下诸侯，叫“不之丹朱而之舜”，所以他觉得没办法，感叹一下：“天也！”“而后之中国而践天子位焉”。当时的“中国”就是指中央。

如何辨人

我们现在能不能辨别谁是好人？谁是有才能的人？然后怎么辨

别？刚才说了，我们整个这套教育都失传了，如何看面相？不知道。如何批八字？不会批。如何通过一个人的眼神、表情、动作去推知内心的程度？没人教过。那就不容易判断呀。还有一点，考查古往今来这个小人吧，叫“巧言令色鲜矣仁”，他能哄得你特别开心，拍得你特别舒服；这领导，有些时候，尽管不是皇帝，现实当中，其实也是“孤家寡人”，被孤立起来了，他也希望有点人生的乐趣。你只要有所好，我们前面分析了嘛，你贵什么、好什么、先什么，就投你所好。喜欢漂亮妞，有些人就给你选美；喜欢古玩字画，人家就给你弄一套；什么都不喜欢，人家就观察，不可能啊，是人，他肯定有漏洞，所以总要找你一个漏洞。我们很多的官员，据说都是这样，慢慢地，慢慢地，就被拉下水了。

如果这个运行的机制不改，就是你一个人想做好人，没有你的生存空间。那怎么办？依法治国，建立起制度，强力地反腐败，给人民以信心，“严刑罚，明必死之路”，现在我们采取这些措施了。我们再重温一下《管子·牧民篇》里面的话语，是不是一样的？这不正在采取这种措施吗？你只要这么做，有红线，十八大之后，还不收手，不收敛，肯定法办你，这不就是“明必死之路”吗？那你就别干了。那后面，还有叫“信庆赏”，对于做得好的，一定会表彰的。

我们现在正经历着什么时代，大家就清楚了，包括我们今天有机会讲《管子》，就印证了这已经是一个伟大时代的开始（掌声），否则的话没有机会，你没有那个时机。你想讲，没地方；你想讲，有地方，没人听；你想讲，有地方，有人听，获得批准了吗？有人干涉不让你讲；获得批准了，然后你讲的跟外面的现实一点都不相和，好了，别说讲三天，三节不到，人走光了，那你也打道回府吧。恰恰现在这个天时、地利、人和都具备，大家一听，这个东西好像确实不那么遥远；而且一讲，也不是那么难懂，很朴素、很亲切，我们现在做的这个事情，就是经文所叙述的这个事情，那逻辑上一推，我们不就知道了嘛。我们现在正是一个崛起的过程。

人在政兴，有这样一个人，就开始兴旺。小人不除，我们会有惨重的损失。失到什么程度呢？“失其士。”其实这个好像有另外的字，是失土啊，是失国呀，还是失士啊，他这只是说的一个表象，你亲信了小人，君子肯定离你就远了，因为道不同不相为谋。诸葛亮苦口婆心地劝他的那个少庄主，你呀要“亲贤臣，远小人”，这就是告诉他要怎么做，都没有逃脱这句话所说的。只有有人给出好主意，君王才能有好的政治，一旦贤臣离开了，就意味着这个君王要失士、失土、失国，甚至失命。

重点解读二：《管子·权修》

上午讲到这里，整个《牧民篇》相当于解读完了，接下来我们进入《权修篇》。《权修篇》，也就是“修权”。权，尤其是当公务员的，就喜欢这个字，权力。有权力，就意味着有更大的资源来做事，有更大的舞台为人民服务，怎么去修？

疑是《牧民》的《权修》

这一篇里面，我先把后面十一、十二这两大段挪到前面来，紧接着《牧民》讲，为什么呢？大家看，满篇全是“凡牧民者”，但是，均是在《权修篇》后面的。所以就怀疑，是不是当年拿个竹简，一卷一卷地放，放串了。接着看，好像是《牧民》还没讲完，但其实已经进入了《权修篇》。所以我怀疑是，原来的《牧民》的内容混入了这一篇。但后世没有人敢把它纠正过来，从《权修篇》里面抽出来，再放回《牧民》去。你有什么权威可以这么做呀？就像是这个字错了都不叫它错字，叫通假，这是对古人的尊重，对历史传承的尊重，时间长了，就这样，但是我们交代清楚。

凡牧民者，使士无邪行，女无淫事。士无邪行，教也；女无淫事，训也。教训成俗，而刑罚省，数也。

凡是教化人民，养育人民，这样的国君、领导人，一定要使国中的士子（这里偏重于男人了，因为后面有女相对）“无邪行”。“子曰：‘诗三百，一言以蔽之，曰：思无邪。’”《论语·为政篇》第二句。第一句是，“子曰：‘为政以德，譬如北辰，居其所而众星拱之。’”学完了之后，什么最关键？应用，在社会上用叫为政。为政什么最关键？以德，立住这个中心，就像北极星在北天空一样，星星围绕着它转。这是我们人类现在地球看自己的时空，十万年也很难改变的一个天象；百万年以后，北极星的位置变化，就不是现在看的这个勺把儿的形状了，那个时空的人民，已经没有北斗星的概念，已经转化了，那我们不去管它，稍微遥远了一点。

老夫子说，在世界上做事，如果以德行为中心、为根本，能达到什么程度？就像北极星立在北天空一样，所有的人、事、物围着你转。这和管子的思想有区别吗？前面说过为道者能怎么怎么样，能达到什么程度，道和德一对嘛，全体为道，局部为德，德全，就是入道了，得道了。

“无邪行”首先要无邪思，所以，诗教温柔敦厚，孔老夫子用《诗经》教育学生，培养的是温柔敦厚。“士无邪行”，这个天下一男一女，一阴一阳，这一半“无邪行”，那相对另外一半“无淫事”，无过分之事。这里面，士与女相对，士是男子当中，十选一为士，这个汉字就告诉我们这个道理，等于是精英，社会的精英。“女无淫事”和“士无邪行”完全相对应，就是男女之间，不要搞得关系混乱。现在统计数据出来了，说已经被查办的贪官，百分之九十九以上都跟情妇有关，我很好奇，那百分之一为什么不公布出来？那显然还有一位这方面没问题。

“士无邪行，教也。”依靠什么的功德呢？教育。所以《礼记》上讲，“自古先王建国，君民教学为先”哪！王之所先，王之所贵，王之所好，如果是教化人民无邪思、无邪行，那天下大化呀！

“女无淫事，训也。”教训，教训，原来是从《管子》这里面来的。什么是教？什么是训？他有非常清晰的说明。“教训成俗”，就是已经习以为常了，这个教化、这个传承，已经成传统了、成风俗了。

“而刑罚省”，人都是好人，还需要法律吗？还需要惩罚吗？就不需要了。

“数也”，定数、天数，自然的事情。教化天下竟然这么简单，从小教就好了，男孩子、女孩子教他做人的道理；当丈夫的，立住夫纲、阳刚；做女人的，温柔如水，温化一家，水生木，你家里就有事业，就生财。不吹枕边风，不干涉丈夫的事情，各司其职，各负其责，就是男女有别呀！你负责什么，我负责什么，大家各干各的，非常和谐，和而不同。

凡牧民者，欲民之正也；欲民之正，则微邪不可不禁也；微邪者，大邪之所生也。微邪不禁，而求大邪之无伤国，不可得也。

如果说我们再提中纪委抓小抓早，我的印象当中，我们已经说了第三次了，看看是不是这段话所建议的？“微邪不可不禁”，他刚刚有这种苗头的时候，你就诫勉谈话提醒他，惩前毖后，治病救人，就已经防止了“大邪之所生”，国家人民的事业不会造成那么大的损失，就是这句话，已经说得清清楚楚，防微杜渐。什么是微？不大嘛，很细小嘛。如果它刚刚萌芽，有一个苗头，你不去禁止，一定生大邪，它也是种子，那将来伤害国家就非常大。

所以我们说，一个千古不易的结论，领导如果犯了邪淫，他随后的后果依次是：一、身体不健康；二、家庭不和谐；三、企业突然会转向衰败；四、然后不得善终，没有例外呀！你看古代是这样，现时生活当中，你看周围这一圈人，慢慢品，有正面给我们示范的，立身行道的，那他即使无大的发展，保持原来的财富规模也差不多；包二奶包三奶的，你看他的身体、看他的家庭、看他的事业，时间轴稍微一拉长，你看得清清楚楚，没有能逃得出去的。我观察多了，我就心安理得，为什么呢？结论就是：天理不曾一时一地不在人间！你看不清楚，是你把眼睛蒙上了。一旦明白这个道理，那就是该干吗干吗吧，他愿意那么做，教化不听，劝也不听，哦，那他在做反面的示现，超级大菩萨，好，给你磕头，你干你的去，反面教材嘛。

我书中引用过北京一个姓王的律师，他那个律师报告里面，罗列了一些贪官的名单。我曾经问过我大连的一个好朋友，他是做律师的，我说我书中引用这些人行不行？他说，如果你指出引用的哪个报告，当然就可以。大家知道我为什么引用这个吗？为了更早地帮他们把恶名消掉，反面教材那也是功德，告诉大家不要这么干了。省委常委、市委书记都有这样的下场，已经那么惨痛的人生教训，他表演给我们看了，很多人不是喜欢使用“表法”这个词吗？谁在表啊？那我们不感恩他们吗？也有人说，你这人奇怪了，什么逻辑？贪官还感恩他？他没教明白，谁的责任？老师的责任。天下兴亡，匹夫有责，谁是匹夫？我们就是，那是我们的责任。道理没讲清楚，讲清楚他不会那么干的。据说在古代，一个地方如果出了逆子、不肖子，皇帝下命令，这个城墙要削去一角，说你们这地方出现了逆子，老师没教好。明代的那个方孝孺，激怒了明成祖，要灭他九族，结果他说灭我十族，我也不怕，那就灭了十族。第十族是什么？老师，教出这样大逆不道的人，这个故事太惨痛了！

凡牧民者，欲民之有礼也；欲民之有礼，则小礼不可不谨也；小礼不谨於国，而求百姓之行大礼，不可得也。

民要守礼，从小处开始，给父母请安，给老师敬礼，人与人之间见面微笑，点头握手。“小礼不谨於国，而求百姓之行大礼，不可得也。”跟前面是反着来的，一个是防微杜渐，另外一个是好的东西，你要慢慢扶植，有了这种小的苗头，才能成为礼仪之邦，这是教化一国、一个单位、一个组织，领导人肩负的责任——守礼。我们也讲究政治伦理，很小的一个单位，哪怕是两个人，都存在着这种礼仪教化；国家人多，族群多，就更需要守这种礼仪。

上午我们讲了《牧民篇》的后半部分，讲了《权修篇》前面几段，还是谈牧民的东西，核心归纳起来一句话：德者，得之。有德者通吃，有德者可以得身体健康、心情快乐、家庭幸福、事业发展、国泰民安，从心往外发散，美之至也。所以，说来说去，简直就不用讲，是一个常识。

上午就讲到这里，我们下午再见。

第七讲

《管子·权修》里面关于“牧民”的内容，几乎就是谈如何让人民过好日子，如何能满足人民的要求，如何能去掉人们不喜欢的事情，与孟子的观点完全相合，作者一语道破——他们都是传统文化的传承者。本讲作者提醒我们做任何事情都要注意抓早抓小、防微杜渐；并讲述《权修》中依法治国的一些方略。

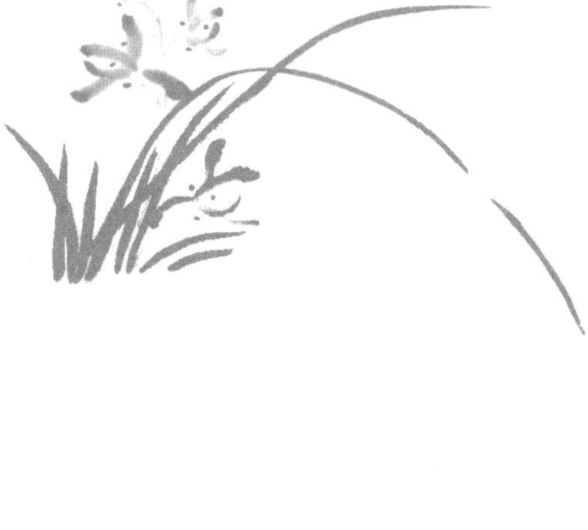

尊敬的各位同胞、各位同人：

大家下午好！

我们接着学习《管子·权修篇》里面关于“牧民”的内容，好像是打开《管子》，篇篇谈的就是如何让人民过好日子，如何能满足人民的要求，如何能去掉人们不喜欢的事情。

传统文化传承者——孟子

孟子有一句话，叫“民为贵，社稷次之，君为轻”，这句话呢，被朱元璋看到，很不高兴，因为他当皇帝了，说这孟子作为亚圣，配享孔庙——祭祀孔子的时候他作为亚圣也享受国家祭祀——孔子确实是圣人，他孟子凭啥呀？一看到“民为贵，君为轻”，说颠倒了吧？这种人怎么能够享受国家祭祀呢？搬出去！居然下令（明朝初年的事儿）把孟子牌位请了出去。

行小义　使民有大义

看过《贞观政要》一书，大家都知道，唐太宗李世民在他登位第二年，开始全国复兴讲经典，儒、释、道的人才都可以到长安去讲，而且给予讲得好的人官位、奖励，有的现场就给；然后，设立国学，增加房舍，大兴文化教育，所以奠定了贞观之治的人才基础。在这期间，一个重大的改变，就是停止以周公为先圣。周公是周朝初年的，跟周武王是兄弟，到唐朝的时候，唐朝是公元六百一十八年建国，大家算一下，大概是一千六七百年的样子吧，在这么长的时间里周公都被奉为圣人，而且孔子他老人家梦寐以求的就是想恢复周公那个时候制定的周礼，让天下大治。李世民做了一个决定，停止以周公为先圣，那以谁为先圣呢？就以孔子、以颜回为先师。每年中央政府举行国祭，纪念这样的圣人，无非是告诉臣民，学圣贤！

到明朝初年的时候，朱元璋看到孟子这几句话，老百姓是重要的，君王是轻的，不胡说吗？这种人怎么能够享受国家祭祀？怎么能够配？给搬了出去。可是有一天，他又翻到了另外一段话，就是“天将降大任于斯人也，必先苦其心志，劳其筋骨，饿其体肤，空乏其身，行拂乱其所为，所以动心忍性，增益其所不能”。他可能一下子就被带入了忆苦思甜的情绪当中。他早年做过和尚，四处征战，生活也比较艰苦，还吃过“珍珠翡翠白玉汤”。什么叫珍珠翡翠白玉汤？那据说呢，他饿得不行了，两眼昏花，人家把那个破白菜帮子加了几块豆腐，熬了个汤给他喝下去，外面是不是这样的阴雨天，我们不知道，反正他觉得喝着很香，很舒服。当了皇帝以后，就让人找这个“珍珠翡翠白玉汤”，怎么喝味道都不对。然后就想起来，我能当皇帝，跟以前吃苦也有关系。当皇帝那当然是“天将降大任于斯人也”了，所以幡然醒悟，这孟子还是了不起，再请回来，又把孟子像请回来了。

修小廉　使民行大廉

我们现在的孟子墓是由老马家祖孙三代看守着，现在快要进入第四代了。当年孟子的后裔，在兵荒马乱的年代，想请一个人帮着守孟子墓——孟林，条件，要有龙马精神嘛，最好姓马，然后最好是会武功，有人盗墓，砍伐树木，希望有能力维护。第一代马爷爷应聘，望着红色聘书，知道是为了保护圣人的墓地，没有讲条件就答应了。报酬是17亩地和几间护林屋，他们真是保护了孟林的安全；马爷爷去世，第二代，马爸爸（马瑞和）接着干；马爸爸去世，马登科先生接着干；这马先生现在是孟林管理所的副所长。马家百年来，守着当初的承诺，没有什么回报，就是到了第三辈儿了，国家大概是给了一个编制，每个月能发两千多块钱，这是我最近听说的情况。为什么他能这样做？以前，他们并不了解孟子，凭着忠义的精神，老的传统，我答应人家我就要干到底，那甚至是要拼着命的；那现在，凭着一种文化精神，看着孟子墓，他对墓主的生平就要有了解，逐渐地感觉到，能够给他守墓是我的荣幸，所以这成了马家至少三代相传的一份工作。

饰小耻　使民行大耻

最初读《孟子》，我们以为这是《孟子》的原创，“民为贵，君为轻”，中间有社稷（社稷次之），看了《管子·牧民》，我们就知道，原来孟子他们也都是传统文化的传承者，他们所说的话，在历史上早已有之。我们不要因此马上就生出一个看轻孟子等圣贤的念头，也不要因此说这些东西全部是管子的原创，我相信管子也是受过教育的，他也是一个继承者。这是中华文化至少五千年以来，必然有的一个文化现象——传承。之所以这两年我特别地呼吁：大家以中华文化自己的史观看待我们的历史，就是因为以西方史观根本就看不懂我们的历史，只能分割、曲解。因为她在诞生之初，就是明天道的文化，没有文字之前，就已经明心见性。伏羲这样的圣人，把天道通过卦象泄露到人间，破了天机，我们说天机不可泄露，但已经传递给了人间。

所以当看任何一本经典的时候，我们为什么常说这叫“古圣先贤”的表达？因为具体哪一代，谁第一次有这句话的版权，已经不可考。我们在这里拿出《管子》，看他的主张，让天下幸福、让人们快乐、让国家强盛，他的这些思想也不是无缘、无本、无根。我们只不过是请大家看清楚传承，这句话，其实不是老子最先说的，以前就有；也不是孟子最先说的，以前就有；但是不是就是管子开创的，以前从来没有人说过？就像伏羲画卦一样，再以前是不是有人画过卦？都不可考，只能认定暂时算从他那儿开始。

防微杜渐　抓早抓小

那么我们现在也存疑，究竟是不是从管子开始不那么重要，或者是第二重要的，第一重要的是升起对古代文化的信心，升起对圣贤的尊敬之心。而且他们的表达，非常有条理，一看句式，好像很简单啊，你看这几条：“欲民之有义也”，如何如何；“欲民之有廉也”，如何如何；“欲民之有耻也”；“欲民之修小礼”，文气贯注。如果这样的文章，诵读的时间长了，用老百姓的话说，将来你自己写文章，那是“一套一套的”，逻辑性清晰，关联性紧密。

我们看这一段：

凡牧民者，欲民之有义也；欲民之有义，则小义不可不行；小义不行于国，而求百姓之行大义，不可得也。

这还用解释吗？我们一开始以为《管子》那得多难读，不容易读明白，可是我们经过了将近两天的学习，我自己的感觉，有些话读出来就像大白话，意思昭然若揭，甚至我再解释一句话都是多余，废话。因为你说不出来这么精彩、这么洁静精微的、有智慧的语言。

可是，落实的时候就不那么简单了。比如说，什么叫“小义不可不行”？仁义礼智信，就这个义，太关键了！关键到什么程度呢？关键到现在每个炎黄子孙健康的问题。我看到现代医学报告，好像在大连就是，威胁大连人民首要的癌症，排第一的，据说是肺癌。有人很奇怪，大连的空气怎么也比北京要好一点吧，怎么会呢？那可能就不是空气的问题，还有什么问题？看过中国有关伦理医学的同道，可能有所感悟，虽然跟环境有关系，可能还不是主要的关系。那还有一个是什么关系呢？就是你的念头和行为是不是做对了！已经跟大家报告过了，我们的医圣张仲景说：“人禀五常，以有五脏。”这句话要命啊！重要到说破天机！所以我当时看到这句话，浑身发麻，寒毛直竖。它意味着，你若缺德你五脏就不健康，如此简单！而且一一对应：伤仁，肝就不健康；亏义，肺就闹毛病；恨人，心脏要出问题；怨人，脾胃要出问题；烦人，肾要出问题。一脏出了问题，《黄帝内经》所述的人体其他那十一官，没一官能好，都受牵连。它们是成对儿的，相生相克的，结为一体的，哪一个器官能够“独善其官”？你说，肝脏不要了，拿出去，然后其他器官还能照样活？人现在有本事，连心脏都可以换一个假的，但是可能会有排异反应，甚至可能发现不是原来那个人，这才知道，原装原配的还是好。

这个“义”的奥妙就太多了，通过这一个字，可以把天理说清楚，把人道说明白，把生理讲清楚。所以，说到这儿，你就可以能理解，我为什么当时那样震撼，似乎缥缈不可见的天理，原来应在人身上。所谓西方“执牛耳”的现代医学，并没有告诉清楚这样一个伟大的对应关系。谁留给我们的？只能说中华古圣先贤集体智慧，然后有杰出的贡献者，让我们学习。怎么亏了义，肺就受伤？归到五行，“天布五行，以运万类”，什么鸟类、兽类、人类，都是五行在运转。天地就是这样运转的，你明白它，它起作用；你不知道它，它还在起作用。明白它只不过是从正面去印证天人合一；反对它，从反面，不叫印证，从明白人那里看你，你是在从反面印证天人合一，做恶事，做反了，那自然就出现这样的毛病、挫折。没有过错就不会有病。对于真正悟道的人来说，无所谓善恶，无所谓对错，你只要这样一动，相应的东西就发生。众生平等，是在心生万法的本性真相上平等。所以五脏六腑是什么？是五行的规律在肉体上的反映，它自然跟外面的五行相配、相协调。近取诸身，远取诸物。不要忘记“十三五”规划里面说发展，其中有一个概念是协调发展。我们要跟自己的环境、时代完全协调，你才能过好日子。

那“义”在五行当中，跟哪一行相配呢？金木水火土，和金相配。金，学过中医或者没学过中医，起码常识你要知道，肺属金，主皮毛。肺主皮毛，亏义了，皮肤都不会好。这我们才能明白，孔子的弟子，写了《大学》的曾子，为什么说富（发财了）会润屋，一看你家里装修得富丽堂皇，“富润屋”；德会润身，有德会滋润你的身体呀！奥妙在哪里呢？还是要打开五行的密码，不亏义，你呼吸就顺畅，练习“宝瓶气”的时候，这么一堵（堵住一个鼻孔），往出射气的时候，也不会发出擤鼻涕的声音；晚上睡觉，悄无声息，别人是听不见你呼吸声的，除非他是个修炼的人，心静到极点的人，能够感知一个活物在非常轻微的、有呼吸的在动。由粗入精，开始向细微转化。到这一步，看《道德经》里面某些篇章，比如“夷、希、微”三句的解释，才能刚刚靠点边儿，能明白老子描述的是一个什么样的状态，所以非常非常的重要！

那什么是义？你身为男子，一切男子该承担的，就是你的本义，逃脱了，就亏；亏了，天年就受损。女子也是这样。在社会上扮演着各种角色：做学生的时候，不论学习好坏，因为每个人资质都不一样，不听教、不听话、不听训，违反学生的本义，也不会好；做老师，我们昨天强调过了，不好好地、兢兢业业地教学，亏义，不会好；做公务员的，在办公室里，不是全心全意为大家办公事，私心膨胀，嘀嘀咕咕，暗箱操作，中饱私囊，贪污受贿，贪赃枉法，亏义了，不会好；做企业的，带领员工发财，幸福，过好日子，积大德了；但是，一念我慢心升起来，以为别人给你倒一杯茶，递一个水果是应该的，亏义了。义亏得有重的、有轻的，非常繁复。

赵朴初先生的书法，我特别喜欢，其中有一个西泠印社印的墨迹本，我用作学习书道临摹的范本。其中有一篇，叫《华严经净行品》，有时写字不光是写字呀，看看这个词句什么意思，慢慢地一品读才发现，原来这一品讲的是什么叫净行。起心动念之间，穿衣吃饭之间，行走在楼台馆阁之间，也就是凡是起心动念之间，完全没有为自己的，全都是考虑天下、考虑他人，我如何奉献的，叫《净行品》。昨晚，我非常荣幸，少谷主领我们看了二楼的一个房间，上面有“大藏经”。我抽出第十八本，看到了不但目录上写有《净行品》，还有《梵行品》，印得非常精美。我才更加印证到为什么每一个大治时期背后全都是文化的力量、教化的力量、圣贤的力量！

距离我们最近的一次大藏经的汇集就是乾隆时期，叫“乾隆大藏经”。国家为什么花费那样大的财力、物力、人力去总结文化呢？她是我们整个民族的核心、保证。乾隆自称是“十全老人”，他亏不亏义？或许在这一点上尽了一点义务，治理天下期间，让人编撰《四库全书》。你不管整理得好坏，他作为皇帝命人去做了；经典的汇集，以利天下万民万世之心。所以，他能高寿到八十九岁，无疾而终，成为十全老人。也有人说，清廷大兴文字狱，他借着编书的机会，毁坏了众多中华文化典籍。

我们现在每天的生活，什么叫缺德不知道，什么叫亏义可能也不知道，所以念念之间不知道自己为什么闹毛病，闹了毛病以后就看医生，自己不靠谱儿，再加上“外来的”不靠谱儿，两个不靠谱儿合在一块儿，就葫芦僧判断葫芦案，枉死者，多矣！看孙思邈的《大医精诚论》，他论的可不一定就是医生啊，可不可以叫“大师精诚论”？“大官精诚论”？当大官的，有没有精诚之心，面对自己属下，治下的万民，不管美丑妍媸，一视同仁。贯通嘛，医学的道理完全可以贯通到经济国家、管理人民、和谐社会上嘛。所以天下的道理很简单，一通可以百通，通了之后就知道，人要对自己的一切负责，包括你得病，包括你碰到跟你作对的人，都要自己反思，为什么在我的时空里出现这样的情况。

“小义不行於国，而求百姓之行大义，不可得也。”简单的一段话，含义无穷。作为子女，我们都扮演过这个角色。小孩子刚一出生，有四世同堂的，曾祖父还在，慢慢地你长大，老辈人去世，代际更迭，逐渐地自己成为成人了，当父母了，当爷爷奶奶、姥姥姥爷了，曾祖父、曾祖母了。亏一伦，亏一义，都叫缺德。它不是骂人话，实事求是地讲，就是没圆满，那就缺了，缺了，身体上就有显现。什么叫“淳德全道”？念《黄帝内经》的上古天真论就会知道，淳德全道的人是没毛病的。所以你看世间，想找一个淳德全道的人，非常稀少。因为我们曾经听说过，有些人从小到大没得过病，无疾而终。我长四十多年了，听到的人，大概不超过三个，特别少，但还是有，就是他给你做证明。最伟大的文化，就是告诉你如何把握自己的命运。这就是让你自己做主啊，而不是推给一个不管明白不明白，你必须相信的“主”。“主明则下安”，完全靠自己，叫自觉、自尊、自重、自立、自强、自明，这叫行义呀！这叫明义呀！

我们有人给孩子起名，叫明道的，不管李明道、王明道还是陈明道，有叫明道的，对吧？有叫明德的、明仁的，陈明仁、李明仁，还有明义的，还有学义的……都是围绕着这几点来，让你成为一个觉悟的人。名不正，言不顺，顶着一个名字，没做到，就亏了，亏义，就不足嘛。我的两个妈妈，生母和岳母，都曾经希望把我喂得胖一点，但长时间，我这腮帮子就是鼓不起来。我也反思，除了现在任务重，耗气多，然后自己哪儿缺了。以前跟大家报告过，我在大学毕业没多久，向我的民俗老师请教，我怎么这么不顺当呢？他老人家讲，你名字取大了，叫“圣”，肯定要磨炼你嘛，前面还有个“永”，古今中外没有例外的，所以要磨炼你嘛，什么时候你明白了，按照正确的道走了，就顺了。就因为这个名字的原因，我反复地研究姓名学，希望能改成一个好一点的。后来一想，“行不更名，坐不改姓”，父母给起的，从小到大，男子汉大丈夫，连个名顶不起来吗？但是越做越惭愧，才知道，就相当于是一个小孩子穿了一件大衣服，德不足，就鼓不起来嘛。所以现在就拼命地积德、拼命地种福。

作为一个世界的观察者，我强烈的意识就是我的未来会很富裕。但是那些财富，还会用在这个世界当中，有钱大家一起花，有好菜大家一起吃，这是我们期望的世界。“天之道，利而不害；圣人之道，为而不争”，我们的经济学大利天下而不害，让你过好日子而不跟你争。老子他老人家又说了，“唯其不争，故天下莫能与之争”，越做越感觉到，说得对！所以“君子乐得做君子，小人冤枉做小人”。

其实每一个人，按照圣人的看法，大家都是尧舜那样的人，不一定非得去当天子，作为人来讲，你在你的世界当中，你就是你的主，就是你的天子嘛。每个人都可以达到福德圆满、智慧圆满，叫“两足尊”，双满足。可是没有好的方法，没有指明清晰的路径，倏忽一下，百年过去了，所以我们不要追寻类似“十四无记”那样的问题，耗费精力。把自己那颗不服人之心，忌妒、我慢、分别、障碍之心，掐死、放下，直接恢复本然的清净觉悟之心、奉献之心。你把自己一放空，都好处理了，否则的话，一定是煎熬，就是你自己那颗心，一定是煎熬着自己。不肯把自己的成见放下，面对《论语》，你觉得你是老大，有些人就是这样，孔子确实排行第二，他是他父亲的第二个男孩儿，他们这一辈孔家的第十一个孩子，他有九个姐姐一个哥哥；面对老子，有些人也想自称老子，就是那个我慢心、挑毛病的心放不下，他不可能修成！这是《易经》的道理。

跟大家报告，我看《易经·谦卦·象》的那段句子（指“天道下济而光明，地道卑而上行”一段），想到的是高等数学里面求极值的那最低点。就像是一个模型，他是全世界最低的、谦卑的《谦卦》就在那一点上，所以他往任何方向走，都是往上走，所有人都愿意帮助他；相反，总是以为自己在山巅上的人，“木秀于林，风必摧之”，自己觉得高，就糟了，爬得越高，自以为了不起，摔得就会越狠，都是亏义，因为这都是违反天理本义。面对圣人，面对古圣先贤，还是那样觉得“我了不起”，都违反物理原则。什么物理原则呢？如果自以为高明，老师的那个智慧，就像水一样，它灌注不下去，不肯接，心量也放不大，这都亏义，他的气机都不会顺。所以性要服人，怎么服人？太深刻了。我以前跟听众报告过，我的心态是，既然逆着来的都是我们真实的老师，他们往往会以学生的身份去考察你一下，那么如果我们一念之间上当了，还真摆出老师的架子，叫“无足观也”，把自己的本义就亏了。

什么叫“小义不可不行”？就是在起心动念之间，现在流行各种打坐、修道、禅七、讲座、培训……儒、释、道全都来了，但是，人还是那一个人，心还是那一个心，千变万化，还是离不开，这是最根本的。心修不好，人肯定不好；人不好，什么都修不成，这就是人的本义。左撇为真，你假没假？右捺为正，你邪没邪？一撇一捺没构成，不是“人”哪！这也不是骂人话，中国古代的文字就这么定义的。

我第一次看到这个解释是在湖南常德，早上三点多，我在酒店大堂读经，看到“左撇为真，右捺为正，常行正真，是名为人”，一下子被震撼了，寒毛直竖。为人很简单哪，真没真？敢打保票百分之百吗？不敢，那作为人，就有点悬。正没正？再一衡量，也有点悬。这不就坏了吗？因为这是你为人的本义，是人就应该那么做。所以开封有个老和尚到街上走一圈回来说，这怎么看不着人呢？弟子们就傻眼了，师父，这满大街全是人，您怎么说没有人？老和尚什么意思？有修行的人骂人也不带脏字，一眼望穿灵魂，人面兽心，何来为人？所以我们要警惕，温水煮青蛙：在一个污染的环境里，有些时候自己不知道，就做错了，就亏义了。所以不明，我这毛病怎么得的？怎么那么倒霉？可是，天理从来都在，从来都起作用，不要去挑战它。尽管我年龄不算大，但是我看历史给我们的案例，可能比一般的同龄人要多一点，别去挑战它，还是顺从它为好，才能有好日子过。老老实实地行义，从自己的本义开始。所以真理叫“无路之国”，克里希那穆提说的，不要往外跑，修自己这颗心。微言大义，说不尽哪，要讲具体做法的话，是说不尽的，一举手、一抬足，都有着“义”在里面。

我看泰戈尔的诗，记录着在印度流传的一个故事：有一位老太太，她很长寿，早年曾经面见过释迦牟尼佛。释迦牟尼佛灭度之后，有修行人就想去拜访她。老妇人也接到了请求，就接受他的拜访。修行人进门，老人家在里面坐着，但是他推开门之后，发现门旁边有一碗灯油，满满的。谈话的时候，那他当然就想打听一下，您看释迦牟尼佛当年是什么样的情况。经文记载，佛陀的发音都会让人非常地舒服，容貌让大帅哥阿难看起来都觉得世间怎么会有这么美妙的容颜，佛告诉阿难，这是修德修来的，那阿难也出家修，等于是着相而出家，所以有“摩登伽女之难”。后世汉语里面说“摩登”从哪里来的？从这里来的。

老妇人告诉修行人，佛陀的威仪，不可言说。如果是佛陀从门外进来的时候，灯油不会溢出，那种飘然，不会与物产生碰撞，总之不可形容。她说，你看灯油的状况，就知道你跟佛陀的差距。我一想，如果我是那个修行人，那肯定一把把门推开，灯油不知道洒到哪里去了！这样一说，大家就会说那以后手往哪儿搁呀？脚往哪儿搁呀？修时间长了，他不是那样做作的，是自然的。孔夫子到七十岁达到了这种程度，随心所欲不逾矩。怎么衡量？横看竖看，不逾矩，这是中华文化的圣人。所以司马迁写《史记》，写《孔子世家》最后“太史公曰”，他说他看着孔子说的这些话，就想见其为人。像钱锺书描述的，我吃了这个鸡蛋不错，就想看看下蛋的那个母鸡长什么样。有些时候，我就想，李世民的画像，现在我们还能看见，但管仲的画像到底是不是他原来的面貌，就不太靠谱儿了。

如果今天下午大家能把这个“义”搞清楚了，这一次就没白来。因为这一行（指五行之一）搞清楚，你就不再得肺病。同理可推呀，同理可证啊，心肝脾肺肾，金木水火土，这五行你就都懂了，从此五脏是健康的，六腑是健康的，那你的身体一定是健康的。现在不那么健康，慢慢修，也会修得好，最终达到无疾而终，一百二十岁再走。

凡牧民者，欲民之有廉也；欲民之有廉，则小廉不可不修也；小廉不修于国，而求百姓之行大廉，不可得也。

那这段话跟上面相对，我们就知道，核心思想就是这个“廉”字了。廉就是净，就是洁，就是不贪，就是不染。你要是有打禅七的，有学佛的，做到这个廉，也就可以进入《华严经净行品》的境地。一个词概括，干净。思想干净，行为干净，结果它也干净。学道，广大精微，洁静精微，它也是廉。什么时候看到一个修道人，挂碍世间有形名利？“功成、名就、身退，天之道也。”活干不干？当然干哪。

干了就有为吗？你有私心，是有为；逆天时，是有为；逆民意，是有为。没私心，是无为；顺天时，是无为；顺民心，是无为。

什么叫有为？什么是无为？中午秘书长给我一个条子，有同修问，天时、地利、人和，天时不如地利，地利不如人和，看过《孟子》的都会背了，然后产生疑问，到底哪一个重要。我记得小的时候，妈妈做一种三合面的馒头，三合一，合在一块了。好吃不好吃呢？看个人的品位、口味。天时地利人和能完全分开吗？有一个实例可以给大家讲。越王勾践兵败之后，到吴国那里面做夫差的奴隶，范蠡跟着他去做奴隶的奴隶，一个修道的人士，忠心如此。后来，为了表示忠诚，吴王得病的时候，勾践都去尝他的大便来判断身体什么状况，所以夫差没杀他。那个叫伍子胥的，就说勾践这种人，决不能放他，放他等于放虎归山。但是吴王没听啊，放回去了。放回去以后，勾践他怎么做的，大家都知道，就想反攻。第一次，范蠡告诉他，不行，时候未到，不能打，你得等。简单地跟大家说，光有天时，还差地利，差人和；后来有地利，又没人和，就是双方比较，你这面强了，他那面也强了，不一定能打得赢啊。即使能打败他，灭不了他，他再复苏，还是两败俱伤，不能轻举妄动。那吴王，他自己作，我们说“不作就不会死”，作到了他自己众叛亲离，作到了他又去攻打别的国家，都城空虚。最后那一次，范蠡告诉勾践，可以了，天时、地利、人和全都具备，打吧。

从理论上说，我认为三者不可分，天时是人的天时，不要忘记我们讲过量子力学，人是主观介入的最能动的因素，包括天时具不具备，也是人来判断的，人明的这个天时；这个地利，有些人用它是地利，有些人就用不了这个地利，它跟智慧、能力还是不同的，有差别；最关键的因素还是在人，所以孟子才会讲，天时不如地利，地利不如人和，人是最能动的。

但是，有没有客观条件呢？你不要说，那哥们儿讲了量子力学，从此，人一念之间我就可以把全世界全改了。是那样吗？你的念力、他的念力、我的念力是平等的，这能清楚吧？所以佛家里面有一句话，心佛众生，三无差别。你以为你的力量大，他恶的念头聚积起来，跟你的念头是相等的。那怎么做？你必须长时间地去积累自己的这个善念、善行，积功累德到一定程度，才会起明显的作用。所以人本身，"人和"确实是最重要的，各方面的条件是不是具备，每个人不同啊，你说对他来讲天时、地利、人和都具备，换个人放在那里，就不是那个情况，人人不同。同样一个人，换一个位置，也不一样。

还有一个问题，叫"三反昼夜，用师万倍"。我们有一句话，大家都熟悉：听君一席话，胜读十年书。关键你得找对这个"君"，就是那个"子"——靠谱儿的人，明白的人。他可能是扫地的，可能是开悟的，什么人都有可能，就一句话能点清楚的，比你思考三天三夜，一宿辗转反侧思考到天明还管用，关键是找到"明师"。所以古代的皇帝，武则天那样的人物，周文王那样的人物，都要找"帝师"，找老师，找一个通达天道的人，然后又明世事的人，我们叫明伦理的人，教他怎么办。汉武帝够自负的了，还知道这个政策好坏没把握的时候请教董仲舒去，"用师万倍"，比你自己思考要好。

这是我们学习经典的一个非常重要的理由：百年之身，获得千年智慧。不需要想啊，人早就给你想得清清楚楚、明明白白，直接给自己安装新的操作系统就行了。怎么安装？每天早上诵读经典，每天晚上复习诵读经典，每天白天在自己的坐言起行当中落实经典，就是在安装，就是在执行（掌声）。然后，你就是活的经典，就是活的圣贤。圣贤有什么可不敢当的呢？当仁不让啊！学了几十年还不敢承当，白学了。

这个承当，可不是说拍着胸脯：我就是圣人哈！不是那样，没有一个人这样讲，包括孔子。活着的时候人都说孔子是天纵之圣，他也不会自己说他自己是圣人。他不是虚伪的，故意地说自己不是，他是真的认为自己不是，所以才说，如果早几年就学《易经》的话，此生可以无大过，仍然认为自己不但有过错，还有大过。但是，坐言起行全都是按照经典上所教的义、规矩、法、理、道、德来行的，因为他本身是。你要执着一个概念，永远得不到。所以南怀瑾先生说，什么是成佛？到最后是佛都不要成，“无有涅槃佛，无有佛涅槃”；修道呢？你执着说有一个道，那又错了；执着有一个圣，又错了。潇洒自在是没有这些束缚，那才叫洁净精微的智慧，才是干净的智慧，没有沾染的智慧。你脑子当中，只要有这么一个概念出来了，已经就是沾染。文字，它帮我们明理，但是如果文字相不破，又是一重障碍，包括我们现在学《管子》，《管子》这一层文字相不破，那你都对不起管子。

磨砺民众走正道

凡牧民者，欲民之有耻也；欲民之有耻，则小耻不可不饰也；小耻不饰於国，而求百姓之行大耻，不可得也。

“凡牧民者，欲民之有耻也”，重点就是这个“耻”字了。人无耻就太可怕了！没法教，那就没有救了，人有羞耻之心，还可以救啊，无耻就非常非常麻烦。我们举王阳明的例子，明朝一五〇八年前后吧，距今整整五百年之前的事情。他被贬往贵州，然后，碰到强盗，随从就说，我们是王阳明先生的随从。强盗一听，这人大名鼎鼎的，我也想见一下，有问题请教。他请教王先生什么样的问题呢？你讲那些仁义道德，但是我认为做强盗的没有，我们没什么羞耻之心。

你说我们强盗有羞耻之心吗？

王先生说：有。

怎么可能！要有那个心的话，我们还会做强盗吗？

你要听话，我就能证明给你看。

好，听你的。

王阳明先生说，把衣服脱了（土匪就把上衣脱了）；把褂子脱了（光膀子了，剩条裤子了）；裤子也脱了（外裤脱了，他还有个内裤嘛），脱了，接着脱。

土匪急了：先生，这不行啊！

王阳明说：这不就是良知吗？这不就是羞耻之心吗？

王阳明的“四句教”，说人都是有良知的，强盗认为是没良知的、没羞耻的，可是最后一件衣服认为不能脱，这不就是良知吗？拦他的强盗佩服了、知道了、明白了，自己这心念当中，还有一丝羞耻之心，那就是良知！

可是现在的人啊，好多人无耻，无耻到极点！我记得我讲《论语》的时候，讲过一个例子，我希望那个例子，在世间不要再发生。到底什么例子，大家以后去看《论语》吧，我就不再重复这样的话了。总而言之，人要有羞耻之心、有敬畏之心。现在很多的女孩子没有羞耻之心，不知道什么是美、不知道什么是对、不知道什么是善。符合这三个条件的女孩子抛向社会，在目前状况下，可能有九成被心术不正的男人始乱终弃，人生不会幸福。

凡牧民者，欲民之修小礼，行小义，饰小廉，谨小耻，禁微邪，此厉民之道也。民之修小礼，行小义，饰小廉，谨小耻，禁微邪，治之本也。

做总结了，上面一连串的说法，到这一段开始进行一个全面的总结。“修小礼，行小义，饰小廉，谨小耻，禁微邪，此厉民之道也”，此处“厉民”之“厉”是通假字，应是磨砺的砺，把你磨成有用的东西，良民。“民之修小礼，行小义，饰小廉，谨小耻，禁微邪，治之本也”，管理的根本。看你的员工、部下，能不能“修小礼，行小义，饰小廉，谨小耻，禁微邪”？能，你的单位大治；不能，就是漏洞，管理的漏洞。说到这里我一下想起了一件往事，就像笑话似的，我们有个好朋友要写博士论文，跟我说打算博士论文的题目是《管子的漏洞》，我听了就哈哈大笑，一语双关嘛。研究《管子》，不是研究《管子》的各方面的优点，而是找他的漏洞，这个思路真是很好玩的。我们那个水管一旦有了漏洞，堵起来非常麻烦，修行人也怕修行有漏。什么叫修行有漏？念头上有妄念就是漏。不知道自己什么时候生妄念，是大漏。所以不怕念起，就怕觉迟嘛。有念头起来啦，马上抓住，就没有了，所以老师会形容是猫捉老鼠的状态。参禅嘛，抓啥？抓两个贼，就是王阳明说的，心中之贼和山中之贼。

全面依法治国——尊爵令行

凡牧民者，欲民之可御也；欲民之可御，则法不可不审。法者，将立朝廷者也；将立朝廷者，则爵服不可不贵也。爵服加于不义，则民贱其爵服；民贱其爵服，则人主不尊；人主不尊，则令不行矣。

“凡牧民者，欲民之可御也”，一切想要治理民众、管理国家、抚养民众、为人民服务的君主，都希望老百姓、天下人民是可以管理的。想要民众听从管理，服从管理，那么“法不可不审”。大概因为这一段话，有人把《管子》这部书列为法家，我坚决反对！理由第一天我就已经在课堂上说了，除了“经济家”，哪一家都不足以概括它，里面有儒、有道、有法，还有墨，还有这些家都没有明确提倡的《侈靡篇》，就是用消费促进生产。《侈靡篇》谈的就是用增加人民的消费，来促进生产，发展经济。明天要讲《管子》的《侈靡篇》。

我们往下看，“法者，将立朝廷者也；将立朝廷者，则爵服不可不贵也。爵服加于不义，则民贱其爵服；民贱其爵服，则人主不尊；人主不尊，则令不行矣。”给大家举个例子，杭州有个西泠印社，懂得书画的，大家都知道，那里面高手如云，而且它的那个社员选拔非常严格，能够被选进去，这个人就足以可以自负，凭书画、刻印立足于天地之间，叫有一席之地。我接待过这样的社员，言谈举止之间对自己西泠印社的资格非常非常的自豪，总是在强调，人数不多，一共就两三百名。那这什么意思？我们看一下，“爵服不可不贵也”，都不用解释什么是“爵”、什么是“服”，如果这个东西不贵重，人们会不会重视？不会。

假如说，贵重的东西“加于不义”，“不义”我们就清楚了，老百姓就不服他嘛，他没做到嘛，“则民贱其爵服”，人们就不以他为贵。你再高的级别，给了这样的人，人们还会重视他吗？就像中国的教育，好像有本事把世界上所有的教育方式都搞臭。打比方说，我们要毕业的那几年，本科生就业形势不行了，为什么不行了呢？毕业生太多了，就业市场容纳不了那么多，所以要硕士；所以大家拼命地考硕士，等我们硕士毕业的时候，说硕士又过时了，又过多了，需要博士了；然后博士开始时髦，等我们拼命地考上博士呢，最后说，博士也太多了；要回过头去看你第一学历本科从哪儿读的。这是真实的，就在我们国家发生的事情，这种学位是学术性的，可是据说培养的全都是学究，对现实不了解。开始，西方有一种MBA学位没见过，突然之间火起来了，可不得了，说这人是MBA，仿佛神明。可是过几年以后，发现我们自己培育的MBA也没好到哪儿去，所以MBA也不行了；然后又要一花枪，前面加上一个E，EMBA，而且一般人你读不了，为什么？学费十二万或几十万，等于富翁俱乐部，直接用学费就把你淘汰了，你进不去。有些人宁可借钱，也要读EMBA，他说，我不在乎学什么的东西，我要进去找人哪，那是一个人脉圈子啊！这两年，中央一声令下，突然之间，这些班的招生境遇不那么好了，有点归向于实事求是了，所以我举双手赞成。如果不治理一下，我们这些农村里出来的孩子没有出头之日，我们没有别的条件，只能努力。

百姓希望什么？希望公平、公正、公开。这代表着什么？这代表着天理、天道啊。所以你这个东西如果“加于不义”，人们就会不齿，“贱之”，以之为贱。有些人能把学位搞臭了，居然也有本事把院士也搞臭了，这真是了不得的事情……

“爵服加于不义”，现在大家都知道了，我们把“爵服”换一下，高等学位加于不义，崇高的学术荣誉加于不义，“则民贱其爵服”，所以大家都觉得院士有什么了不起的？谁知道他怎么评上去的，这不就坏了吗！它破坏的是全天下人的信心。孔子为什么杀少正卯？不都参禅吗？这是儒家之禅，有没有人去参呢？温良恭俭让的孔大圣人，怎么会杀人？而且对方也是一个有名之士，据说口才也好，他一讲课，孔子的一半弟子跑过去听了。孔子嫉妒他？那是以小人之心度君子之腹。口才再好，表达得再精彩，内容不正，“国之患也，杀之。”

“民贱其爵服，则人主不尊”，这个影响太坏了！人主，什么是人主？人间的主人，那就是君王、国王、总统、主席。“人主不尊，则令不行矣。”古代人发生的问题，今天可能还在，而且随着这一段的论述，怎么做，都已经给出思路了、给出答案了。如果你这个公司进行表彰的时候，“本年度最佳生产者”给错了，你看看，一定不平。

读历史的知道，刘邦刚刚建立汉朝，他说怎么发现这些人都嘀嘀咕咕干吗呢？有人回答说，他们都在研究造反。刘邦吓了一跳，什么意思？人家告诉他，帮您打下天下了，您迟迟也不给封个官、加个爵，让人家过些好日子，您当皇帝老子了，别人能干吗？这也是人情啊。他一听，那怎么办？人家就出主意给他，平常大家知道，立过功的，谁跟你关系最糟糕最差？刘邦说，大概我清楚。好，你把他先封侯，他一封侯，大家一看，这种人都能封侯，那我还着什么急，等着吧，一下消停了。《史记》上记载着这件事情。

“重禄赏则令行”，所以你给他奖金，给他“先进生产者”的称号，给对了，你再发话，你董事长的权威，令行禁止，人们都服你。

重禄赏则令行

法者，将用民力者也；将用民力者，则禄赏不可不重也。禄赏加于无功，则民轻其禄赏；民轻其禄赏，则上无以劝民；上无以劝民，则令不行矣。

比方说，我在这个修德谷里，给你干啊，干了一年了，年终的时候，您老人家宣布开表彰大会，说还有红包、有奖金，我打开红包一看，人民币一百块钱，心里就会想，董事长您开玩笑哪。一百块钱少不少呢？从现在的这个物价上来看，决不能算多，对吧。所以，你得衡量一下现在什么情况，假如说，我们每个人每个月两千块钱人民币，然后您大张旗鼓地说，我要重赏你，就给一百块钱，那人家就觉得您这雷声大雨点小，这种评论就会出来。如果还没等拆开看，董事长给我一个包，沉甸甸的，心中窃喜，这一年没白干。不要说这是小人之心，因为每一个人都有老人要养；当了父母的，有孩子要养；哪怕是老哥儿一个，刚毕业的，他可能还有学费的债务要还；也可能，看好了一件东西，心仪已久了，就是希望通过自己的努力能买上，这是人之常情，做老板的一定要满足。

这里面谈的是牧民，修权，然后法度，三合一。你能让员工佩服你、喜欢你、亲近你，忠心地在这里干，给的工资奖金，他都不足以维持一个体面的生活，队伍就不好带了。

“禄赏加于无功，民轻其禄赏”，尽其所能，让自己的兄弟们过上好日子，这就是牧民、养民，牧民就是养民嘛。这就是为国家做贡献，这就是奉献心、平等心，这就是学古圣先贤，学晏婴，学范仲淹，这就是学管子。他管理的一个天下，我们管理的一个单位，一个企业。

时间到了，下节课接着讲。谢谢大家！

第八讲

本讲继续解读《管子·权修》，强调审慎授官，方能保证上下通达；赏罚分明，方能防止败国；土地博大，需要精细管理；国家强大，敌国方不敢谋；还要赏罚有信，劝善振罚；取之有度，用之有止。作者与西方经济学对比讲述，让我们对“野与市争民”“乡与朝争治”有了进一步理解。

尊敬的各位同胞、各位同人：

我们接着往下分享。

审慎授官　令而能行

法者，将用民能者也；将用民能者，则授官不可不审也。授官不审，则民闲其治；民闲其治，则理不上通；理不上通，则下怨其上；下怨其上，则令不行矣。

每一句话他都提出了一个关键的应用——立法度，这一方面的立法到底要达到什么样的目的，说清楚，然后把逻辑关系交代清楚。他的目的，这方面的法者，将要用的是人民的才能。

“授官不可不审也”，审是审慎，授官就是给予官职。如果“授官”非其人，他不是有那个才能的人，担当了重要的职位，结果就是“民闲其治”。“民闲其治”我们先不用解释什么意思，先往下看他后面产生的后果，叫“理不上通”，“理不上通”的后果，做下属的会怨恨上级，怨到极致就是怨到君上、皇上、天子。产生这种后果，那你发出命令、法令不会好用，你即使发布了，在现实当中形同虚设。也就是说如果授官不审慎，搞错了对象，没有把贤能选拔出来，那大家显然是有怨恨，有撂挑子的想法。

“闲其治”，闲下来，如果品德没跟上，他不会成为圣贤的“贤人”，他会成为无事生非的“闲人”。有些人你是不能够让他闲下来的，闲下来他就有妄想，有妄想就有妄行，就有邪思、就有邪行，所以这种人最好是有事情干，有一个事情拴住他，天天努力还好一些；如果不听教、不看书，又没事儿干，大家听说过一个形容词，叫无业游民。你这治理起来，怎么治理？他四处乱窜，无事生非。无业游民加上无事生非，说，说一些不负责任的话；做，做一些不负责任的事，很麻烦。

“理不上通”，上下不通达，民情不能够很好地向上反映，上面也不知道，调查研究也看不到实情，听不到真话，以为挺好。这是什么情况？危及国家安全的情况！底下的这个真实情况如果不能被上面掌握，有没有怨言？因为制定政策他会按照自己看见的，眼睛看见的东西来制定，想让底下没有怨言那是不大可能的。

防止败国

法者，将用民之死命者也；用民之死命者，则刑罚不可不审；刑罚不审，则有辟就；有辟就，则杀不辜而赦有罪；杀不辜而赦有罪，则国不免於贼臣矣。故夫爵服贱，禄赏轻，民闲其治，贼臣首难，此谓败国之教也。

刑罚必须做到赏罚分明，这法一定要明，如果让犯了罪的人逍遥法外，没犯罪的人反而受到惩罚，叫“杀不辜而赦有罪，则国不免於贼臣”。什么是“贼”？我们再回想一下孙思邈所用的那个词汇“含灵巨贼”，就知道了，“贼臣”这国家不会好的。同样啊，你把国换成公司，你那个公司“不免于贼员工”，就坏了，不怕贼偷怕贼惦记着。然后你把国换成自己单位的某部，你这单位“不免于贼同事”，也就是说身边出了贼，他要偷什么你不知道，什么时候偷你也不知道，早晚会出现麻烦事。

“故夫爵服贱，禄赏轻，民闲其治，贼臣首难，此谓败国之教也。”又是一次对上面的总结，对这几种情况进行总结，出现这种情况，“败国之教”。他为什么说“败国之教”，而不说“败国之法呢”？法律也是教化的一种方式，只不过它由那种温润的教化、规劝变成了强行的规定。

修权之论

万乘之国，兵不可以无主；土地博大，野不可以无吏；百姓殷众，官不可以无长；操民之命，朝不可以无政。

提出几个关键性的指标，一乘（shèng）在古代，至少是四匹马拉一车，那万乘，马得多少匹？这就是大国的意思。对于这样的一个大国，它的军队不可以无主，这个特别关键哪！他突然为什么这样讲？因为讲修权嘛，如何把这个国家的权力、权柄、权威树立好，以前讲的这几条全都是树立权威，有权威的人才能令行禁止。所以，论了老半天，都是谈论如何树立一个权威，政令畅通，要解决这个问题。那“兵不可以无主”好像说废话，这还用你说吗？“匹夫不可夺志”，这里说的意思好像是“三军不可夺帅”。

“土地博大”，我们通常形容中国地大物博。原野之上，农地之上，不可以无吏，就一定是要有主管农事的官员来督查，防止有些人做懒汉，不劳动，投机取巧。因为会让那些铲地铲十根儿垄的人感觉到很不公平，他一垄都没铲，然后他说他铲得比那铲十垄的人劳动还要多，谎报劳动量、工作量。

“百姓殷众，官不可以无长”，人口众多，当官的也多，但当官的还是要有人管理他们。他说的这几种都是比较大的情况，万乘之国，土地博大，百姓众多，人口众多，一定要有主心骨，否则是一盘散沙。强调组织、强调纪律、强调权威——修权。

“操民之命，朝不可以无政”，简称就是“朝政”嘛，因为你把持着、操持着全天下民众的生路。说来说去，觉得这有什么意思？哪一个朝廷无政？哪一个军队无主？好像说的是谁都能懂，你不说也存在的事情。但这句话要有实践工作经验的人来理解，有过实际管理经验的人，你才会知道，你只要放松管理，就会出问题。一旦出了问题，新闻一报道出来，大家才突然感觉到很震惊。这个电梯以前没人修哇？没人管理吗？它怎么就能把活人吃进去了？而且底下工作人员都知道那是待修的，为什么没提出警告？（当时正是新闻报道有人被电梯卡住丧命的事情）就是种种漏洞在生活当中司空见惯。提出来，必须要重视！朝中不可一日无主。

地博而国贫者，野不辟也；民众而兵弱者，民无取也。故末产不禁，则野不辟；赏罚不信，则民无取。野不辟，民无取，外不可以应敌，内不可以固守。故曰：有万乘之号，而无千乘之用，而求权之无轻，不可得也。

如果土地广博，但是国家贫困，这我们好像是经历过那个时期。什么原因呢？他说“野不辟也”。你肯定是有一些能够利用的资源没利用，古代只能说田野没开发，我们现在只能说你所有的资源没有充足地利用。

“民众”就是人口众多，但是军队战斗力非常弱，“民无取也”。这个“取”呢，有的版本说是通假字，是耻辱的耻，说人无羞耻之心，才会导致尽管人口多但是你的军队很羸弱，没战斗力。怎么解释呢？就是没有以军功为光荣，打败就打败了，逃脱就逃脱了，打不过就投降，不会说为国捐躯，战斗到底，誓死保卫家乡，保卫国土，没有这种可以为了守土而战死的想法。但我也试着按照就是“取”字去理解，能不能解释得通呢？似乎也可以。人口众多的情况下，为什么兵力弱？“民无取”，就是“无取民”，没有很好地把人调动起来，实际上在民间隐藏着很大的战斗力，你只不过是没调动好，叫“取”。两种说法，大家可以自己选择。而且以后读其他的经典也可以试一下这种方法，就是有的注解说是通假字，那你就把它放进来，看看是不是解释得通，如果解释得很通畅，那就是没问题；然后你看字面的这个字，能不能有另外的解释，查一查《辞源》《辞海》古文字的解释，看看有没有一种能够解释得通；实在不行，用自己的体悟，然后看到他那个境界，再找跟他同时代智慧差不多的人的经典去参考，当然这个费的功夫就多了，我们提出的方法叫“以经解经”，需要有时间。大家修的时间长了，就会越来越有时间去读经典，越来越有时间去在山水之间诵读经典，那是大福报；而不是纠缠于世俗之间，焦头烂额。

“故末产不禁，则野不辟；赏罚不信，则民无取。”在当时那个时代，第一产业指的是农业，末产指的是商业，商人所做的事为商业。就是武王灭商以后，有一些商代的臣民、子民，他们对于新朝的建立，属于前朝遗民，被一部分人歧视，可能没有土地，改朝换代了，巨大的变化，怎么办？做小买卖搞贸易吧，从不同的土地不同的物产，通货，进行贸易，逐利，满足自己的生活，被称为“末”，不是“本”，而且被人看不起。如果你不能够对商业进行限制，人们就会发现好像是这种赚钱的方式，比通过农业生产来得快、来得轻松，那我们费那么大劲赚钱还不多，还是搞商业吧，这样土地就荒芜了。所以“末产不禁，则野不辟”。

“赏罚不信，则民无取”，或“民无耻”，田野要开辟，民众有可取之处？还是说民无羞耻之心？田野不开辟，财富也生产不出来，人们都从事末业，在当时的这种看法。而且人民没有那种精神、没战斗力，对外不可应敌，对内不可以固守，想对外打，没战斗力怎么打？国家内政能不能安稳呢？不一定。

“故曰：有万乘之号，而无千乘之用，而求权之无轻，不可得也。”整篇题目叫《修权》，前面大量的篇幅讲的是牧民，讲的是法。这里面有一个结论性的，你即使号称万乘之国，但是十分之一都没精选出来，万乘里面用千乘就是十分之一，十个男人当中选一个就是士子嘛，这都做不到，然后求权威不被轻视，“权之无轻，不可得也”，做不到。一定要做到什么呢？把你单位里面最有杰出才能的人发掘出来，不要埋没了。所以古代经常发生什么事情呢？能人一跑，识相的人马上就追！像萧何月下追韩信，把他追回来；鲍叔牙呢，跑到鲁国去把管仲要回来，不能够为其他国所用，鲁国的大臣就说，不能给他，谁得到他谁会称霸天下，鲁国之忧。

如果你自己的单位里面有才能的人——通常啊，有才能的人有一些臭毛病，甚至是让领导不舒服的臭毛病，有才就容易恃才傲物——我们讲包容，您包容他一下，包容他的臭毛病，用他的才能，把他成就了，你自己事业也成就了。别人一看，你什么样的才能都能用，那说明你是明主，聚集的人群会越来越多。小的时候听小说，你看一下，《三国演义》里面这些所谓能人，从这个营跑到那个营，为啥呢？说那个地方待遇好一点，主公礼贤下士。现在人完全是一样的，这种事情从古到今，天天发生（模拟对话）：

你在这儿赚多少钱？

一个月两千。

你到我这儿来吧。

你给多少？

起码两千五吧。

那不行啊，我老板对我不错，我们同事处得也挺好，你那员工我不了解。

嫌少，是吧？

哎，不会，怎么可能呢！

我给你三千。

让我考虑考虑。

四千。

行，你这么爽快！去吧。（众笑）

曾经有人做过试验，什么样的试验呢？是我从一本书上还是网上看来的，不记得了，我觉得有道理。所以我曾经问，不管男女，就是异性，这个人有钱，说你陪他一晚上，干不干？可能你碰到的是正人君子，也可能是小人，可能这一晚上安然睡觉，也可能有意想不到的恶心事儿。一万块钱？不干！十万？不干！一百万？考虑考虑。真的呀！大家知道吗？这是我实验出来的结果。一百万，一大堆现金，这是十年前的问话，一百万在大连可以轻松地买一套房子，就是可以安家了，在一个城市可以安家了。有些人确实想，那无非就是一晚上吧，尽管有不确定性，认了！我就知道“有钱能使鬼推磨”在现实中有市场。但是也有另外的一个朋友，一百万？不！一千万？不！一个亿？我说我不出价了，你没诚意！你想都不想，你这就直接不！不！你知不知道一个亿什么概念？从你出生的那一刻开始，一秒钟给你一块钱，你这一辈子都不一定能拿到头。一个亿是很大的数字！啥意思呢？当你“利”出得足够高，就有人宁可死也要行险以侥幸。那对于国家来讲，所谓“重赏之下必有勇夫”，当年刺杀秦始皇，就用重金求勇士嘛，现在也是这样啊，出高价来解决问题。但是总有一些东西还是钱解决不了的，但目前我们观察的，大部分的问题，有财富还是能够解决。

自强则敌不敢谋

地辟而国贫者，舟车饰、台榭广也，赏罚信而兵弱者，轻用众、使民劳也。舟车饰、台榭广，则赋敛厚矣；轻用众、使民劳，则民力竭矣。赋敛厚，则下怨上矣；民力竭，则令不行矣。下怨上，令不行，而求敌之勿谋己，不可得也。

土地都开辟了国家还贫穷，什么原因？他的答案是太奢侈了。你把你乘的船、坐的车豪华装修，居住的台榭无限扩大。广厦千间夜眠不过八尺，然后你修一个宫殿，弄一个别墅，一家三口人住两千平方米的别墅，想找个人都找不着。开辟是开辟了，国家会贫穷的。把这个国换成家，一个样。所以福德不够，不要住大房子，因为你气场没那么大，福德没那么大，又不做好事，又不看经典，不天天地日积月累福德，绝对出问题；反而小房子安全一点。

“赏罚信而兵弱者”，这又是什么关系？政令，赏罚分明，都做到了，军队的战斗力仍然很弱，他给的答案是“轻用众，使民劳也”。非常轻率地就发起一次动用大众力量的工程，使大家处于疲劳的状态，简单地说就是这样。就是不管三七二十一，也没慎重研究，说干就干，没看看天时是不是扰农时，此即“轻用众”。假如说我们现在正在这儿上课，也没研究清楚，兴师动众地说请大家突然下楼去搬白菜，大家一想，太草率了吧？

“舟车饰、台榭广，则赋敛厚矣”，这是指领导人、君王、董事长、一把手，坐奥迪，办公室装修豪华，“赋敛厚”，你要的就多，这是对君主讲的，所以涉及税收，用度那么多，肯定要向民间征收。而且，你敢这样干，州官就敢加码，县官还敢加码，到最基层就是民不聊生。

大家知道我们为什么取消农业税吗？只要征收，对农民来讲，就是很大程度上有糊涂账在，巧立名目，然后底下人还反映不上去。所以中央下令不征农业税了，全国人民都知道不征了，地方上就没有理由征吧？征的时候呢，那农民也不经常有机会去看，说哪些是我该交的，哪些是不该交的，有些人就浑水摸鱼嘛，就强令你交，最后变成糊涂账。为了清理这样的事情，那国家还得加大监察力度，整个社会运行的成本急剧上升。所以当我们有钱了，政府财力增加了，解除农民的负担，尽管有争议，一声令下，农业税一免除，就彻底免了农村那些巧立名目、欺上瞒下征收、中饱私囊的情况。

汉文帝之所以能够感得天下归心，就是因为他不饰舟车，不广台榭，二十三年的皇帝过得非常简朴、拮据、内敛，感得天下归心。他那个“赋敛”薄到什么程度？一开始就征一半，后来干脆不征了。不纳税的人不感恩哪？那么大一块儿实实在在的利益，真金白银，居然省下来，可以归自己了，那真是万民称庆啊！

“轻用众，使民劳，则民力竭矣”，我们就不用说“轻用众”吧，你就是在一个公司里面，很轻率地，分配一个任务，给部下去弄吧，一天两天可以，你把这员工使唤得精疲力竭，最后向你请病假，谁的责任？领导人没责任吗？

“赋敛厚，则下怨上矣”，这显然的嘛，“民力竭，则令不行矣。”想行他行不动了，自然会停板。

“下怨上，令不行，而求敌之勿谋己，不可得也。”你这个国家本身还挺富裕的、还挺大的，被人看作一块肥肉，结果不内修内政，让人感觉到，说他们下面的人民怨恨他的君主，不愿意为他卖力，这对对方来讲，你给他凑上了一个天时、地利、人和的因素。你自己不行，他那头只要兵强马壮，一判断实力，说可以用兵。就像范蠡评价越国和吴国之间的军事力量对比，人心的对比，最后一判断完全可以战胜，发兵吧，一举灭了吴国，总共花了二十二年的时间。

远至而民一

欲为天下者，必重用其国；欲为其国者，必重用其民；欲为其民者，必重尽其民力。无以畜之，则往而不可止也；无以牧之，则处而不可使也。远人至而不去，则有以畜之也；民众而可一，则有以牧之也。

“欲为天下者，必重用其国；欲为其国者，必重用其民；欲为其民者，必重尽其民力。”这种话的行文方式是不是非常像曾子的《大学》？欲修其身怎么样，欲治其国怎么样，欲平天下怎么样。所以读了《管子》我们就会知道，原来我们奉为宗师的那些圣贤们的著作，都是有来源可考的，大家都是传统文化的学习者、传承者和实践者。

想要治理天下的人，那当然指君主了，“必重用其国”，这个重，可以解释成慎重，治理天下你要对各个诸侯国要慎重，不能轻举妄动。

整个周朝的转折点，历史分界点，西周和东周怎么造成的？周幽王，大家听说过，被一个叫褒姒的女孩子迷住了，褒姒，是个冷美人，不笑。然后这幽王就贱骨头，这男人要贱骨头吧，就没办法，无可救药，他就想逗褒姒一乐。想尽办法，摔杯子不行，打人不行，扯了一圈儿淡，她都不笑。后来呢，终于笑了，怎么样笑呢？烽火戏诸侯。这是军国大事啊，视同儿戏，他能不死吗？能不亡国吗？能不灭身吗？那个时候烽火燃起来就是说明有战事了。天子能够随便地发言吗？天子能够随便地行动吗？结果点起烽烟，那诸侯一看，周天子有难，那还得了，赶紧发兵来援救。到山脚下一看，啥事没有，他领着妃子在那儿玩儿呢，白跑一趟。就像喊“狼来了”一样，就像那小孩儿玩儿的，这完全是《狼来了》那个故事的一个真实的翻版。一看到这些人兴师动众地来到这里，白跑一趟，这个妃子笑了一下。这一笑不说亡国吧也差不多了！对他来讲是灭身哪，为犬戎所杀，完蛋了。真有问题的时候，人家不来了。就造成了有西周向东周的转换，最后国都都换了，搬到洛阳，周平王又开始了新的一段周朝的历史。周幽王他的教训就是不想“为天下”，“轻用其国”，一点都不慎重。

我们把这个“国”字换成自己的部门，你做老总的，“今晚你给我加班！”大半夜的自己喝多了，就为了显示一下自己的权威，“都给我过来！”真有其事啊，可别以为这是开玩笑。人家有的是在酒桌上会朋友呢，有的是在家里面陪老人或陪孩子的，突然老板下命令有紧急事务回公司开会，安慰一下媳妇说我得赶紧去加班，到那儿一看，啥事儿啊？打牌！一次两次行啊，时间长了人觉得你这家伙没正事儿，就走了。人一走相当于人气散了，没人气哪有财气？《大学》里面说的“有德此有人，有人此有土，有土此有财，有财此有用”。所以不重视、不审慎，不会有好结果。

“欲为其国者，必重用其民；欲为其民者，必重尽其民力。”就是爱惜他的力量，他累了，你要充分地让他休息；他贫困，你要让他吃得饱、穿得暖，而且还有一点富余，去照顾老人，抚养孩子。我们现在带领一拨人建好一个公司、一个单位就是为天下做贡献，因为那就是你的天下，你就管天下这点事儿，你把它做圆满了，你的天下就已经圆满了。每一个人按照自己的福德能力把自己的天下做圆满，就在自己的本位上，不用跑到外面去瞎折腾。

“无以畜之，则往而不可止也；无以牧之，则处而不可使也。”你没有什么东西让人留下来，畜是储畜嘛，留下来，那么人民就会移民，往嘛，就不在你这个国家待了。现在财政学上有一个概念叫“以足投票”，你这个城市雾霾太重，我要搬迁到一个风景秀丽、空气新鲜的城市去，叫“往而不可止也”。你没有什么他值得留恋的，叫“无以畜之”，没有什么让他能感觉到留恋的，那人家就走了，而且你止不住。你没有什么可以供养他的，即使他在你这里驻扎着，居住着，叫“处而不可使也”，你都不能够命令他，不能够使他，不能够发挥他的民力。我们把这个国家换成单位，以公司来论，因为据说咱们课堂上，来的很多公司的董事长、总经理、领导，如果您这个单位“无以畜之”，那你的员工“往而不可止”，就是这个道理；“无以牧之”，您单位的员工尤其是能人，“处而不可使也”，尽管还在你的单位里面，他不发挥作用——徐庶进曹营，一言不发。他的才能你使不上，不能变成您公司的核心竞争力，没有用。

“远人至而不去，则有以畜之也”，别的地方的人才听说这个老板有德行，干正事儿，有仁心、有魄力，大老远地赶来了，而且还不愿意离去。那你这个公司叫“有以畜之”，越来越大。而且人众多的情况下还可以统一，就是令行禁止，整个公司劲儿往一处使，利润会不会产生？公司会不会正向地发展？那利润是不是在增加？利润增加了你分给大家的财富、奖金是不是就多了？“有以牧之”。治理国家、管理公司，宏观和微观完全一个道理。

赏罚有信　劝善震罚

见其可也，喜之有徵；见其不可也，恶之有刑。赏罚信於其所见，虽其所不见，其敢为之乎？见其可也，喜之无徵；见其不可也，恶之无刑。赏罚不信於其所见，而求其所不见之为之化，不可得也。

赏罚有信，人人争着为善事，做好事，人人争先进，人人礼让，进入良性循环。表扬他一定要“喜之有徵”，“徵”就是证据的证，就那个意思。“见其不可也，恶之有刑”，表现出来，摆在明面上。“赏罚信於其所见，虽其所不见”，有一些尽管没有实际例子，他就敢做吗？不会的。

“见其可也，喜之无徵；见其不可也，恶之无刑。赏罚不信於其所见，而求其所不见之为之化，不可得也。”当你处理这个公司，值得欣喜的事情老板没啥表示，我做好做坏一个样；他在那儿偷懒你也没看见，也不批评。哎呀，这个地方待着郁闷，能偷懒就偷懒一下吧，往后的事情大家就都理解了。

厚爱利足以亲之，明智礼足以教之，上身服以先之，审度量以闲之，乡置师以说道之。然后申之以宪令，劝之以庆赏，振之以刑罚。故百姓皆说为善，则暴乱之行无由至矣。

“厚爱利足以亲之，明智礼足以教之”，这个人哪，不但爱利，是“厚爱利”，就是特别喜欢钱，就见了人民币开心，老板您别给我玩虚的，我就需要钱，这种人“足以亲之”。天下能用钱解决的事情，人们都认为是最好解决的事情，尤其是对有钱的老板来说。他就怕碰到一些钱解决不了的事情，儿子孝顺哪，女儿是不是听话呀，夫妻是不是和睦哇，自己的老太太是不是按照自己喜欢的方式去生活呀，要不他想尽孝，都找不着自己可以掌握的方式方法，所以亲人之间不太容易处理。但是你碰到一个，这人就喜欢财物，那很容易，满足他，很容易就变成“亲之”。对于另外的一种人，他是属于明人，明白之人，有智慧、懂礼貌，有仁德、讲仁义，孺子可教，“足以教之”。因为人家本身就已经知道什么是对的，什么是正确的。

“上身服以先之，审度量以闲之，乡置师以说道之。”这个“说道之”的说（shuō），可以通假为shuì，《触龙说（shuì）赵太后》就是劝勉的意思。“道”可以做“导”，劝勉、导引。做领导的要身先士卒，把该规定的制度、法令、火候掌握好，别动不动地就劳动他人，让别人也能够感觉到安闲。设置一些，推荐一些好的老师劝导、劝化，然后让他明白国家的法令，申明法令。做对了给他开庆功会，发一个大红包；做错了，要提出警诫，“振之以刑罚”。

某公司的董事长，大家可能听说过，跟南先生学习的，他的公司员工犯了错误他自己处理，怎么处理呢？发配到五台山修行去，必须去！好像最近就有一个高管已经在五台山那儿了。根据你犯错误的轻重程度，决定是在五台山六个月还是一年，最近这个好像是一年。在那里受教化，教化回来还让你回公司。

以前有一位师父，大家可能听说过这个故事，他是方丈，有一个弟子犯了错误，大家都认为需要把他赶出寺院，不要在这里面影响大家的声誉和修行。但是老和尚不同意，那其他人集体抗议，我们全离开，老和尚说你们全走我也要把他留下。有些弟子就不理解了，我们跟您这么多年，没功劳有苦劳，我们全体这些弟子还不如他一个人吗？闹情绪闹意见。老和尚讲：我知道你们不在我这里，换一个地方你们还会认真地修行，在哪儿你们都能成就，所以我根本不担心你们；但是他这样的人如果被扫地出门，天下没有人愿意接收他，他没出路了，所以我陪他。结果感化所有的弟子留下来，也感化了那个犯错误的弟子。包容是一剂良药，但包容需要胸怀。有人说男人的胸怀是委屈撑大的，女人也一样，是人都一样。能包容，是不容易的，那是真慈悲、真智慧。

“故百姓皆说（yuè）为善”，通假字，也就是说大家都心悦诚服地我要做好事，我要做好人，“则暴乱之行无由至矣”，哪还有什么暴乱？！这对我们当下某些国家面临的情况有没有借鉴意义？以暴制暴，只能暴乱升级。

取之有度　用之有止

地之生财有时，民之用力有倦，而人君之欲无穷。以有时与有倦，养无穷之君，而度量不生於其间，则上下相疾也。是以臣有杀其君，子有杀其父者矣。故取於民有度，用之有止，国虽小必安；取於民无度，用之不止，国虽大必危。

这些话不是说两千七百年前的事情，我认为跟《黄帝内经》里面“今时之人不然也，以酒为浆，以妄为常，醉以入房，以欲竭其精……”是一样的，形容的就是我们当下的社会。你欲望无穷，可资源有限。我们少谷主那天说了，这是她到西方去学经济学首先就接触的概念，西方的经济学就起源于这样的现实假设：人的欲望是无穷的，而资源是有限的，所以经济学出场了。

“上下相疾”，跟“怨”差不多，好像比“怨”严重一点。“是以臣有杀其君，子有杀其父者矣”，人间惨剧就出现了。那春秋战国一部乱史，在管子那个时候就已经看到了这种情况，做臣子的把自己的君王杀掉，这好像还不那么触动大家的神经。子女杀父母，古代的用字要注意，“子”，它未必就是男子，男子、女子是平等的，都是“子”，“子有杀其父母者”，大逆不道啊！

“故取於民有度，用之有止，国虽小必安。”“取於民有度”就是收税，用民力，知道一个度，“有止”。国家虽然小，但是，一定会安然存在。

“取於民无度，用之不止，国再大必危。”看中国历史甚至世界历史，这是一条规律性的东西，没有例外的。你公司现在再强盛，你违反这一条，公司虽大必危；你做得对了，公司虽小必安。自己的家也是，做错了，家业虽大必危；做对了，家业虽小必安。要知止，要知中道，把握好那个度，量力而行，我们只能承担我们自己能够承担的任务，我们只能管理好我们自己。

激励制度

地之不辟者，非吾地也；民之不牧者，非吾民也。

凡牧民者，以其所积者食之，不可不审也。其积多者其食多，其积寡者其食寡，无积者不食。或有积而不食者，则民离上；有积多而食寡者，则民不力；有积寡而食多者，则民多诈；有无积而徒食者，则民偷幸；故离上、不力、多诈、偷幸，举事不成，应敌不用。故曰：察能授官，班禄赐予，使民之机也。

“地之不辟者，非吾地也；民之不牧者，非吾民也。”“财之不花者，非吾钱也。”花出去的才是你自己的，没花出去的属于水、火、王、贼、亲，到底谁花都不一定呢。财富就是这样，所以花出去，如何花，检验真实修行和智慧。国土虽大，没有开辟出来，相当于是说不是你的土地，它没意义。这个书，“书之不读者，非吾书也。”以此类推，这是语言公式，贯通了，大家就把它打开。“话之不说者，非吾话也。”

“凡牧民者，以其所积者食之，不可不审也。其积多者其食多，其积寡者其食寡，无积者不食。”“食”读成四声、去声，表示动词，喂的意思、给的意思。因为牧民指的是国君、领导人、董事长，你自己积财，积得多，有所积，你才能够有东西给人。但是怎么给这件事，“不可不审也”，给错了，人拿到你给的东西还埋怨你。这里面讲，你自己积得多，那么你可能会给得多；积得少，给得少；没有积攒的，你就不要硬给、硬来。

“或有积而不食者”，你积攒下财富不分给员工、部下、老百姓，“则民离上”。《大学》里面有一句话，是不是想起来了，“是故财聚则民散”。

“有积多而食寡者”，你这一年年底收入一百万，发给员工一人一百块钱，“则民不力”。

“有积寡而食多者，则民多诈。”这个就要注意了，今年赶上危机，利润很薄，整个公司呢，按照向市场公布的财务报表显示，利润减少了六到七成，我说的是真的。苏州的某一个公司，你看看它现在的财务报表，利润减少了六七成，今年到现在纯利润才一千多万，在这种情况下，他不亏还有纯利，很不容易。但纯利少了大半，叫“积寡”。但是分得多，给出去的多，“则民多诈”这什么意思？它为什么要诈？诈，就不是真的，它道理在哪儿？

我们先往下看，“有无积而徒食者，则民偷幸。”按照我现在浅薄的理解，就是你自己没有积财那么多，甚至都没有，强行地给出去，这是违反中道的，不符合实际情况会导致别人诈巧。为了多得，他可能根本就不考虑你的死活和感受，这也是社会上真实发生的情况。

“故离上、不力、多诈、偷幸”，结果就是“举事不成，应敌不用”，民心不凝聚，也就一句话说，道德不具备，凝聚力没有，你想做事，想应对敌人，都不可能形成合力。

“故曰：察能授官”，考查你真实的才能，分配给你任务，授予你官职。“班禄赐予，使民之机也”，“班”是判别、分别他自己的情况，按照他真实的贡献来赐予俸禄、条件。这是动用民力、调用民力和使用民力的秘诀，“机”，是秘诀，或者是关键。

农业与市场　私人与国企

野与市争民，家与府争货，金与粟争贵，乡与朝争治。故野不积草，农事先也；府不积货，藏於民也；市不成肆，家用足也；朝不合众，乡分治也。故野不积草，府不积货，市不成肆，朝不合众，治之至也。

学过西方市场经济学的，这里面可能就感觉到好像是怎么那么亲切呀，亚当·斯密说的农业和工业争劳动力，就是“野与市争民”，农村和城市争劳动力。随着城镇化、工业化，农村劳力转入城市，叫农民工是吧？有这个词，一个庞大的队伍。“家与府争货”，家，私人企业，府，官府，争什么呢？货就是财富，国营和私营在市场上争财力；黄金与米、谷物“争贵”。到底谁贵？它俩是一对儿反向的关系，按照这里面的说法，就是货币要贵的话，谷物就贱；谷物要贵了的话，货币衡量相对就贱，它俩是一对儿。“乡与朝争治”，乡，你理解成地方，朝，理解成中央，地方和中央争的是治理权限。

在我们财政学里面就我读的那个西方经济学专业，有一个长久不衰的老议题——中央与地方财政关系研究。现在还都在研究，财权与事权的搭配，赋予地方多少事权，财权不匹配，地方积极性受打压，你让我干那么多活没给我那么多钱哪！所以他不干。所以就吵，吵到最后，国地税分开，中央政府的税收不用你们操心，成立国家税务局我自己收，你地方政府地方税务局收的归你。一声令下，国地税分开。正好我们1993年进入大学时感受到的是热烈的讨论气氛，有人支持，有人反对。

国地税分家不好吗？它当时真的解决了中央政府财力收不上来的问题，但是运行了二十多年了又出现了新的问题，有些人就认为是国地税分家造成的；我认为不是，是教育出了问题、是思路出了问题、是人出了问题。就是根本问题没解决，老是在表象上是合呀，是分哪，在这上面争，其实不是。

当时的那个体制，我们老师给我们讲国家预算体制，那好像是只能采取那种方法才能满足中央政府的财力，来解决集中财力做一些大事情的目标；否则的话你就是天天谈判，各省跟财政部之间、预算司之间这种沟通，计划分配，你吵去吧，很难达到一致，达到协调，达到各方都满意。不要轻易地以为自己的智慧就好像是比国家领导人还高，很多人我觉得很可笑、很可爱，自视太高。

中央与地方“争治”，这个“争治”就说明在管理上有问题，不顺。所以下面的结论叫作“故野不积草，农事先也”，到田野里面去看，全是禾苗，没有杂草，就说明把农事摆在第一位了，这个地开辟出来了。这个经验我是有的，因为从吉林我妈妈家那里，开车往东两三里路，就进入这样的场景，道两旁是不是庄稼，一望即知。

“府不积货，藏于民也”，官府、朝廷、政府它不积财，藏富于民。市场上那些小店铺不成肆，不连排，这是古代的看法，让我们今天一看，那多凋敝呀，连个店铺都没有，但是呢，它叫“家用足也”，我自己家自给自足，不需要到外面去交换。我自己有块地种麦子、种大米，然后我自己加工，不会往里面添荧光剂；油，我自己榨，不会炼地沟油；我自己弄的辣椒是真实的辣椒，不会有苏丹红；我家里面那些鸡、鸭、鹅下的蛋那都是不说双黄蛋吧，全是自然的……所有的东西对于现在这个社会来讲都叫“奢侈品”，因为你买不到！

“家用足也”，整个自己一套循环，然后利用沼气，粪肥有了，电灯有了，太阳能热水器……所以现在的农村，有些地方那是“神仙日子”！最关键是在吃的上，相对于城市的人来说，神仙的日子，我现在特别想恢复神仙的日子，可是想吃一个可靠的西红柿都很难找到。

“朝不合众，乡分治也”，朝廷，中央政府不采用计划经济的方式把大家控制得特别严，大家分治嘛，自己就管理好自己了。想想这是什么智慧？如果说乡里面的指标都需要用中央下指标去控制，你这个乡里分多少块手表、多少辆自行车、分你多少粮票……是不是经历过那样的日子？布票、粮票中央统一划拨，可麻烦了！现在呢，不用管，我们大家自己合理合法地在市场上通过自己的经营拿得自己的财富，换得自己想要的，进行正常的交易。所以“朝不合众，乡分治也”，这么简单的一句话，把计划经济与市场经济吵得一塌糊涂的东西，我认为说清楚了。

“故野不积草，府不积货，市不成肆，朝不合众，治之至也。”这四个方面都做到了，天下大治。我们今天的情况稍微复杂一点，但是这个基本的精神可以应用到当下社会国家的经济管理中。

审好恶　观交游

人情不二，故民情可得而御也。审其所好恶，则其长短可知也；

观其交游，则其贤不肖可察也；二者不失，则民能可得而官也。

人情不二啊！“故民情可得而御也”，好像丢了字，我认为是不是“故审民情、或察民情、或明民情、或通民情可得而御也”。后面说“审其所好恶”，能解释这个意思吧？“则其长短可知也；观其交游，则其贤不肖可察也”。《论语》上老夫子说：“视其所以，观其所由，察其所安，人焉廋哉！”你往哪里藏啊？被人一眼望穿。“视察”，一开始呢，我以为是从老夫子那里来的，现在这个视察、观察，哦，还是管子早一点说了这句话。“观其交游则其贤不肖可察也”不就是“观察”嘛。我们党有几个周刊，其中一个《瞭望》，“望”的是什么？《半月谈》，“谈”的是什么？《求是》，“是”是什么？都在传统文化里面包含着，大家日用而不知而已。就像我们，你一天没有读过《论语》《道德经》，平常所做的事、说的话、思考事情的方式已经多多少少地体现着，这是文化的力量、传承的力量。

“二者不失，则民能可得而官也”，哪二者？就是上面提到的嘛，“审其所好”“观其交游”，做到了，他的才能你就得到了，你可以授予他官位，让他去做这个事情，叫审好恶、观交游。这个可不是我们单单讲《管子》，就是讲给各位领导的，你考查你自己的员工、部属，就是要审好恶、观交游。了解一下他八小时以外的时间都花哪儿去了，你就知道他是什么人。一考查，打麻将打到后半夜，那你说真勤奋，表彰你一下（反语）；一看他交游的那些人，文个青啊，打个鼻孔啊、耳钉啊，钻个洞啊，头发染成红色、绿色呀，那你大体上就知道，哦，他是属于那样的；还有一些人，一看没事呢，到修德谷去听两天课，哦，与我同好，可以亲之，那就很亲切了（笑）。所以看人要看主要方面，要抓主要矛盾的主要方面。

抓主要矛盾的主要方面

地之守在城，城之守在兵，兵之守在人，人之守在粟。故地不辟，则城不固。有身不治，奚待於人？有人不治，奚待於家？有家不治，奚待於乡？有乡不治，奚待於国？有国不治，奚待於天下？

人是铁，饭是钢，一顿不吃饿得慌，没有粟，这人没力量了，人没力量，他当兵守什么守？这城不攻自破。

所以人之守在什么？吃的。“故地不辟，则城不固。”这一点放在这里面好像没有特别强的逻辑关系。我们往下看，“有身不治，奚待於人？”这个治呢，我们想象一下《大学》里面的修身，能不能换成“有身不修，奚待於人”？好像差不多，修身和治理意思相近。“有人不治，奚待於家？”越说越像，修身齐家嘛。“有人不治，奚待於家？有家不治，奚待于乡？有乡不治，奚待于国？有国不治，奚待於天下？”“修身、齐家、治国、平天下”，但是大家不要从此对曾子有了不合适的看法，这段话它的语境太熟悉了，读起来也太顺畅了，这就不用解释了，耳熟能详。只要把修、齐、治、平一换，这意思有什么区别？就表达不同吧。

天下者，国之本也；国者，乡之本也；乡者，家之本也；家者，人之本也；人者，身之本也；身者，治之本也。故上不好本事，则末产不禁；末产不禁，则民缓於时事而轻地利；轻地利而求田野之辟、

仓廪之实，不可得也。

李勉先生说，这话不通，说反了，应该调过来——国是天下之本，乡是国之本，家是乡之本，人是家之本，那身是人之本。我们现在一提朝代，比如说周朝，指的是周天子那个概念对吧？包含了底下的诸侯国。然后，根呢？一个爸爸、好多孩子，加上一起打天下的功臣，分封到各地为王，建立了各个诸侯国。所以天下有了国，国里面有了邦还是乡，乡里面有家，家里面才有人。从这个角度说它有没有道理？就是根，我这棵大树（北京总行）长出了好几个分枝，分枝里面又有派出机构叫储蓄所，就不叫分行了，你大连的分行要归北京总行管。谁是根本？它这个本我们可不可以理解成根儿？是有道理吧。那你这分支机构的本在哪里呢？在总公司，所以我认为并不一定真的就说反了。我们说国家国家，没有国哪有家？有国我们才能有一个安稳的家。从构成上来讲，那当然了，没有一个个的家，你给分解了，国当然没有了。可是如果没有国呢？想想现在叙利亚那些难民，国将不国哪有家？他们的本在哪里？只好亡命天涯，还有可能溺死在大海。

天下太平，国之根本；国家兵强马壮，乡和谐的根本；镇与乡物富民丰，是我家能够过小康的根本；我家里有小康，是我这个人能长成人的根本，我能够有机会吃、穿、受教育；我这个人，是身之本也。这个道理太深邃了！管仲是不是提前悟到了些什么，什么是人哪？他没有说这个身是人，这里面太明显了，人跟身分开了。谁指挥着我们这个身、这个肉做的机器？找那个东西。找到了吗？说灵魂、心、神识，不管怎么形容，有那么一个无形的东西操控着我们这个肉做的机器。就像我打比方说，你开车违反了交通规则，警察找谁算账？他上去对这个车踹两脚，把这个车绑起来塞监狱去？或者惩罚一下，让这个车交两百块钱的违章费？很荒谬的说法吧？他要找那个开车人哪，驾驶员。那我们这个人犯错了、做错事儿了，找谁？你说就找你这个人。那同样的道理，你这个人只是个肉做的机器而已，谁下命令他做错事情？“主明则下安”，找那个做主的。那个做主的在哪儿呢？麻烦就麻烦在车跟人可以分离，现在人跟你的身体不能分离。所以你要惩罚人，身跟着受罪，是这个道理吧？所以“身”非常冤枉！我们的身体非常冤枉！只有修道之人，身体才不冤枉；明道之人、积德之人身体才不冤枉，它才呈现出一个正常被运转的状态。

四大界需要分清，难道人和身就不需要分清了？你要为自己身体的不健康负全部的责任，不要埋怨说什么上天不公，说这句话大损福德！所以可怜，“至可怜悯者，众生也！”你不明白，说的、想的、做的全错了，损得非常快。

“身者，治之本也”，这下子归到根儿上了，找人找不着，没有形啊，只好找他的身。没办法，你把他的身拘住了，这人就定下了。

“故上不好本事”，这个本事在《霸形篇》里面我们还会提到，根本的事业——本事。不是今天说你有没有本事，有没有什么技能，不是那个概念。国家的根本的事业，叫根本大法、根本基础。如果这个当领导人的不务根本的基础，“则末产不禁”。那我们知道这里更多的是指农业，更多的是指国家的道德基础、政治基础，然后商业不禁。这好像是跟后来大兴商业、国贸矛盾，这也是有人批评《管子》好像前后不统一，有矛盾的地方。这个事情还得细细地思量，这里面强调的是，你要务在本事上，抓主要矛盾，抓主要矛盾的主要方面，不要说他和他后来提出的倡导国际贸易、倡导市场经济说反了，这里面不是那个意思。

“末产不禁，则民缓於时事而轻地利；轻地利而求田野之辟、仓廪之实，不可得也。”主要的矛盾没抓住，那次要的矛盾就会上升，就会成为主要的方面。“缓於时事”，在当下最需要解决的东西拖后了，拖延了，该做的没做。然后还“轻地利”（这个地利和后面天时地利并不完全是一个概念，已经变化了），你看不起“地利”，然后又求开辟的土地让国家粮食充满，产量提高，怎么可得呢？

古代是这样，今天就不这样？这两年呢，关注度下降了，我前些年每年特别关注夏粮是不是丰收，因为夏粮丰收，有足够多的粮食，市场上不缺，物价相对就会稳定下来。因为这个粮食所有人都要吃，它又是很多轻工业产品的加工原料，原料不缺，价格不上涨，一系列的商业产品、工业产品都不会因为原料涨价而加价。这样物价呢层层的都在稳定，都是原来那个状态上稍有微涨，那是正常现象。一旦夏粮没丰收，原料就缺，缺就上涨嘛，粮食一上涨，它是一个多米诺骨牌的连锁反应，很多商品随之上涨，而且涨的幅度要超过农产品的上涨。这样一上涨，我们无论农村还是城市百姓体会的都是物价在涨，然后一个词就出现了——通货膨胀。钱就贬值了，人们就感觉到心不安了，因为上个月我的钱还可以买五百斤大米，这一个月只能买三百斤大米，就不行了。极端的情况就是国民党统治下的上海，我们的老师给我们讲，中午领到薪水，扛着麻袋去买米，跑得慢一点都可能少买好几斤，那个币值跌得就那么快，这人民怎么生活？绝对的大事！

大家知道吧，中央高度重视农业问题、三农问题，它道理就在这个地方。而我们现在的农业，种子不安全，产业不安全，需要广大同胞、广大同人重视起来，因为它是解决入口的，如果这个安全没保证了，那太麻烦！麻烦大了！

所以要重地利而不能轻地利，今天面临的问题好像主要的不是田野的开辟，而是重视地利、重视农业，“好本事”这件事情，就是重视国家的基础，这件事情绝对两千七百年前和今天没有分别，只有抓住了主要矛盾的主要方面，这个社会才会安定。

今天时间到了，我们明天接着分享。谢谢大家！

第九讲

我们学习《管子》，不是学发财技术，而是学会管理自己，不是别人需要管理；诸子都是一家，都是传承者，圣圣道同，贤贤相近。本讲作者承前启后，《牧民》是管理国家的基础；然后要修权威，没有权威，令行下不去不行，所以讲《权修》；接下来是《立政》，重点讲解《立政》有九种情况一定要避免；然后是《乘马》，国民经济的核算。

尊敬的各位同胞、各位同人：

大家上午好！

前两天的讲解概述

时间真快，我们进入了第三天的学习。我记得今天是我们二十四节气的小雪，我们先祖的历法非常的准确，当然每一个地方今天并不一定都下雪，我们修德谷这个地方跟天时正好相应，到了小雪的这一个季节，它就如约地下了小雪，所谓“瑞雪兆丰年”，非常好的兆头（掌声）。我们开课以来这三天，前两天下雨，偶尔中间还飘着几片雪花，到今天都变成洁白的小雪。我们讲《管子》谈论的是如何富裕、如何治国；若从国君的角度、领导人的角度考虑，就是如何牧民、养民、安民、乐民；那从另一个角度说，天地五行财富属水，寓意财源滚滚而来。

每一种学习的方法都有每一种学习的规范、内容。我有一位好朋友敬善媛，我们还合作过一首歌曲，海内外的很多高僧大德都喜欢她的歌唱，大家可能听过。她有一张碟片，碟片里面除了前两首属于智慧的咒语，其他几首全都是关于发财的咒语，很多人不了解，这是世间的一种学习方法，念动财富的咒语期盼着改变财运。它真实的道理还是“德本财末”，肯认真学习的人已经积累了发财之德，是以慢慢地“灵验”。那个碟片她给了我好多，但是我送出去的不多，不是我吝惜，找不到可送之人。当你能够面对面地感觉，这个东西我今天能送出去的时候，大家知道那是意味着什么吗？就是很自然，我往出送的时候没障碍，说明对面的人有德，他能得到嘛；否则的话，你想送，要么想不起来，要么送不出去，而有些人拿到手以后不当回事，不了解。

管子是什么“子”呢？管子是“春秋第一子”！可能我们都忽略了这一点，所以我们列出一个表让大家看，他在孔子之前，在老子之前，那当然更在孟子之前。然后通过昨天的学习和分享我们已经知道，老子、孔子、孟子讲的一些大家耳熟能详的经典语句，其实在更早的版本《管子》当中已经出现了。我们说过，不要因此对任何一“子”轻看，因为大家都代表着传承。

我们这一次着重地介绍了一个理论，叫量子理论；着重地描述了一种状态，叫量子纠缠；着重地阐述了它对于我们读古代经典、理解任何实修、真正要达到境界的物理意义，它描述得很清楚，跟大家强调，它无比重要！为什么是这样呢？因为这个时代可能没有这样的研究和表述，你就打不开传统文化的门，也听不懂。

举一个例子，因为这一次我们是在修德谷学习，以前我跟同人分享过，你看古代的经文，老师给你讲，或者是主讲人给听众讲，在什么时间、谁来参加、什么地点，和主题有暗合道妙的联系。那我们这里面有什么玄机？开班仪式上少谷主给我们讲，她不远万里去英国求学，求的什么学？经济学；然后她又讲她提前结束了一天的禅七，回到这里来，这两个因素给大家什么提示？她为什么出现在我们当下的这个时空里面？那以我的感受，跟大家分享一下。

看过中国古代典籍的，或者听说过修炼禅宗的，大概都熟悉一句话，老师经常是问弟子：会吗？

弟子摇摇头，不会。

老师不吱声了，不搭理他，教你你都不会，那算了。

下一次再来，（举起手）见吗？

见。

见你个大头鬼！修了这么长时间，见什么见？！

不见。

你眼睛盲吗？

弟子就傻了呀！老师，我到底见还是不见？

说见而无见。不明白。参吧。

那“大老师”讲了四十九年，最后，“若说如来有所说法，即为谤佛！”合着您老人家说了，然后您又说没说，然后我们也不敢说您说得不对呀！怎么理解？明明看见了，说“看见”不对，说“没看见”更不对，瞪着眼睛说瞎话吗？

“见而不见，说而未说，闻而未闻……”有些人说算了，我不学了，学不懂嘛。就像我2001年，跑到北京大学去，经济学不学了，我要联系去读社会学的博士，我不是学经济学那块料。

像香严禅师非常聪明，辩才无碍，问一答十，老师问他一个问题，他能滔滔不绝地答十倍的东西。老师说你这不行啊，急得他后来说老师你告诉我吧。我不能告诉你，现在告诉你，将来你会骂我的，我的就是我的，你的就是你的。算了，自己下山找地方自己修。很精进，有一天起早，扫院子，扫院子的时候扫到一个石头块儿，捡起来奔外面一扔，大概是南方的居住地点，恰巧击中了一根竹子，“啪”的一声，一下子，明白了。朝着师父那个方向虔诚地叩拜下去：多谢老和尚，幸亏你当初没说破，再生父母，给您磕头。

我以前读到这些故事，恨不得把这书都砸了，你明白的是啥你告诉我不就完了吗？！（众笑。）没有人说，什么叫“见而不见”？“闻而未闻”？我们学法，到最后说“法尚应舍，何况非法”？我们明明是要听你讲《管子》的管理学、经济学，结果你告诉我天下没有人可管，管自己！这不完全颠倒嘛！

这些问题提出来，大家现在跟我一起回想量子力学的一个根本性的结论，注意啊！我们要把后面卖关子里面那个东西拿出来了，“薛定谔猫”，还记得这个例子吗？你打开观察的时候，是死是活跟你自己本人的境遇直接相关，你参与了进来，一瞬间你决定了它是死是生。我们以前忽略了这件事情，以为面前这场景跟我是无关的，它“完全客观”的，独立我之外的，错了！量子力学告诉我们，它同时既活着又死了，听不懂吧？然后，想一想禅师所说的，“见而无见”，跟同时活着又死着有什么区别？这是一个问题；同时“0”和“1”都在，同时存在着不同的状态，什么意思？我是不是能够表达清楚了一个意思，禅师禅境和量子力学所揭示的微观物理里面的那个实验状态是不是“一”？为什么物理学家朱清时院士说，“物理学进入禅境”，大家是不是现在能够稍微懂一点。

所以“法本法无法，无法法亦法，今付无法时，法法何曾法”。说管子是法家，你就执着一个法家，那是你一孔之见，叫“管窥管子”。那这个见到底是什么见？“见见之时，见非是见，见犹离见，见不能及。”古代修禅、修道、修身的话，说听不懂，好，给你量子力学，你去分析它；如果还不懂，那慢慢学吧。我认为量子力学已经说破了这件事情，现代物理证明了这件事情，只不过是现代物理学的方式、表达语言；然后古代，是经文，身体实验的方式。揭示的境界，是同一个境界。

还有人看不懂唐代特别流行的《维摩诘所说经》，大诗人王维，字什么？摩诘；从哪儿来的？《维摩诘所说经》，所以名叫维，字摩诘。他的诗有画境，他的画有诗意，那说明他是一个修禅的人、修道的人、修身的人，所以你看他的诗仿佛能够看到一幅画。像我们修德谷今天这个样子特别漂亮，我刚才就着相嘛，让人给我照了一张相——洁白纯净的世界。那“维摩诘”的世界是什么世界？很多人看不懂。

现在办“禅七”非常流行，我一次都不去。为什么不去？我天天在家里面“禅七”。我家客厅的电视里面南怀瑾先生的音容笑貌，只要有时间，我在家里不写东西不看书的时候，他一直都在，他没有离开我。我看的就是在厦门南普陀寺“打禅七”那些内容。也不是说我不能去参加那些“禅七”，而是我认为《坛经》读不懂，那你这个禅还是不要“打”的为好，先把经文看了，因为我们现在都是识字的人。不要指望着自己一千多年后你是“六祖半”，慧能之后就是你，说不看书不识字，一样可以悟到那个境界。别骗人了、别自欺了，做不到！这不是我讲的，这是好几辈的老师都这样讲，特别难！那你还是老老实实承认自己的根器、承认现在的天时、承认自己的状态，先把道理，起码文字先记住了，慢慢地渗透，让它“化”自己。

《坛经》大家还能理解，可是我提出，如果《维摩诘所说经》看不懂，那你打那个禅，就是“馋”，吃两顿好吃的素斋而已，这话又得罪好多人。《维摩诘所说经》第一篇讲了一个经历，上面的“大老师”讲，就是释迦牟尼佛了，讲到一个观点，说“心净则土净”。这话大家听说过吧？实际上那个“土”怎么发音？发dù音，国土其实是国度。但现在都读成土，那就土吧，说你心能转境，你自己修干净了，外面的境界就转了。我们已经解释过，这是中国古代天人合一的观念，这也是现代物理学广义相对论的结论，物质决定时空，你是什么物质，你决定了什么时空。

但是释迦牟尼佛这么说的时候，座下的长老大弟子舍利佛心里就产生一念了，您老人家被称为觉者（“佛”翻译过来是觉悟的人，别迷信呀），您老人家是明白人，世间的道理都明白了，都通达了，那现在这个世界我看来丘陵坑坎、坑坑洼洼的，有尘土、荆棘沙砾，用英文说是DIRTY（脏），难道您老人家没修成以前，在因地上心里很不干净吗？因为心跟外境相对应嘛，我们也可以说我们现在正在讲的是量子力学的概念。他这一动念谁知道了？坐在上面的老师当然知道了，叫“他心通”，就是知道你什么想法。没等他脑子里的想法说出来，老师就知道了，就直接告诉他，“莫作是念”，你不要这样想，在我眼睛中观察此世界，玲珑剔透，七宝庄严，是“佛”世界。记住，这是老师眼中的境界。

紧接着在下面听讲的另外一位弟子叫螺髻天王，可能他那个发型很时髦，盘成螺型的，人家是天生的，不像我们这个头发长得这么没型。既然叫天王，那在天界当中也是高等吧，也说尊者，你不要这样想，在我眼中此世界就如什么呢？琉璃天宫。

要记住这个：三个人在同一个空间里面看世界是不同的！大家注意到了吗？佛眼观世界，此世界即是佛世界；天人境界观此世界即是天人世界；舍利佛代表我们这个世界的大众，肉眼凡胎替我们问的，那就是说我们看这个世界，你说清静，清静啥呀？你说平等，平等啥呀？还没明白？明白了？对了。

现在科学告诉我们，狗、鸡、鸭不同程度的色盲，也就是说我们好像生活在同一个世界，但是它们看世界的色彩跟我们是不一样的。你说这怎么检测？好，它们不能说话、不能沟通，咱俩同样看后面那行字，我把眼镜摘下来，我说我看不清楚。是那行字不清楚吗？你往这儿一站，你说我看得清清楚楚。我眼睛出毛病了，这明白了吧？当你看你周围的世界不好的时候，谁出了问题？自己。这就对了！所以当你觉得周围所有人全都是有德之人，你是有德之人；（长时间掌声。）当你看天下所有人都是大圣人的时候，恭喜你，那一刻你成就了。不是装的，你是真心地认为，已经证到了那个境界！什么境界？你打开那个笼子或者是实验室，是好是坏由你决定，它如此之快，以至于你现在都没观察清楚是谁决定的。

你来到这个修德谷，好极了！美极了！这一次畅快极了！你自己决定的；如果来到这里，挑毛病，这什么呀！这也不好那也不好，是你自己糟心，应对了这样的一个世界，不是谷主的问题，不是少谷主的问题，也不是我们义工老师的问题，更不是其他学员的问题，一切人要对自己负责。而且这三天我们见证的是以量子力学的视角来看待经济学！经济学以后进入什么境？（有听众回答：禅境。）谁来决定我们的经济状况？（有听众回答：自己。）大家全都是明白人，都是觉者！那以后还会向外怨吗？不会吧？即使按惯性，一怨，知道错了，那我慢慢改，一年改不过来，两年呗，总有一天你会完全改过来。改过来就是好人，这个好人是什么？圆满无缺，福慧双足，大家就是这样的人，而我们本来就是这样的人。

你说学一个《管子》，好像是说我到这里来学发财的技术，那想错了。尽管这里确实有（发财术），但是如果你对前面讲的如何对其他人好，就是对《牧民》不了解，国君为什么要对人民好不了解，那你的国家不会强盛；换成老板的身份，不明白为什么要对员工好，那你的公司也不会兴盛八百年。此刻每一句话都意味着《管子》早就讲完了，我们开题那一天，题解的那一刻已经讲完了，“管子”就是“管理你自己”！没有别人。你把自己和周围的世界联合起来，一转化，就结束了。你说你不逗我们玩吗？你早就讲完了，让我们在这儿耗这么两三天时间，消耗谷里面那么多好吃的，有什么用？坐在这里有坐在这里的功夫、定力、功德，每一个人坐在这里增加一份善心，我们集体这个场能就特别大。

我们电脑里面都有邮箱，有一天，有人告诉我，你用的这个邮箱，永远不必担心它被塞满，因为随着人用得多，你的空间随之扩大。当时我就觉得这哪是互联网啊，这是哲学呀！这是古代禅境呀！众人拾柴火焰高，众人使用邮箱，邮箱竟然越来越大，其实是处处相应！

我们迅速地回想一下，大家是不是可以突然明白：以为《管子》里面有多么高深、了不起的内容，原来也没有超出“德本财末”的概念，没有超出“德行物化”的范围，没有超出“天人合一”的概括，没有超出“既以为人己愈有，既以与人己愈多”的境界，没有破了老子《道德经》“天之道，利而不害；圣人之道，为而不争”的结论。那就所谓除了“官官相护”，在传承里面还有“圣圣道同”，“贤贤相护”，连语言语意都相近，大家说的是同一个意思，换着法儿说，让我们明白。所以如果再去非常隔阂地说这是道家，那个是儒家，这个是法家，我属于墨家，那你就分吧，（伸五个手指）老大、老二、老三、老四……永远它不能合起来抓起一个杯子。都是一体的，这就是中华文化混为一体的文化的概念，就是在这里。但是要什么有什么，你想要达成一个什么样的范式，只要你自己明白了，你就可以总结出来，这才叫“学术自由”，而不是异想天开，胡说八道，恣意妄为。

各安本分　各务本事

商贾在朝，则货财上流；妇言人事，则赏罚不信；男女无别，则民无廉耻。货财上流，赏罚不信，民无廉耻，而求百姓之安难，兵士之死节，不可得也。

朝廷不肃，贵贱不明，长幼不分，度量不审，衣服无等，上下凌节，而求百姓之尊主政令，不可得也。

“商贾在朝，财货上流；妇言人事，赏罚不信；男女无别，民无廉耻。”下面有解释“财货上流，赏罚不信，民无廉耻，而求百姓之安难，兵士之死节，不可得也”。那么现在做商人的，做贸易生意的，可能对这句话感觉到很不感冒。当时以农业为本事，现在也叫第一产业，对吧？仍然没有改这个顺序。他说做贸易的，行商坐贾（古代的概念，你挑着个篮子走街串巷那叫商；租一个店面，等着客人来，这叫贾），这样职业的人，在朝廷做官会导致什么呢？财富不是藏富于民，往上去了，言外之意税收太多了，人民可能是手里留的份额少了。

“妇言人事”，我们现在有人事局、人事处，人事安排最敏感，我们好多朋友下了班以后，甚至上班都是，最喜欢嘀嘀咕咕的就是人事安排，谁谁谁怎么样，他和她是什么关系，小舅子、七姑八姨……说妇女参与这方面的人事安排，“则赏罚不信”。今天的女领导、女老板可能看了这句话觉得不舒服，但是时代不同了，它和我们今天的时代不一样，当时在春秋时期，就是男人主事。怕就怕什么呢？怕夫人的枕边风，其实现在也怕，会影响正常的执行。而且推而广之，这个“妇言”也可以当作就是你特别亲近的亲信参与、干预你的安排，今天也是这样，即使贵为一国总统，也不能破了规矩，否则不但违法，而且人民会极度不信任这个领导人。打个比方，有的人就是一个老板，但是他能对某一个城市的人事安排，不能说做出决定吧，起码起到很大影响。这是有人告诉我的，当时我一想，古已有之，不是今天才发生的事情。

所以，做领导的，如果你没有觉悟、没有主心骨，就会变成传说当中的耳根子软，别人一说，有道理，你就对他形成了一个印象。一定避免这种情况！学习李世民，学习长孙皇后对他讲的——兼听则明，偏听则暗。尤其是做一把手的。

“男女无别，则民无廉耻”，这很自然，如果这个事情处理不好，他说求百姓之安，是不容易的。不安，就乱嘛，纠缠不清。想要士兵能够勇敢地为国土奋战、捐躯，不可得也。

所以朝廷上要严肃，肃法，就是纪律要严明，规矩要讲，讲诚信，懂纪律，守规矩。“长幼不分，度量不审，衣服无等，上下凌节，求百姓之尊主政令，不可得也。”下面这几句都是在说皇上、君王不能胡来，那我们的部长、董事长、总经理也不可以恣意妄为。我们学古代经典的一个方法就是，你看到这句话不要想象着说的就是当时，因为是你决定你自己的世界呀，现在你的世界、你的眼前已经出现了这个现象。所以时刻不要忘了量子力学的视角，你把它决定成自己的，瞬间这个智慧变成你的。

“上”不可胡来

上好诈谋闲欺，臣下赋敛竞得，使民偷壹（幸），则百姓疾怨，而求下之亲上，不可得也。

有地不务本事，君国不能壹民，而求宗庙社稷之无危，不可得也。

上恃龟筮，好用巫医，则鬼神骤祟。故功之不立，名之不章，为之患者三：有独王者，有贫贱者，有日不足者。

如果做领导人的“好诈谋闲欺，臣下赋敛竞得，使民偷壹（我怀疑这个‘壹’跟前边那个‘偷幸’的‘幸’应该是一个字，但写错了，标示出来请大家作参考），则百姓疾怨”，那底下人就不高兴了，求大家对您尊敬，忠心地拥护，不可得也。

“有地不务本事”，土地广袤，不务农事，“君国不能壹民”，这个“壹民”好像是对的，就是《大学》里面“自天子以至于庶人，壹是皆以修身为本”，“壹民”，就是使大家统一思想的意思，和谐一致的意思。

“而求宗庙社稷之无危，不可得也”，老百姓跟你不一条心，万众不一条心，不众志成城，就是一盘散沙嘛。

如果领导人特别依“筮”，叫“龟筮”，这是以前的方法，决定不了了，烧一烧龟甲根据裂纹来判断……“好用巫医，则鬼神骤祟”。你看这一点，两千七百年以前，这一句话相当于我们现在说的，别迷信哈！就这个意思，你要相信科学，你要相信真理，别搞那个神神秘秘的。如果人没真明白，他就会偷着去上香磕头，偷着去争那个第一炷香。比如到普陀山去，然后找一个朋友给他掏二十万还是二百万，在一个关键的时刻，像大年初一，过年的时候，普天同庆的时候，争那第一炷香，以为那佛菩萨必须要保护我！我们说的这是真事儿，确有其事，已经被中央收拾起来了吧？（指前南京市一位领导）保护你吗？这要保护的话就没天理了！老师早就讲过，如果这样的话，什么神灵、菩萨、上帝都保佑你，那他不是跟你同罪吗？起码犯受贿罪、包庇罪吧？嫌贫爱富嘛。看经典最大的好处是破迷信、树正信。什么是对的？不看经典，那真是公说公有理，婆说婆有理，你就跟着去摇摆吧。其实这句话跟昨天讲的很多道理是一致的，就是“上有所好，下必效之”。

“故功之不立，名之不章，为之患者三：有独王者，有贫贱者，有日不足者。”读《论语》的时候，大家有一天一定会读到一句话，就是曾子得病了，其实是寿终之前，要离开这个世界了，然后鲁国权臣来拜访他，他就告诉这个权臣：我们这些儒家君子啊，就关心三件事：“动容貌，斯远暴慢矣；正颜色，斯近信矣；出辞气，斯远鄙倍矣。”一、二、三说完了，至于你问的那些事情，记住，“笾豆之事，则有司存”。熟悉《论语》的一定会记得这句话吧，我们只关心我自己有没有德，道修没修，尽没尽心力于天下，就类似这样的事情是我们关心的；至于项目建不建立，什么时候到“一带一路”国家去进行国际贸易，这就叫“有司存”。

你学了《管子》以后，学的是精神，学的是方法，拿的是钥匙，怎么去开，怎么去做，怎么去落实，你在自己的那个位置上，把这个方法、思想、灵魂应用出来，就“是”了。如果有人在讲台上就指挥你如何如何，告诉你一二三四五六七，骗人的！因为你应用不了！不信就试一试，因为我试了这么多年了，从初中开始就背条条，用你自己的语言表述一下对这个问题的看法，我刚想把自己的想法拿出来，老师就给了你一个标准答案，背去吧，全背下来了给你满分，背不下来就扣分。所以我们的教学被称为刻板的教学，叫应试教育，批评了多少年了，可是批评多少年了，我们还回到那句话——批评容易构建难，你想一个方法把它替掉？还办不到，还是得慢慢来。怎么慢慢来？像修德谷这样就是一种方式，这就是创新，慢慢地会使大家认识到，怎么样教育才真正的是人的教育而不是机器的教育。

育人为要

再看这句话是不是很熟悉：

一年之计，莫如树谷；十年之计，莫如树木；终身之计，莫如树人。一树一获者，谷也；一树十获者，木也；一树百获者，人也。我苟种之，如神用之，举事如神，唯王之门。

我们熟悉的说法是什么？“十年树木，百年树人”，是吧？那这什么意思啊？为什么叫十年树木？三月十二日植树节是纪念孙中山先生吧？我们一下午把这个树就栽上了，他为啥叫十年树木呢？百年？人们都觉得什么活一百年，胡诌八扯！谁能活一百年哪！百年树人什么道理？可能有误传，他说的是：一树百获，是人；一树十获，是木，结果省来省去，变成了“十年树木，百年树人”。“我苟种之，如神用之，举事如神，唯王之门。”

我们把比较可靠的，认为是管子自己流传下来的《牧民》和《权修》介绍给大家了，这属于精读，叫重点解读。后面的还有七篇，大家一看，按照你这个说法，再有一周也讲不完哪。有精读，有泛读，从一开始都已经讲完了，更何况现在呢？其实早就讲完了，现在是修定、修功夫吧。

重点解读三：《管子·立政九败解》

这一篇特殊在什么地方呢？它叫《立政九败解》，就是说这篇不是《管子》原文，它是对《管子》原文的一个注解，这也是《管子》的内容，就是因为时间长了，连注解都放进去了。或者你看《大藏经》，原经有好多，那么本土的大师也有好多的著作，慢慢地大家认为说得好、说得对，尽管它叫作“论”，因为“大老师”的叫“经”，“二老师”的就因为觉悟程度差一等而叫“论”。

现在我们看一看“九败”，就是九种情况不能够取胜，不能够成功，它会败坏、会败落、会失败，就是这个意思。上面讲《牧民》是全天下、国家的基础，民，是国家的基础、本事；然后要修权威，没有权威，你想怎么做，令行下不去，就建设不好，所以讲《权修》；那现在叫《立政》，《立政》有九种情况要避免，他没说正面的九种情况，只说这九种情况你要避免。

第一种情况：寝兵之说胜，则险阻不守

人君唯毋听寝兵，则群臣宾客莫敢言兵。然则内之不知国之治乱，外之不知诸侯强弱，如是则城郭毁坏，莫之筑补；甲弊兵凋，莫

之修缮。如是则守备毁矣，辽远之地谋，边竟之士修，百姓无御敌之心。故曰："寝兵之说胜，则险阻不守。"

我们看最底下这句话，带引号的"故曰：寝兵之说胜，则险阻不守"，这应该是管子的原话，上面的全都是后人的解释，或者说他的徒弟的解释，解释完了，"故曰"就相当于说，所以管子说："寝兵之说胜，则险阻不守"，对吧？如果当领导人的，就是人君，总是"听寝兵"（就寝的寝），说"群臣宾客莫敢言兵"，就相当于你说，不要跟我谈军事，那么你的部下都不会顶着你说。很少有魏徵那样的，领导人不高兴，他一而再，再而三地去触怒龙颜。可是，如果你不谈论，不做这一些，对于一个国家来讲非常危险，弱国就不用说了，富国，如果没有强大的军备，会不会成为肥肉？北宋就是个例子，你不谈，城郭就毁坏了，没有人去修筑；士兵的铠甲兵器，破了，没有修，坏了，没有补充，"守备毁矣"。离你远的地方都开始琢磨：看见没，那个国家有好多的矿产资源，物富民丰啊，有好多财宝，可是守备空虚，没有人强调国防。好了，接下来的情况，大家就知道了，这个国家早晚会被侵略，所以"寝兵之说胜"，你有险阻都守不住。

第二种情况：兼爱之说胜，则士卒不战

人君唯毋听兼爱之说，则视天下之民如其民，视国如吾国。如是则无并兼攘夺之心，无覆军败将之事。然则射御勇力之士不厚禄，覆军杀将之臣不贵爵，如是则射御勇力之士出在外矣。我能毋攻人可也，不能令人毋攻我。彼求地而予之，非吾所欲也，不予而与战，必不胜也。彼以教士，我以驱众；彼以良将，我以无能，其败必覆军杀

将。故曰："兼爱之说胜，则士卒不战。"

人君如果老听兼爱之说，这相当于是攻击了哪一种学说？墨家嘛。兼爱非攻，"视天下之民如其民，视国如吾国。如是则无并兼攘夺之心，无覆军败将之事……"后面的我们不往下念了。他说的这个意思，你总是强调，哎呀，咱哥俩儿好啊，不要打仗啊，我们要互相爱护啊，我们五湖四海之内皆兄弟。这么说有没有道理？有。可是他强调的是，如果你脑子里面放松了守备、放松了警惕，没有让人理解到团结当中也会有问题，这是毛主席当年说的，在互相批评当中加强团结。什么意思？你的情况我清楚，我的情况你也要清楚，优点知道，缺点也要知道。都是同志，没问题，但是都要守规矩；爱护你没有问题，但是你要过分，人民内部矛盾问题变成敌我矛盾问题，那你也要面临着刑罚。

第三种情况：全生之说胜，则廉耻不立

人君唯无好全生，则群臣皆全其生，而生又养。生养何也？曰：滋味也，声色也，然后为养生。然则从欲妄行，男女无别，反于禽兽。然则礼义廉耻不立，人君无以自守也。故曰："全生之说胜，则廉耻不立。"

这个说法挺有意思，当领导人的，天天说全生，天天说养生，他说"礼义廉耻不立"。是不搞错了？"群臣皆全其生，而生又养。生养何也？曰：滋味也，声色也，然后为养生。"跟我们谈的道家正统修行还不一样，它这里面说的有点吃喝玩乐的意思，所以廉耻不立，就麻烦了，叫饱暖思淫欲的意思。

第四种情况：私议自贵之说胜，则上令不行

人君唯无听私议自贵，则民退静隐伏，窟穴就山，非世间上，轻爵禄而贱有司。然则令不行禁不止。故曰：“私议自贵之说胜，则上令不行。”

“私议自贵之说胜，则上令不行”，你要是这么做，“则民退静隐伏，窟穴就山，非世间上，轻爵禄而贱有司”，这是后果。做领导人的，你总是（这个“无”听啊，和前面那个“毋”，注解是惯听的意思，就是你喜欢听，一直这样听。这个字要是没理解的话，会理解错了）这样做，老百姓就会隐藏起来，而且对你世间这些事情有非议，不看重世间的功名富贵，“贱有司”，“有司”我们就知道，有关部门嘛，这个大家有体会吧，我知道啊，有很多打着自己是修行者的旗号，往往莫名其妙地瞧不起公务员，很不屑地说“那些官员，他们懂什么”！这种人拿他一点办法都没有，这就是另一种“贱有司”。而《管子》它这里面说是从领导人那里面影响出来的；但是我现在觉得，时代跟那个时候不同，跟领导人关系不大。你要说从教化天下的关系来讲，那当然有关系，从个人修为上来讲，看了中国传统文化经典，还能够有这种想法，那显然是没看明白了；真正看明白是越看越谦虚，越看越欢喜，越看越平和，越看越真诚。

子思在《中庸》当中讲：“诚者，天之道也；诚之者，人之道也。”第一次读，不明白，什么意思？诚，从小学的，这不就是诚实嘛，明明是人道嘛，怎么会是天之道呢？慢慢想、慢慢读，上百遍之后理解了，“诚者天之道”是对的。我们的二十四节气是天道被人

世总结出来，用语言表达出来的，对吧？你看看今天小雪的日子，它就给你下雪，天人相应。诚就是真，它不假呀。人要效仿，怎么效仿？仿天道，诚之者，像天一样守时，春夏秋冬季节不乱，这就对了。

所以“私议自贵之说胜，则上令不行”。他看不起你呀，包括我们在某城市举行的一次规模很大的讲座，我听到的背后的那些说法都是：主办单位那些领导他们懂什么？就让他们挂个名，我们自己说了算。大家有没有印象？有没有类似的说法？为什么现在大型传统文化讲座慢慢地好像是有点式微？你怀着这样的想法，能发扬光大吗？以为人家傻呀！

第五种情况：金玉货财之说胜，则爵服下流

人君唯无好金玉货财，必欲得其所好，然则必有以易之。所以易之者何也？大官尊位，不然则尊爵重禄也。如是则不肖者在上位矣。然则贤者不为下，智者不为谋，信者不为约，勇者不为死。如是则驱国而捐之也。故曰：“金玉货财之说胜，则爵服下流。”

这都不用看了，我认为一目了然。这样的学说一流行，或者你领导人就喜欢这个金玉财货，那么一定会有人投其所好；不论你喜欢什么，即使不喜欢金玉珠宝，也会有替代的嗜好，一定会有人来满足。那么君主就好赐以高官厚禄。而贤人君子、仁人勇士是不会这样行事的，由此爵位啊、厚禄啊什么的，一定被那些阿谀奉承的下等人得去了，下流嘛，国家的运势也是往下去，它不会往上。

第六种情况：群徒比周之说胜，则贤不肖不分

人君唯毋听群徒比周，则群臣朋党，蔽美扬恶。然则国之情伪不见于上。如是则朋党者处前，寡党者处后。夫朋党者处前，贤、不肖不分，则争夺之乱起，而君在危殆之中矣。故曰：“群徒比周之说胜，则贤、不肖不分。”

我们看“群臣朋党，蔽美扬恶”，美好的东西被隐藏起来，坏的东西在电视上天天给你演。《论语》上夫子说，“君子周而不比，小人比而不周”。再一看，当时在春秋时期这两个字好像是流行语呀，就像我们现在说什么给力、创新、发展这些词汇一样。两千七百年以后，我们的子孙看我们现代就知道，随后就看好多的文献里面都出现这个词。哪一个是最权威的，最早发现的？他们不一定考证得清楚。

“然则国之情伪不见于上”，或者“不现于上”，“如是则朋党者处前，寡党者处后”，朋党者处前，贤、不肖就不分哪，分不清楚啊。“则争夺之乱起，而君在危殆之中矣。”结合《论语》孔老夫子的说法，贤、不孝不分是不是有道理？我们念《黄帝内经》，《上古天真论》中也有一个“愚智贤不肖”的表达，说明这是当时的流行说法。

第七种情况：观乐玩好之说胜，则奸人在上位

人君唯毋听观乐玩好，则败。凡观乐者，宫室、台池，珠玉、声乐也。此皆费财尽力伤国之道也。而以此事君者，皆奸人也。而人君

听之，焉得毋败？然则府仓虚，蓄积竭；且奸人在上，则壅遏贤者而不进也。然则国适有患，则优倡侏儒起而议国事矣。是驱国而捐之也。故曰："观乐玩好之说胜，则奸人在上位。"

"观乐玩好之说胜，则奸人在上位"，这也不用解释了，那些个把领导哄得心花怒放的，都是观乐好玩的人，你喜欢什么给你来什么，就找你人性的弱点，食色性也，好吃的，无所不用其极。洗头房本来是洗头的，变了；洗脚房，本来是洗脚的，变了；淋浴房，也就是浴池，本来应该是静心斋戒的地方，沐浴嘛，也变成了藏污纳垢的地方。那奸人在上位呀，因为正直的人他远离这些邪思邪行，他不那么干，而你当领导的，当一把手的你就喜欢这样，所以你周围聚集的人就是那样，那贤人就远离了。我们从《管子》前面的论述就已经说了，当领导人面临贤人离你而去的时候，你的国家面临被灭、你的身面临被灭就不远了。

第八种情况：请谒任举之说胜，则绳墨不正

人君唯毋听请谒任誉，则群臣皆相为请。然则请谒得于上，党与成于乡。如是则货财行于国，法制毁于官，群臣务佼而不求用，然则无爵而贵，无禄而富。故曰："请谒任举之说胜，则绳墨不正。"

请托办事的风气大家可能一点儿都不陌生，我们以前或许经常会听到这样的论调：谁说唯才是举呀？没事，你安排顿饭，我给你请人，你请不来吧？我给你请，那老人家说句话肯定好使，下一次你保证能上，那主管人事的副书记跟我像铁哥们儿一样……这就是"则群臣皆相为请"。

“请谒得于上，党与成于乡”，这个“与”应该是党羽的羽。“如是则货财行于国，法制毁于官，群臣务佼而不求用”，这不就说的某一段时间的现实嘛，请客，送礼，暗箱操作，立山头，拉关系。看看“法制”这两个字，我们以为现在强调法治，两千七百年以前，一个字都不差。所以“请谒任举之说胜，则绳墨不正”。什么是“绳墨”？那个木匠以前拿那个墨线斗，一拉一打，一条直线出来，规矩嘛，就是规矩，规矩不正，那还得了！

第九种情况：谄谗饰过之说胜，则巧佞者用

人君唯无听谄谀饰过之言，则败。奚以知其然也？夫谄臣者，常使其主不悔其过不更其失者也，故主惑而不自知也，如是则谋臣死而谄臣尊矣。故曰：“谄谗饰过之说胜，则巧佞者用。”

通过前面的分析把这段话一读出来，大家也就知道了。一位谄媚逢迎的下属，往往使其领导者失去悔过改正的机会，陷入危险之境地而不自知，却使得擅长花言巧语的人得到重用。

重点解读四：《管子·乘马》

下面我们进入《乘马》，“乘马”，是不是因为修德谷景色优美，牵着一匹马，我们边走边看，一日看尽谷中花？不是。“乘”，是加减乘除的那个意思，计算，核算，国民经济核算，稽核，会计；“马”，砝码，这一看不全是错别字吗？但当时就这么用，所以故老相传，保留下来了。

我收集了一下，简单的，一下就能看明白的这几个描述：

其一，所谓“乘马”就是经济谋划，就是经济核算。

其二，凡治国之法制，皆出於数，有所建置，必立马乘之，乃知其轻重长短多寡之数，而措注各得其宜。篇中言地、言用、言朝、言车，而详发均地分民，是标名《乘马》本旨。

其三，《周礼・天官・宰夫》这一篇里说：“乘其财用之出入。”这个就比较权威了，因为周代的记述，就知道当时这种说法就是那个时代的语言。但是好像是没有直接说怎么核算，所以开篇就来了一个：

立国都

凡立国都，非于大山之下，必于广川之上。高毋近旱，而水用足；下毋近水，而沟防省。因天材就地利，故城郭不必中规矩，道路不必中准绳。

仔细一琢磨，建国呀，那首先得有个都城，这就是矛盾的主要方面嘛。立国都，在山之下，山南水北为阳，好地方；“必于广川之上”，大河之上。高，不能太高，你把国都建到喜马拉雅山上去，汇报一下工作，一年下不来，就不对了；建到离水太近的地方，一旦它泛滥呢，像以前的黄河似的，都不对。所以要守中道，高还不能高得太旱，一定要保持这个用水是充足的；水，不能太近，但是距离要保证用水还能供得上，叫“因天材就地利”，城郭建设依着山形，道路也不必说遇到水就架桥，遇到山就凿山，自然而建。

论市场的作用

突然转向市场，什么是市场呢？或者什么是市呢？

市者，货之准也。是故，百货贱，则百利得；百利得，则百事治；百事治，则百用节矣。是故，事者生於虑，成於务，失於傲。不虑则不生，不务则不成，不傲则不失，故曰：市者可以知治乱，可以知多寡，而不能为多寡，为之有道。

“市者，货之准也。”所以说商品价格下降，贱嘛，便宜，则百姓得其利；物价飞涨，百姓不得其利，如果百姓能得利，则天下的事情就好治理、好管理了。这个大家能理解吧？就是物价下来了，生活成本低，有点儿钱忙活忙活就能吃饱肚子，就可以干正事了，生活质量相对容易提高。

“百事治，则百用节矣。是故，事者生於虑，成於务，失於傲”，这都是很简单的词汇，“不虑则不生，不务则不成，不傲则不失”，所以说“市者可以知治乱”，你看一下天下市场的价格贵贱，就知道这个国家治理到什么程度。“可以知多寡”，苏联解体有一段时间，面包都供不上，黄油都供不上，在市场上，在超市里一看就知道了，因为它超市架子上空了，“而不能为多寡，为之有道”。

货币币值的稳定意义

黄金者，用之量也。辨於黄金之理，则知侈俭；知侈俭，则百用节矣。故俭则伤事，侈则伤货。俭则金贱，金贱则事不成，故伤事；

侈则金贵，金贵则货贱，故伤货。货尽而后知不足，是不知量也；事已而后知货之有余，是不知节也。不知量，不知节，不可，为之有道。

货币币值，“黄金者，用之量也”，它是衡量你物用贵贱程度的、货物多少的一般等价物。“辨於黄金之理，则知侈俭”，奢侈啊，还是节俭呀，你明白这个，那处理财务费用、财政支出也就相对清楚了。

“俭则伤事，侈则伤货”，货就是财，办一个婚礼过于简洁，人家觉得好像是一辈子这点事吧，你没给办得很庄重，一辈子就一次，你就差那么几个钱哪？“俭则伤事”；但是太过奢华了，连给我们这些来宾的请柬都是黄金打造的，那你这破费多少财呀，就叫“侈则伤货”。

“俭则金贱，金贱则事不成，故伤事；侈则金贵，金贵则货贱”，金，有些时候未必指黄金，但是他前面说了是黄金，因为以前那个金，在古代有些时候还指黄铜，并非全都是今天意义上的黄金，但反正是贵金属。金跟货之间是一对相反关系，黄金值钱，相对来讲货物就贱，也就是说币值坚挺的情况下，物价就便宜，物价表示的是你这个物的价格。当通货膨胀的时候，货物显得贵了，钱变得便宜了，他说的是这个道理。

“货尽而后知不足，是不知量也；事已而后知货之有余，是不知节也。不知量，不知节，不可，为之有道。”这件事情要想管理好它，其中有很多的道理在。存货没有了才知道断货了，这是经营者管理者心中没数，不知道核算衡量，做不到有序有备；事情办完了才知道剩下一堆货物还没用上，是不知道节用，容易耗费。这个道理呢，更多的不在这一篇里面，在《轻重篇》里面，这里面只是提了一下。

财政预算的考量

诸侯之地，千乘之国者，器之制也。天下乘马服牛，而任之轻重有制。有一宿之行，道之远近有数矣。是知诸侯之地、千乘之国者，所以知地之小大也，所以知任之轻重也。重而后损之，是不知任也；轻而后益之，是不知器也。不知任，不知器，不可，为之有道。

“诸侯之地”，就是一国国君的范围之内，“千乘之国者，器之制也”，“千乘”已经算是中等国家了，不算小了，其实古代也没有几个所谓的万乘之国，那都是吹牛，大多数都是百乘、千乘这样的，千乘就已经很了不起了。

“天下乘马服牛”，这个“乘马”可真的就是骑着马那个，以它为交通工具；服牛，牛拉车。“而任之轻重有制”，“轻重”是一个篇名，“轻重理论”在当时的时代是显学。什么叫显学？就是社会上大家不管学没学这个专业都耳熟能详，就是“轻重”这两个字。轻重衡量的是什么？货币是不是稳定，物价是不是稳定，币值跟货物之间什么样的对应关系，孰轻孰重，就是商品货币之间的核算关系、对应关系。

“有一宿之行，道之远近有数矣”，一夜你能走多远、跑多远，就有数了。“是知诸侯之地、千乘之国者，所以知地之小大也，所以知任之轻重也”，等于是盘算一下这个国家有多少固定资产，国土面积多少，土地多少，可耕地多少，山林多少，沼泽多少，煤矿多少，金矿多少；然后衡量一下交通，这一天能跑多远，如果说一辆车的话，你车上跑一天，两个人，四头牛，四匹马，吃多少粮草，他核算的是这个，“任之轻重”嘛，预算到底需要多少。

“重而后损之，是不知任也；轻而后益之，是不知器也。不知任，不知器，不可，为之有道。”一下子给多了，然后削减预算，是不清楚任务轻重、任命是否得当；给少了然后再增加预算，是不知道实物器具耗费的标准。这样做事是不行的，看似简单，“其中有道”，有窍门，说得很明白。

国民财富的统计标准

地之不可食者，山之无木者，百而当一。涸泽，百而当一。地之无草木者，百而当一。樊棘杂处，民不得入焉，百而当一。薮，镰缠得入焉，九而当一。蔓山，其木可以为材，可以为轴，斤斧得入焉，九而当一。汎山，其木可以为棺，可以为车，斤斧得入焉，十而当一。流水，网罟得入焉，五而当一。林，其木可以为棺，可以为车，斤斧得入焉，五而当一。泽，网罟得入焉，五而当一。命之曰：地均以实数。

这个我们不详细解释，因为它本来叙述得就过于详细了，它统计的是国民财富，告诉你个标准。“百而当一”，大家注意到没有？“百而当一”什么意思？我们现在有些土地一亩算一亩，但是有些土地，十亩都打不出标准亩一亩的粮食，这种土地呢就需要折合，就是这个意思。“地之不可食者”，就是不出产粮食；“山之无木者”，不出产木材，濯濯童山，不像我们东北大兴安岭、小兴安岭那样，出产上等的什么红松啊、落叶松啊，它什么都没有，这样的土地“百而当一”；涸泽，干涸的湖泊，“百而当一”。你这土地也不长草、也不长木，农村土话说贫瘠得“兔子不拉屎”的地方，那个土地呢，有了等于没有。我们昨天学过，有些地，你不开辟出来，有等于没有；有些人民你不利用起来，有了等于没有；有些书你不读出来化成自己的知识，有了等于没有，就是这个意思。好多书你读一百本不如读这样的（举起《管子》）一本，“百而当一”。

那你看一下，二千七百年前他们的折算，他们的财富统计方式，是不是挺科学的啦，很细致的啦。我们现在有些时候都是一股脑儿地报上去：我们村一千亩土地。你这一千亩都能打粮吗？不能。那多少能打粮？报告长官，不知道，没统计过。好，你统计一下。回去跟会计一说，帮我统计一下，会计说这不是我的活。这些都是真事啊！所以你看后面，有百而当一者，有九而当一者，有十而当一者，有五而当一者，折算标准是不一样的，就是细到这种程度。在座各位有没有统计局的局长，那我们到沙漠里面好像都挺不了您那么长时间哈（暗指民间传说的“统计有水分”），幸亏有了“活法”，有了这个“舌头”（汉字“活”字表明，只要人舌头上自生水不断，就能有生机。暗指道家修行密法）。

官府　社会组织

方六里命之曰暴，五暴命之曰部，五部命之曰聚。聚者有市，无市则民乏。五聚命之曰某乡，四乡命之曰方，官制也。

官成而立邑：五家而伍，十家而连，五连而暴，五暴而长，命之曰某乡，四乡命之曰都，邑制也。

“方六里命之曰暴（bào），或者是暴（pù），五暴（bào）或五暴（pù）命之曰部，五部命之曰聚”。这就是行政组织单位，五个区构成一个市，二十个市构成一个省，三十多个省构成一个国家，两百多个国家构成我们全球，道理一样，所以这叫“官制也”。“五聚命之曰乡，四乡命之曰方”，一级一级的，这个管理不比我们今天差吧？

下面这也是啊，“官成立邑，五家而伍，十家而连”，这个连长从哪里来的？连。“五连”，我们连上面叫“营”，他这个叫“暴”，可能后来有些人说这个“暴”太难听就换了。“五暴而长，命之曰某乡”，乡长从哪里来的？从这里来的。我们这一个乡里面就包括什么，连哪，伍啊。我们后来说入伍，入伍是入军队，从哪里来的？从《管子》这里来的。他当时就已经把人民的组织军队化，所以他传政令相当于下军令，齐国的经济效率超出当时天下所有诸侯国的效率，他变成了老大，这是从经济学效率上解释。你下一个命令，三天还没传达到乡，人那里面已经们传达到伍啦，落实到人头了，每个人都知道那一天自己什么岗位，做什么，就是这个道理嘛。

生产制度　社会运行成本

邑成而制事：四聚为一离，五离为一制，五制为一田，二田为一夫，三夫为一家，事制也。

事成而制器：方六里，为一乘之地也；一乘者，四马也；一马，其甲七，其蔽五；四乘，其甲二十有八，其蔽二十，白徒三十人奉车两，器制也。

方六里，一乘之地也；方一里，九夫之田也。黄金一镒，百乘一

宿之尽也。无金则用其绢，季绢三十三制当一镒。无绢则用其布，经暴布百两当一镒，一镒之金，食百乘之一宿。则所市之地，六步一斗，命之曰中。

大家都知道这就是他的生产制度和军事组织的基础，这里面也是相当于是百乘，一乘是四匹马或四头牛，至少有一个人，就是一个赶车的，一宿，跑一天一夜需要多少钱呢？看这个，“黄金一镒”是不是啊？费用，这就叫差旅费，这就懂了吧。第一天我听说大家是从全国十六个省市来的，对不对？那每一个人到这里来，吃也免费，听课也免费，教你们锻炼身体也免费（指每天早上教大家练习道家功法），可是你差旅费是不是掏了？无论是坐高铁，还是坐飞机，就是这个意思，你需要多少钱。

这是社会核算，然后怎么征税，国家的钱是哪里来的？征税呀，赋税呀。我们看下面：

征税及减免细则

岁有市，无市则民乏矣。方六里，名之曰社；有邑焉，名之曰央。亦关市之赋。黄金百镒为一箧，其货一谷笼为十箧。其商苟在市者三十人，其正月、十二月，黄金一镒，命之曰正分。春曰“书比”，立夏曰“月程”，秋曰“大稽”，与民数得亡。

“亦关市之赋”，前面说“名之曰央”。黄金，我们看前面，“一镒，百乘一宿之尽也”，就花光了。就是说这么大的队伍一起来修德谷，需要花一镒，结果百镒装那么一竹筐。

“其商苟在市者三十人，其正月、十二月，黄金一镒”，在市场上这么多人，对他们征税，什么时候征？过年的时候，正月，年底的时候十二月，征多少？黄金一镒。怎么称呼呢？叫“正分”。春天的叫“书比”，立夏的时候叫“月程”，秋天的时候叫“大稽”，稽核的稽，“与民数得亡”。他们那个时候征税不叫税，而且春天、夏天、秋天征收还各有名目，很细致啊！就是春天征的这个就叫“书比”，它名就叫这个；立夏、夏天征的叫“月程”，好像这个词，我记得在清代的史料里面也有，甚至有些地方可能到现在还有类似的称呼；“秋曰大稽”，那这个好像就是说秋收嘛，一年到头，这次好像是比较大的征收了，我们现在还叫稽查，国税稽查局、地税稽查局，“稽核”这个词到现在还用。

还有减免税收的细则，大家看：

三岁修封，五岁修界，十岁更制，经正也。十仞见水不大潦，五尺见水不大旱。十一仞见水轻征，十分去二三，二则去三四，四则去四，五则去半，比之於山。五尺见水，十分去一，四则去三，三则去二，二则去一，三尺而见水，比之於泽。

“三岁修封，五岁修界，十岁更制，经正也。十仞见水不大潦，五尺见水不大旱。十一仞见水轻征”，这种情况下要轻征，“十分去二三，二则去三四，四则去四，五则去半，比之於山”，这是对水货的征收，山珍海味各有其度。“比之於山，五尺见水，十分去一”，后面一直到“比之於泽”，山泽比量，互相参考。因为我们不收税，即使收税今天也不必去细究他怎么征的，我本科就是学税收的，念书的时候感觉最头疼的问题就是看那个税目，太详细了。然后在读硕士的第一年（指2001年），到财政部税政司去进行调研，真是有幸看到了保存在财政部里面的我们国家新中国成立以后的一些关税的原始资料，当时的专家中有一些都是国民党时期的税收专家，所谓原始资料是用八行书毛笔写下来的税目，非常工整。当时一看那个纸啊，都有点哆哆嗦嗦的，就是生怕翻烂了。一看起来那些人工作态度认真严谨，显然对新的国家充满了期待、敬畏和希望。

国民做义工

距国门以外，穷四竟之内，丈夫二犁，童五尺一犁，以为三日之功。正月，令农始作，服于公田农耕。及雪释，耕始焉，芸卒焉。士，闻见、博学、意察，而不为君臣者，与功而不与分焉。贾知贾之贵贱，日至於市，而不为官贾者，与功而不与分焉。工治容貌功能，日至於市，而不为官工者，与功而不与分焉。不可使而为工，则视货离之实，而出夫粟。

这一段规定国民必须做义工，就是这个活是你自己家里忙活完之后必须为国君干的、为国家干的，等于出劳役，叫“以为三日之功”，说得也太细了，我们不细去考察它。反正就是说当时有规定，你不管是做什么的，你都要来干活，然后不分给你劳动果实，就这个意思，做义工嘛，“与功而不与分焉”。

这三天，重德而用，看下面：

是故，智者知之，愚者不知，不可以教民；巧者能之，拙者不能，不可以教民。非一令而民服之也，不可以为大善；非夫人能之也，不可以为大功。是故，非诚贾不得食于贾，非诚工不得食于工，非诚农不得食于农，非信士不得立于朝。是故，官虚而莫敢为之请，君有珍车珍甲而莫之敢有，君举事臣不敢诬其所不能。君知臣，臣亦知君、知己也，故臣莫敢不竭力，俱操其诚以来。

你下一次命令，人家都不服你，叫“不可以为大善”，“非夫人能之也，不可以为大功”，还是你要有德行，你要有权威，你得让大家尊重你。不令而行，更何况是下令，才能够“为大善”。

而且叫“非诚贾不得食于贾”，你不诚实，你这里能卖的货，卖什么的？卖油的，是地沟油不？是。不许干，封掉，工商局就查封。你这馒头里面放没放漂白粉、荧光剂？一查，有，封掉。“非诚贾不得食于贾”，不准你干这一行。这对我们今天有没有借鉴意义？

“非诚工不得食于工”，你这木料什么木头？哎呀我这是最好的上等海南黄花梨，这把椅子五十万。我不懂，我找个懂行的，我说谷主懂，谷主您看，这是什么木头？行家说哪里是什么黄花梨的，就是水曲柳的（一种相对便宜的木材）。值多少钱？大概也就五六百吧。“非诚工”，封他，就这样。

“非诚农不得食于农，非信士不得立于朝”，品行不行，你连干这个活的资格都没有！请问我们今天的市场呢？农、工、商谁考察你是不是诚？是不是信？是不是真？国家监管与执法是不是到位了？

谁来保护我们中华儿童的配方奶粉的安全？这件事情每次提起来我都义愤填膺！因为带几罐奶粉从香港入关竟然能被收监，不是国耻日吗？还谈文明之邦，你这良心的底儿都被击穿了！婴儿的奶粉都不能保证安全，有关部门干去了！一天两天行啊，长时间的，这么长时间解决不了，我也是老百姓之一，我就要问了，谁发给他的生产合格证、产品合格证？还能贴上名牌商品的商标，摆在货架上？你让妈妈们去鉴定，谁有那功夫？谁有那专业知识？当她抱着自己的那个大头儿，看着他死掉的时候，做父母的，于心能忍吗？你让别人断子绝孙，你自己什么后果不知道吗？这个道理没有清楚，谁之过？首先，西方经济学“约束条件下利益最大化”的教唆就应该赶出中国财经院校的课堂了！它教坏了一代又一代的老师和学生，如果人人成为冷漠、无情、自私的夺利者，这个世界还能好吗？所以，我们必须迅速地恢复中华传统经济学教育，把“德本财末”的经济理念还给世间，才能从根源上拯救人民和世界于毁灭。

包产到户　调动积极性

道曰：均地，分力，使民知时也。民乃知时日之蚤晏，日月之不足，饥寒之至于身也。是故，夜寝蚤起，父子兄弟不忘其功。为而不倦，民不惮劳苦。故不均之为恶也：地利不可竭，民力不可殚。不告之以时，而民不知；不道之以事，而民不为。与之分货，则民知得正矣；审其分，则民尽力矣。是故，不使而父子兄弟不忘其功。

“道曰：均地，分力，使民知时也。民乃知时日之蚤晏”，这两个词，那个蚤，跳蚤的蚤，是早晚的早；晏，指晚上。

“日月之不足，饥寒之至于身也。是故，夜寝蚤起，父子兄弟不忘其功”，这件事情是我的，这个谷是我们家的，我们全家上阵，“父子兄弟不忘其功”。“为而不倦”，天天做，不感觉到疲劳，越做越开心。前天我就听说少谷主留学回来，担任家族企业的经理，前半年担心，现在越做越开心，是因为日夜努力，有功有效果了。“民不惮劳苦”，帮助我们的职员也不怕累、不怕脏、不怕苦。

“故不均之为恶也：地利不可竭，民力不可殚”，就是要养地，不可竭，地力要有恢复期；使人力，你不能把他累到死。“不告之以时，而民不知；不道之以事，而民不为。与之分货，则民知得正矣；审其分，则民尽力矣”，安分守己，民尽其力，“不使父子兄弟不忘其功”。

简单地说，均地，就是分给你地，然后呢，你自己有自己的职责，明白了，多劳多得呀。所以包产到户，积极性就有了。“包产到户”这个词大家都很熟悉，当时的表达就是“均地，分力，使民知时”，该干活你就干活。

对不起，过了五分钟。下一节我们接着来。

第十讲

就经济学而言，《轻重篇》是管仲经济学说的核心，国家通过货币和价格政策控制全国重要的物资，间接地调控天下的所有物资；当国家经济不振的时候，可以通过促进高消费，使内需短时间内增长起来，有利于促进经济的繁荣和发展，这就是《奢靡篇》的先进之处；国家强大之后，在国际政治、军事、外交上必须采取进一步的措施才能够完成霸业，精彩的《霸形篇》告诉我们这一步一步是如何进行的。

尊敬的各位同人：

我们接着往下分享。

管仲在任期间，推行了很多重大的经济制度的改革，比如说废除井田制，这可是一个非常非常重大的，等于是改变了几百年的土地制度的一个改革；建立了土地税收制度，而且允许土地买卖，承认土地私有化；为了保证自己国家人民的财富不受非法的掠夺，特建立常备军。

司马迁这样说，“天下不多管仲之贤而多鲍叔能知人也”，所谓的“多”，是称赞的意思，意思就是很多人，不称赞管仲之贤，而称赞鲍叔能知人。我们已经叙述过管鲍之交那个故事，就知道，其实整个事情关键的人物是鲍叔牙，没有他推荐，把管子从鲁国要回来，然后在齐桓公想要找丞相的时候，让出自己的机会，因为本来是要让鲍叔牙做齐国的相国，他让出总理的位置给管子做，成就了后面不但管鲍的美谈，而且成就了一代霸主齐桓公，成就了一部经典古书，成就了一个繁盛的稷下学派，成就了一个伟大的经济学家。因为如果在当时管子被杀死，那什么都改了，历史就改写了，我们今天是不是能够看到“鲍子”那样一本书，那只能是去猜想，现在我们看到的是《管子》。

司马迁在《史记·管晏列传》中说：“管仲世所谓贤臣（就是历代都被称为贤臣），然孔子小之。岂以为周道衰微，桓公既贤，而不勉之至王，乃称霸哉（很熟悉吧，当时我没看到这段文字的时候，我自己就想，孔子小看他，你就能够小看他呀？他无非就是说，他没有恢复周天子的礼仪和权威。等我看到了司马迁这句话以后，觉得他老人家是厉害，我还以为我自己有什么创见，结果两千年以前的人已经想到了）？语曰：将顺其美，匡救其恶，故上下能相亲也（从我们前两天的叙述当中，治国理念当中，牧民首先要顺民嘛，然后让他逸乐、安乐、富贵，而且在其他的诸侯国，有一些国家欺负小国弱国的时候，他站出来主持公道，所以上下能相亲）。”“岂管仲之谓乎？”说的不就是管仲这样的人吗？司马迁之所以高，是因为他的观念不同于俗论。奉劝大家读《史记》后面那一段“太史公曰”，一定要反复读，最好背诵。包括看《资治通鉴》史实叙述背后的那一段“臣光曰”，模仿的就是太史公司马迁的笔法，也很值得参考，司马光也不是一般人。

重点解读五：《管子·轻重》

下面看一下《轻重篇》，我认为这是我们中国古代传统的货币经济学。诸侯国之间有很多大宗商品贸易，当时重要的就是盐、铁、粮食；今天呢，铁矿石、石油、粮食这些东西，大宗商品，道理完全一样啊，大家想过没有？经济道理完全一样！

“黄金主要在诸侯国之间流通”，这句话为什么提出来？因为黄金仍然是我们现在最后的支付手段。有一个故事大家都知道，说中国大妈和黄金之间的故事，然后有些人，最后就嘲笑中国大妈，说在高价的时候买入黄金，你看黄金跌了吧，赔了吧，被套牢了吧。我跟你讲，谁嘲笑谁还不一定呢。如果大妈心情高兴一点，经常去跳跳广场舞，甚至来修德谷听听课、练练功，时间轴拉长一点，你看谁笑到最后（掌声）。

我们给大家提供过一个数据，美元三十年来，按照曹仁超的估计，币值失去了百分之九十七；黄金，黄金一直处于被打压的状态，因为黄金跟美元之间有一个反向关系，黄金要上来，美元就下去，这是美、金之间的关系。“美金”的历史跟大家报告过了，现在它不是“美金”，它是“花旗纸”，也就是纸跟金之间没有什么关系。按照目前的这个发展，早晚有一天，纸就是纸，黄金还是黄金。黄金是我们国家最后的支付手段，对其他国家来讲也是这样。所以不要听信某些人的说法：黄金无用了，现在谁还买黄金呢？我告诉您，现在因为国家伟大，我们处于和平时期，所以你看不出来谁尊贵、谁有用，一旦发生风吹草动，国际上真的要有比较大规模的战事，你试试看，什么东西值钱立即就显示出来。那个时候你说，以前黄金都没人买呀，早买点好了！就像前几年房价飞涨的时候，哎呀，一拍大腿，早知道我借钱买十套房子存这儿呀，我今天也怎么怎么样。我说这种人啊，永远说这种话，但是聪明人，经历过一轮，学到手，下一轮，他成高手，这才叫聪明人。（长时间掌声）

我们今天说的是管子，离我们多远？没有距离！不要以为太远了，他的这些思想、手段、方法，透过文言表达，你直接可以拿来用。我跟你讲，如果不是说理解岔了的话，你肯定在你的时空里面不成老大，也成权威。这就是读经典的好处——百年之身获得千年智慧，这个智慧将近三千年了。如果追溯传统，可能上万年了。

黄金的重要，重要到无可言说。不服气，你找个东西代替它，谁能号召全世界，我都放弃黄金作为最后的支付手段？衡量一下吧，谁有这个权威？如果黄金真不重要，四十多年前，尼克松为什么要宣布美元跟黄金脱钩？兑去呗，反正也不重要嘛，对不对？不重要的东西，我们前面已经对比过了，贵与贱，那些贱的东西，你拿走好了。他为什么要切断这个联系？好了，你别兑换了，已经宣布脱钩了，我要保存我这点东西。是不是那个东西还很宝贵？太简单的逻辑了！然后他在国际上说谁用黄金哪！这叫“行不可复也”，慢慢被人看破，“被人觑破，不值一文”。

中国的黄金储备，千八百吨吧。跟我们国家的经济实力相配吗？国家经济真安全吗？你的财富是以什么手段标示的、储存的？如果黄金不重要，美国为什么要死死看着我们拥有的哪些黄金？你看看英国、法国、德国，这些主要所谓经济发达国家，他们的黄金储备比我们多不多？真相为什么会被保存起来？看《道德经》，老子在《道德经》当中有一句话，“国之利器不可以示人”。秘密就出来了，我珍贵的东西，我告诉你这东西不值钱，等你扔地下，我赶紧捡回来！就简单到这样明显的一个道理，然后我们很多人都会中计！主意要自己来拿，学《管子》这一点一定要学明白，他就是有主心骨。

我们学到最后，还有一个重大的结论要推出，接着往下看：“各国求富国强兵，设法用经济政策加强国家财力。”谁都想，但怎么办到的？除了齐国以外，其他国家也都有国君、都有相国，为什么齐国能够脱颖而出？就是说历史已经选择了管子的思想和方法，已经被实践检验了，它是真理。那其他国家，什么鲁国、秦国、楚国就干等着你齐国称霸吗？他们一点都不努力呀？没有他们的策略、国际方略、外交战略、政治谋略、军事思想吗？都有吧？一考察，真的都有。但为什么齐国迅速崛起？成为东周历史画卷展开的时候，第一位公认的霸主，而且“不以兵车”？这是孔子说的，就像我们说，不拿航空母舰核弹头吓唬你，我的经济实力已经让你感觉到：行！你是老大！他是这样做到的，“如其仁！如其仁！”孔子两遍感叹。如果要是通过武力强力征服，你承认我是霸主，那得死多少人？多少生灵涂炭？所以小看管仲，他是什么人，我们难道真的见到了两千七百年一出的第二个管仲吗？比管仲还伟大的人物吗？在我们这个时代里出现了，他看不起管仲？即使能和管仲比肩，他也会尊重一个强大的对手。

《轻重篇》是管仲经济学说里面的核心。如果就谈经济学的话，它是通过货币和价格政策控制全国重要的物资，间接地调控着天下的物资。那个时候的重要物资，首要的就是粮食、铁。铁的重要性就像现在石油的重要性，就像现在全球主要的国家都控制着核材料、核燃料的重要性。如果这个世界一不小心让ISIS这样的组织获得了足够质量的铀235就坏了，那个东西是能造原子弹的，一旦他们掌握了核弹，有技术、有材料，因为在核战争下，没有胜利者。毛泽东主席作为一个战略家，他的伟大，伟大在什么地方呢？省吃俭用我们也要自己把原子弹搞出来！搞出来以后，也就是说研制出原子弹以后，无论你是世界第一强国、第二强国，你少跟我来这套！你别威胁我！大不了同归于尽，从此我们获得了“免于核威慑”的国际地位。

提起这件事，我就要报告一个学术同行（我说同行呢，那当然是往自己脸上贴金了），他在美国拿的博士，拿到博士学位七天以后，他告诉他的导师说，我要回国，放弃留在美国。那个时候是1949年，中国什么物质条件？美国正是上升为世界霸主的时候，如日中天。回来了！回来以后，没多长时间，接受了一项任务，回家告诉妻子，国家分配一项重大的任务，要离开家。那太太就问了，在什么地方、多长时间、干什么？他只能回答说，我不能说。当时那种情况下，纪律要求不能说，那真是不能说。然后离开家，到我们西部沙漠里面去，成果研究出来了，他的身体毁坏了。有一次试验发射，弹头掉下来了，不知道出的是哪方面的毛病。他命令所有的人原地待命，他自己进去把那个东西抱出来，人身暴露在强烈的核辐射之下，但是研究清楚了，根本不是他设计的问题，好像是什么机械故障，可是核辐射的危害无可挽回呀！弥留之际，他告诉同行：你们不要管我，赶紧努力，别让人家落我们太远！（长时间掌声。）然后呢，我们对他有什么奖励？原子弹，十块钱人民币；氢弹，十块钱人民币，他为这个国家的贡献，得到了二十块钱！有些人说，你读经济学的，就是为了钱嘛，为什么现在不要钱呢？那我问一下，他老人家向国家要了吗？研究出这么重大的东西？给十块钱，那个时代，没有人认为国家亏待我了！谁那么想过？没有啊！真诚地奉献！所以我们从那样一个一穷二白的土地上建立起现在这样的一个发展经济体，有多少人拼死做了贡献，然后默默无名。她为什么能传承五千年？因为有良知在。总要有人做，有些事儿总要有人做。瞧不起我们自己的国家，瞧不起我们自己的祖宗，瞧不起我们祖宗留下来的经典，说他们落后，到底谁落后？那你受穷挨打，然后遭罪，用我们那里土话说不是活该吗？活着就该这样吗？给你好东西了，“以传保焉”，黄帝说了这句话，“以传保焉”，早就保你了，你不接受，那你就只好享受你的遭罪喽。有良知的都要把这好东西捡起来，继承下来。

我读了《管子》，你再让我回去说，经济学只有西方才有，中国没有，我怎么能够相信？！我不是说我作为一个民族主义者，就是说自己好，我第一本书里就已经引用了西方一个经济学家希克思的一句名言。我们说自己的传统好，并不是为了美化它，而是其中有真理在，它本来真相就是如此。你不能要求中国古代的人用你现代熟悉的语言和学术范式，说它没这么表达，你们就没有经济学。这件事情不搞清楚，中国的经济学术思想是不是一直混乱着？被人家控制着？然后我们自己，遭着罪，往外输送着钱，还斗不过人家。就像我们有一位老同志讲的，国际上大宗商品交易，我们往往就是吃亏的交易。因为你的学者本身就没独立，你学的是二流货色。这不是民族主义闹情绪说的话，仔细分析《管子》里面体现的经济思想，我们不感觉到震惊吗？震惊之余，不感觉到羞愧吗？无知才能说中国没有经济学。

下面我们看的就是这个《轻重乙篇》，他那个时候用这种语言表达世界商品、市场的波动、币值的波动，足以让我们感觉到震撼！调控物价利用的是价格波动，然后获得的是国家收入。

《管子·轻重乙篇》

桓公问於管子曰："衡有数乎？"

管子对曰："衡无数也。衡者使物一高一下，不得常固。"

"岁有四秋，而分有四时，已有四者之序，发号出令，物之轻重相什而相伯，故物不得有常固。故曰衡无数。"

桓公不懂，问管子，衡有定数吗？管子说没有，使物价一高一下，它"不得常固"。就是国家不能够把这个价格定死，做中央计划经济。为什么呢？叫"岁有四秋，而分有四时，已有四者之序，发号出令，物之轻重相什而相伯，故物不得有常固。故曰衡无数"。这是自然地上下波动，你人为地把它固定下，变成一个常数，就违反了自然的状况。

这些话，我们在八十年代初期以后，我们开始改革开放以后，回过头去看才知道，哦，我们那三十年学苏联的计划经济，犯的就是这个错误。这三十年我们检验出来，释放市场的活力，把田地责任明确，分到户，工种工序分到人，每个人都清晰，这就是分工，已经被他论证很清楚了。然后价格自然地放开，这个放开不是任之不管，而是国家有调控。

中国之所以发达起来，富裕起来，就是慢慢地回到了中道经济学。它既不是完全重复古代，更不是听从西方的指导。凡是听从西方经济学家指导的政策，事后证明都错了！（掌声。）张教授现在保持着华人经济学家在西方经济学学报上发表文章的最高纪录，现在还没有人超过。他说这一句话，我认为是公道话。他说，没有朱镕基，中国大陆的金融可能逃不过1997年的东南亚金融危机。这意味着什么？我们躲过了一劫，你账户上的那个币值非常稳定地趴在那里，银行还给你利息。可是你不知道谁给你的恩惠，这就叫“无为”，大家知道吗？百姓做的这些事情，该干吗干吗；但是领导人做的事情，顺应天道就叫“无为”。他做了，做了你好像看不出来，顺应天道、顺应民心、顺应自然。如果没有这样的一个人帮我们把控着这一关，任由他人在市场上兴风作浪，攻击你的货币汇率、币值，我们很多人的财富，可能在90年代末，大为受损吧。

宏观调控经济

管子说衡，用我们今天的话来形容，它就是价格围绕着一个中心而波动。这个规律两千五百年之后，被一个德国人卡尔·马克思进一步揭示出来。但是世界上，尤其是中国大陆的学者，只知道卡尔·马克思，不知道管子。你不能要求管子在两千五百年以前，就是比马克思早两千五百年以前，论述得比马克思还要更符合现代人所看的语言和学术规范，不能这么要求！创建，创建，哪怕提一个思路都值得给诺贝尔奖。

《管子·轻重乙篇》里面说：

谷贵则万物必贱，谷贱则万物必贵。两者为敌，则不俱平。故人君操事於其不平之间。故万民无籍，而国利归於君也。

“谷贵万物必贱”，很清楚，“谷贱则万物必贵”。这里的粮食，几乎具有了一般等价物的作用了吧？相当于是币值跟所有的其他商品来衡量。那说明粮食是定心丸、是压舱石、是稳定器呀，所以我们一再强调粮食安全、粮食安全。每年我看到《新闻联播》，一公布，今年夏粮丰收，几亿吨已经入库，或者夏粮丰收成定局，一年之内我不操心价格。这就是很多人对于我的谈论和研究不理解的地方，你研究经济学的，好像具体问题你什么都不管。我要像你的想法那么去研究，不跟你一样吗？

“两者为敌，则不俱平。故人君”，注意！这就是领导人，别以为一提人君跟自己无关系，这是我们反复强调的，“贯通”的理解就是一下子把他换成自己，你在你的那个时空里面做决定。“操事於其不平之间。故万民无籍，而国利归於君也。”市场上有价格波动，我呢，就利用你这个波动，价格有高有低，咱们公平交易，我也不跟你强迫征税，也不限制你，也不借用你，国营这一块就在市场上进行操作，这个利就归了中央政府。所以我特别希望国营企业的领导人，多看《管子·轻重篇》。

“万民无籍”，可以把它换成凭借的借，我不依靠你纳税，不强迫你纳税，这个利已经归我了，这大家能明白吧？我不凭我的强权向人民征税，在市场上利用价格波动，利用国家掌握的一部分国有资产、国家资源，我就能够控制住国家大部分的利润不外散。拿到以后，用财政转移支付的方式向西部转移支付，向教育转移支付，向我们七千万的贫困的炎黄子孙精准扶贫，向我们五百九十二个贫困县精准扶贫，给你造血的机制，释放你的活力和产能，然后中华民族实现一次小康社会的建成，只需要五年。（掌声）

间接调控重要商品价格

它还会间接调控某种重要商品的价格，在《轻重乙篇》里面记载：

君守布，则籍于麻，十倍其价，布五倍其价，此数也。君以织，籍于系（丝），籍系抚织，再十倍其价。

“君守布”，就领导人控制着布，这是重要的一项物资。布跟麻它俩有一种连带关系，我这个（衣服）算布，但有的是麻，都可以做衣服。“十倍其价，布五倍其价，此数也。”他什么意思呢？后面的织和丝之间也可以，就是你掌握了大量的布，“守布”嘛，不必通过调控或者是规定布的价格，而是征麻税，它俩相关，一征税这个价格自然就高吧，这是常识了。麻一高，布涨不涨价？太简单了，都跟着涨。而你这里面储存了大量的布，放在那价值就上来。就像很多人买房子，买了几十套房子在大连，卖一套房子，一大笔钱，道理是一样的。他知道这个东西涨啊，所以连带关系，控制另外的一个价格，但没有囤麻对吧？通过向麻征税，他控制这个布就涨了，那布一涨起来，市场上还是有人需要，即使不全卖出去，他是不是获利？麻因征税，涨价十倍。不过这个也挺损的，怎么能让它涨那么多倍呢！说是这么说，回看一下我们房价，我买房子的时候，商品房，两千年的时候，顶天立地的，就一楼和顶楼，最低的，找老板，两千七可以买下来，我们那小区，我买的是三楼，算是最好的楼层。一打电话给朋友，他说我找到董事长每平方米能给你便宜一百块钱。我说算了，他给我便宜完了，我请他吃饭可能花得更多。你要多少钱，给你多少钱，三千一百二。十年之后，我家房子当时的价格，一万五千块一平，五倍呀，自然增长。回过头去看，涨十倍好像也并不太离谱是不是？大连算不上一线城市，我们现在所在的这个燕京大都督府，房价是不是涨得更厉害？有的地方十倍不止吧？谁受益，不要说出来哈。国家掌握帛，那你就增丝税，道理一样的，帛跟丝之间有这种连带关系、替代关系。

货币是流通手段

在《轻重乙篇》和《揆度篇》两篇里面提到："黄金刀币者，民之通货也。""刀币者，沟渎也。"我们经常说，通货通货，通货膨胀，这个词哪里来的？《管子》里来的嘛。

为什么叫"刀币"呢？齐国的那个货币，不是圆形方孔钱，圆形方孔钱是秦国的那种铸造方式，齐国是"刀币"。现在呢，那种寻宝节目还出现过一期，有两个齐国的金刀，黄金打造的刀币，那很贵重了，时间久，材料好，上面还写着字，国宝级的古董。“刀币”通货。

“沟渎也”什么意思？像水渠一样，流水一样，这就是“天布五行，以运万类”的那个意思。财富在天地五行当中属水，货币就是属于流通的。货币的币值和商品价值之间的关系，“币重万物轻，币轻万物重”，跟刚才的那个“谷贵万物贱，谷贱万物贵”同一道理。它为啥叫“轻重”呢？就是掂量掂量，像称量似的。哪个重？黄金一重，相对它买的谷物就多，买其他商品道理是一样的，就看你用什么做一般等价物。

怎么样“国营”呢？利用货币数量增减与物价涨落，国家适时抛出货币或者是万物来增加国家的经济收入。这很容易让我们联想到中央银行的公开市场操作。

重点解读六：《管子·侈靡》

我们进入第六篇《侈靡》，《侈靡》是很奇怪的一篇，但是从现在的经济学观点看，非常先进。它的大意是说，当这个国家经济不振的时候，你促进高消费，会使内需短时间内就增长起来，有利于促进经济的繁荣和发展。这是用我们今天概念叙述一下，当时就叫“侈靡”。

古今异同

改革开放之初，像我这么大年龄的人，就有深刻的印象，那一段时间，中央人民广播电台几乎天天要播送中央政府强调的，叫“货币回笼”。据说是邓小平同志批准的，下令货币回笼，因为出现了通货膨胀的倾向。怎么货币回笼？生产一批奢侈品抛向市场，帮助货币回收。三十年以后，一看《管子》，早被他老人家把这种方法说清楚了。制造一批奢侈品抛向市场，价格国家规定，有一些人手里掌握着钱，一买这个东西，更快地货物流向市场，货币收回来，进行调控。

问曰：古之时与今之时同乎？

曰：同。

其人同乎，不同乎？

曰：不同。可与？政其诛。俈尧之时，混吾之美在下。其道非独出入也。山不童而用赡，泽不弊而养足；耕以自养，以其余应良天子，故平。

牛马之牧不相及，人民之俗不相知，不出百里而来足。故卿而不理，静也。其狱一踦腓一踦屦而当死。今周公断指满稽，断首满稽，断足满稽，而死民不服，非人性也，敝也。地重人载，毁敝而养不足，事末作而民兴之，是以下名而上实也。圣人者，省诸本而游诸乐，大昏也，博夜也。

问：古之时与今之时同乎？同。人同乎？不同。这个“政其诛”应该理解成“殊”，殊，就是表示不同的意思。他说尧的那个时代，“混吾之美在下”，没搞清楚什么叫“混吾之美”，我们先往下看，“其道非独出入也。山不童而用赡（赡养的赡），泽不弊而养足”，想一想，很久远的那个时代，尧他老人家那个时候，山没被砍光，童山就是濯濯童山，被砍光了。“山不童而用赡”，就是赡养天下人足够了。什么意思？不必砍伐殆尽，就已经够了，你不必把山泽之利全都开发出来，养天下人已经足了，只要耕种就足以自养。你除了自己家里用度、牲口用度，扣除消费，“以其余应良天子”，就是交税的意思、交贡的意思、纳贡的意思，就足够了，所以是平的。

这是考察古代情况，好像那个时候呢，“牛马之牧不相及，人民之俗不相知，不出百里而来足”，越读越能想起某部经文里面的某句话吧？哪一部？“鸡犬之声相闻，民至老死不相往来”，《道德经》里面的。“牛马之牧不相及”，你放你的，我放我的，你的习俗十里不同天，百里不同俗，都过小雪的节日，你今天吃饺子，我们这风俗吃面条，各过各的，当时天下就是这个样子，“故卿而不理，静也”。

后面的这一段是说什么呢？“毁敝而养不足，事末作而民兴之，是以下名而上实也。圣人者，省诸本而游诸乐，大昏也，博夜也。”周公那个时候，有些人违反了国家的规定，处分，把监狱填满了，还是不能够让人民服，“死民不服，非人性也，敝也”。

莫善于侈靡

那怎么样让这个时代能够听你的教化呢？能够富裕起来呢？看经文：

问曰：兴时化若何？莫善于侈靡。贱有实，敬无用，则人可刑也。故贱粟米而如敬珠玉，好礼乐而如贱事业，本之始也。珠者，阴之阳也，故胜火；玉者，阴之阴也、故胜水。其化如神。故天子藏珠玉，诸侯藏金石，大夫畜狗马，百姓藏布帛。不然，则强者能守之，智者能牧之，贱所贵而贵所贱。不然，鳏寡独老不与得焉。

“莫善于侈靡。贱有实，敬无用，则人可刑也。故贱粟米而如敬珠玉。”这几句话要多念几遍，“好礼乐而如贱事业，本之殆也。贱粟米如敬珠玉，好礼乐而如贱事业，本之殆也”。农业，国家根基、基础。往下看，就是古代对于什么是珠，什么是玉，我们不去详谈。天子藏的是珠玉；诸侯藏的是金石；大夫藏的是牲畜，狗、马、牛之类；百姓自己家生产的就是布或者是帛，都是对他们来讲最贵重的东西。那我们看一下那个时候的珠玉可能比金石都要贵重，天子才拿它做宝物。

“强者能守之，智者能牧之，贱所贵而贵所贱。不然，鳏寡独老不与得焉。”贵重的商品，人们都喜欢，按照自己的能力范围都要储藏一部分。强者能守住自己的东西，但是智者呢，叫“能牧之”，就是能养之、能用之，并不仅仅是藏之。抛出去以后，天下的物价，商品之间的对应关系，随之而改。我们在座的还有行长，即使不是做中央银行系统的工作，大家现在也都能明白，中央通过公开市场操作，可以控制货币投放量，可以控制物价币值波动的幅度，所以央行经常监控的是银行同业拆借利率啦，现金头寸在银行之间是不是能够很好地进行调剂啦，这是现在的说法。在古代，他们要想影响市场，“贱所贵而贵所贱”，根据需要，把自己所藏的东西用出去，叫“智者能牧之”。

政教相似而殊方

管子曰：夫政教相似而殊方。若夫教者，标然若秋云之远，动人心之悲；蔼然若夏之静云乃及人之体；然若谪之静，动人意以怨；荡荡若流水，使人思之，人所生往。教之始也，身必备之，辟之若秋云

之始见，贤者不肖者化焉。敬而待之，爱而使之，若樊神山祭之。贤者少，不肖者多，使其贤，不肖恶得不化？今夫政则少则，若夫成形之征者也。去则少可使人乎？

“政教相似而殊方”，政，政治，为政；教，教化；相似，但是做的方法是不一样的。这个如果理解不了，我们可以提一下，目前政教合一的国家，像伊朗。前一天我们都提到过这个，教化是一种方式，行政命令它又有行政伦理，又是另一种方式，两者呢有相似的地方，但是方法、道路、途径看上去有很大的不同。

甚富不可使　甚贫不知耻

用贫与富，何如而可？曰：甚富不可使，甚贫不知耻。水平而不流，无源则速竭；云平而雨不甚，无委云，雨则速已。政平而无威则不行。爱而无亲则流，亲左有，用无用，则辟之若相为有兆怨。上短下长，无度而用，则危本。

“甚富不可使，甚贫不知耻”，这个思想能够提出来，就说明写出这个东西的人不是书呆子，他一定做过现实的执政工作，有切实的行政体验，才能够写出来。翻译过来大致的意思是说，这个人富裕到一定程度、超过一定的程度，国家可能就使用不了他了，他可能不听你的了；贫到一定程度“不知耻”，就麻烦了。

所以，一个社会的稳定阶层叫什么？中产阶级。他富到和你国家元首都想平起平坐，那你拿他有什么办法？或者说他贫贱到毫不知耻，什么法令啊，什么教化呀，礼义廉耻全不顾了，那他也不在政治教化管理的正常范围之内了，除非用法律去约束他，否则他就是不听话。然后，这些人通常又没有什么受教的思想，无论是信教，还是听正统的教育，都没有！香港的曹仁操就调查过，富豪绝大多数有虔诚的信仰，凡事都有规矩。这对国家、对市场、对经济其实都不利。前一者不利，大家能不能想起来，叫垄断，这个列宁深刻地论述过。现在美国市场还有反垄断调查，比如说对微软就曾发起过反垄断调查，太富裕了，国家使唤不了，不听话，那也要敲打敲打，发起反垄断调查。

足其所欲，赡其所愿

饮食者也，侈乐者也，民之所愿也。足其所欲，赡其所愿，则能用之耳。今使衣皮而冠角，食野草，饮野水，孰能用之？伤心者不可以致功。丹沙之穴不塞，则商贾不处。富者靡之，贫者为之，此百姓之怠生，百振而食。非独自为也，为之畜化。

“饮食者也，侈乐者也，民之所愿也”，吃好吃的，游山玩水，这都是大家所期望的。你满足他的欲望你才能够用他，你给他薪水，他才可能到这里听你的指派去干一份活，“则能用之”。你让我来干活，我的意思，我不是来做义工的，我是来拿我的工资养家糊口孝顺老娘的。干完了之后，你没满足我的起码工资的欲望，那对不起，我要辞职走了，再简单不过的道理。

重点解读七：《管子·霸形》

下面《管子·霸形》，进入到这一篇，相当于是我们分析了他治理国家的政治、经济、伦理、原则和基础，就是全心全意为人民服务。然后，在市场上进行各种各样的市场操作，国营经济，做了一定时间，国家强大了，但是在国际政治上、军事外交上，还必须有一些措施才能够完成，这是一步一步来的。

这个故事我在2014年6月份上海嘉定区首届传统文化论坛上分享过，当时说得简单，就一部分，今天希望跟大家说全。因为它是整个齐国在完成了经济积累，政治获得天下诸侯国的信任之后，如何完成称霸过程的一篇，全在这里面记载着。

见鸿鹄而感叹

桓公在位，管仲、隰朋见。立有间，有贰鸿飞而过之。桓公叹曰："仲父，今彼鸿鹄有时而南，有时而北，有时而往，有时而来，四方无远，所欲至而至焉，非唯有羽翼之故，是以能通其意于天下乎？"管仲、隰朋不对。

有一天，"桓公在位"，当然是国君之位了，现在就像拍电影，这是剧本。"管仲、隰朋见。"管仲临死之前也曾经推荐过继任者，有些人说是不是应该轮到鲍叔牙了，但是管仲反对，而且有人去打小报告，据说是易牙。这种小人吧，他总是这种挑拨离间：你看你推荐了管仲，现在他要死了，然后相位应该轮到你了，可是管仲反对。鲍叔牙说：他反对得对，我要是当丞相的话，有你这些小人的活路吗？就是说鲍叔牙这个人是个君子，容不得沙子，他不像管仲，吃喝玩乐，纸醉金迷他也能享受得了，但鲍叔牙不行，他洁身自好。所以他不愿参与这种事情，你挑拨离间对他一点用处都没有。隰朋，是另外一个很可能接管仲相位的人，但他也没那个福德，管仲死了，随后他也死了。这说明桓公作大了，把自己的德行报销了，没有贤臣辅佐，所以没得好死。

这个场景挺好玩儿的，他俩在那个地方立着，“立有间”，就站了有一会儿了，谁都不吱声。有两个鸟，叫“贰鸿飞而过之”，飞过去了。“桓公叹曰”，二爸爸，现在有大鸟“时而南，时而北，时而往，时而来，四方无远”，它想到哪儿就到哪儿，难道仅仅是因为有羽毛的原因吗？“是以能通其意于天下乎？”它就是因为有羽毛，它才能够天下里哪儿都转悠吗？他叫管仲为“仲父”，仲不是老大了，是排行为二，父，父亲，所以叫“二爸爸”。鸿鹄，大鸟，那真是自在，在国王的王宫里面（显然是开放的，应该不是冬天，不是我们这个季节）飞来飞去。桓公看见就说了，哎，你说这鸟，飞翔得那么自由，仅仅是因为有羽翼吗？注意啊！高手说话，要听弦外之音。“管仲、隰朋不对”，这两人肯定没学过《弟子规》，《弟子规》里要求长辈、老师、领导有问的话，得有礼有貌地赶紧回答，是吧？清清楚楚地说吧？显然不回答有不回答的道理在，且看为什么。

闻道而得度

桓公曰：“二子何故不对？”

管子对曰：“君有霸王之心，而夷吾非霸王之臣也，是以不敢对。”

桓公曰：“仲父胡为然？盍不当言，寡人其有乡乎？寡人之有仲父也，犹飞鸿之有羽翼也，若济大水有舟楫也。仲父不一言教寡人，寡

人之有耳，将安闻道而得度哉？”

桓公很奇怪呀，“二子”，这可不是二儿子啊，是两位先生的意思，很尊敬啊，那是他的臣子，“二子何故不对？”你们哥俩儿为什么不搭理我？

“管子对曰：‘君有霸王之心。’”你这一句问话就透露了你不是问鸟，你自己说那意思，它可以随便飞，为什么我不行啊？为啥我不能到全天下里面随便转悠转悠？我想去南方，到楚国那里面摆个谱儿就摆个谱儿；到燕国那里面开个会我就开个会……燕国是哪？就我们现在这个地方，他想到修德谷来，秘书长不批准。管子就说，您老人家有霸王之心，“而夷吾”，称呼自己的名字，“非霸王之臣也”，我做不到我敢做吗？我们只能承担我们能够承担的任务。

“桓公曰：仲父胡为然？”您老人家为什么这样讲？为什么这样做？“盍不当言”，应该怎么说就说嘛。“寡人其有乡乎？寡人之有仲父也，犹飞鸿之有羽翼也，若济大水有舟楫也”，我有幸遇到您老人家这样的，相当于那个大鸟有翅膀能飞，相当于我要渡过黄河有舟楫，有船还有桨，你是帮我的，你不出一言教我，“将安闻道而得度哉？”

谁闻道？谁得度？他讲佛经吗？这词是从哪里来的？“将安闻道而得度哉？”从《管子》里来的。这个话是带引号的，那就是说，等于是史官记录原话、原文。“应以何身得度者，即现何身而为说法”，应以管仲身得度者，即现管仲身而为说法；应以谷主身得度者，即现谷主身而为说法。

以人为本

管子对曰："君若将欲霸王举大事乎？则必从其本事矣。"

桓公变躬迁席，拱手而问曰："敢问何谓其本？"

管子对曰："齐国百姓，公之本也。人甚忧饥，而税敛重；人甚惧死，而刑政险；人甚伤劳，而上举事不时。公轻其税敛，则人不忧饥；缓其刑政，则人不惧死；举事以时，则人不伤劳。"

"管子对曰：'君若将欲霸王举大事乎？则必从其本事矣。'"您老人家真的要做霸王而举大事吗？如果要是这样的话，必须"从其本事"，答案给出来了。管仲啊，现在一看也是卖关子，他明明知道，故意逗这个齐桓公。他知道应该怎么做，这就是艺术，不是直不愣腾地，"直"有些时候是伤人的。所以学太极呢，要学柔，闻弦音而知雅意，高手较量，高手过招，那都是通过表面上看，什么礼仪呀、红地毯哪、外交辞令啊，一听好像没什么玄机，仔细观察细节，大不一样。

"桓公变躬迁席，拱手而问曰"，"变躬"，"躬"指身体，他本来应该是席地而坐嘛，古代那个"坐"。"迁席"，一种说法，就是身子起来了，臀部坐在后脚跟上，一下子离开，起来了，叫"迁"，变动；还有一种说法，他是君王，他在上面，臣子在旁边，每个人坐在一块席子上，一人一个席子，"迁席"就是故意地过去了，表示谄媚的态度，到人家那个席子上，也坐下，叫促膝而谈吧。我们现在看就是两个人相对而跪，古代就是相对而坐，叫促膝长谈，迁席过去。"拱手而问曰：'敢问何谓其本？'""敢问"就是客气了，就好像诚惶诚恐的样子，"我请教个问题"，就那个样子。

"管子对曰：'齐国百姓，公之本也。'"这个通过《牧民篇》，我们都知道了吧？民就指百姓啊，这些老百姓就是您的本。“人甚忧饥”，大家都害怕挨饿，结果，你税赋征得那么重；大家都非常害怕死亡，你设的刑罚那么严峻；“人甚伤劳”，就怕干活干得重，结果，你突然命令大家来帮你干事儿，人家那头正干农活，不管农时，伤的就是“本事”。

“公轻其税敛，则人不忧饥”，如果税赋轻了，大家分得的就多了嘛，不害怕了，有粮不慌；“缓其刑政”，舒缓，这不是慢的意思，就是宽刑，有点小错误，过去得了呗，“则人不惧死”；“举事以时，则人不伤劳”，他正在那儿泡茶呢，或正盛菜呢，你非得让其过来，帮我搬桌子，你等人干完了不行吗？兴办事业必须观察时机。

民归如水

桓公曰：“寡人闻仲父之言此三者，闻命矣，不敢擅也，将荐之先君。”

于是令百官有司，削方墨笔。明日，皆朝于太庙之门朝，定令于百吏。

使税者百一钟，孤幼不刑，泽梁时纵，关讥而不征，市书而不赋；近者示之以忠信，远者示之以礼义。

行此数年，而民归之如流水。

“桓公曰”，我听说你老人家说的这三句话，“闻命矣”，听到了，但是呢，“不敢专擅”，我不敢独自就这么决定了，这是件大事。比如说改《中华人民共和国刑法》《中华人民共和国税法》《中华人民共和国所得税法》及法令这件事情，那不是元首说改就改的，要经过人民代表大会，至少常务委员会举手表决，票数不够是通不过的。那古代呢，不是这种方式，他说“将荐之先君”，我跟我的祖宗报告一下，然后才敢修改。

于是“令百官有司”，就是有关部门了，司法部的、最高法院的、财政部的、国家税务总局的、发改委的、办公厅的，全都来了，“削方墨笔”，把笔墨都准备好。第二天，“明日，皆朝于太庙之门朝，定令于百吏”，那齐国的太庙显然就是姜太公的庙了。

“使税者百一钟”，钟，不是我那个钟，它是指单位，具体多大单位呢，感兴趣的可以去查，不感兴趣的你就理解成吨啊、斤啊、筐啊，都行。百分之一轻不轻？纳税百分之一是轻的吧？各位都是老总啊，自己公司会计报表你不看，但总要知道自己纳了多少税吧，大数是有的。如果你赚了一百万，国家只征收一万的税款，那你真是高兴得不得了，一辆奥迪车省出来了。

“孤幼不刑”，孤儿，年龄不到十八岁的，免于刑事处罚。我们现在是不是这样？不到十八岁的，不用《刑法》处理吧？叫少年管教，还是劳教的。

“泽梁时纵”，就是关于农时，征收劳役如果正是春耕夏耘的时候，就不打扰大家，该干活干活，该播种播种，秋收的时候也不打扰大家。春天、夏天、秋天，秋收都完了，税收都完了。不违反农时，这个时候，到冬天了，他可以劳动人民去帮他干。

“关，讥而不征；市，书而不赋”，大家一定要记住这十个字，在历史上极其有名，孟子的书里面提到以前的历史时引用过这十个字。海关稽核稽查，但是不征关税，市场记录下来，“书”，就是写下来，你运进来多少货物，卖了多少，都有计算，就是国家掌握着这个数据，统计局的官员也都了解，发改委也掌握着你这些大宗物资的进出流量，但是呢，不征税，“不赋”。

“近者示之以忠信”，我们的邻国，告诉你们，我们是忠信之国。“忠信”这两个字曾经出现在谁的口中？鲍叔牙吧。鲍叔牙说臣有五个方面不如管夷吾，其中有一条就是“忠信以结于诸侯”，我不如他，忠信。那诸侯是什么？邻国，兄弟国家。我们现在的总书记提出来，我们跟邻国什么原则来处理关系？亲，亲切的亲；诚，诚实的诚；惠，就是惠而爱民的那个惠啊；容，包容的容、宽容的容。亲、诚、惠、容，用来处理周边国家关系。

“近者示之以忠信，远者示之以礼义。”谁离我们远？欧洲。德国总理不远万里来，我们的总理陪着他到家乡去，这个礼够重吧，陪着到安徽去；法国总统来，总书记在北京鸣礼炮二十一响接待，“远者示之以礼义”。义呢，因为他是国家元首来访问，这是“义”所应当的，但礼数上给你足够的尊重。外交细节有很多，安不安排你到家乡去访问，是不是到酒吧里面去，不扎领带，一起喝杯啤酒（指习主席访问英国时的情况），或者到别墅里面去住一宿，那都是不一样的。

“行此数年，民归之如流水”，就这个政策，执行了数年，就是不到十年，民，不光是齐民，周围国家的、其他国家的公民怎么样？移民像潮水一样涌来，到这里来拿绿卡呀，找工作机会呀。

小农思想　醉生梦死

此其后，宋伐杞，狄伐邢、卫。桓公不救，裸体纫胸称疾。召管仲曰：“寡人有千岁之食，而无百岁之寿，今有疾病，姑乐乎！”管子

曰："诺。"

"此其后"，宋国伐杞国，"狄伐邢、卫。桓公不救"。我们说原来他是在国际间主持公道的，本来现在，天下的士子全都归附齐国，可是，国际上发生了一些冲突入侵伊拉克了，有人入侵科威特了，他不管。他不但不管，"裸体纫胸称疾"。这哥们儿可不是一般的官二代、富二代，他叫目不离色，耳不离声，天天歌舞升平，天天灯红酒绿，纸醉金迷，玩高兴了，衣服一脱，光着大膀子，说我身体不舒服。然后，对管仲说，我有吃一千年的粮食，可是我只能活一百岁，现在，这两天又不舒服，你先让我乐和乐和算了，别拿那些个破事儿来干扰我。你看他这个想法，"寡人有千岁之食，而无百岁之寿"，我都活不到一百岁，你就不能让我放松两天，放两天假，休息休息吗？管子说，"诺"，好吧。

于是令之县钟磬之榱，陈歌舞竽瑟之乐，日杀数十牛者数旬。群臣进谏曰："宋伐杞，狄伐邢、卫，君不可不救。"桓公曰："寡人有千岁之食，而无百岁之寿，今又疾病，姑乐乎！且彼非伐寡人之国也，伐邻国也，子无事焉。"

"于是令之县钟磬之榱"，那个"县"是xuán（悬），"陈歌舞竽瑟之乐，日杀数十牛者数旬"，一旬十五天吧，两周，"数旬"，作了好几个月，每天杀数十头牛。周代的时候，天子无故不杀牛，诸侯无故不杀羊，百姓无故不杀猪和犬，只是在隆重的节日、过年的时候、重大的祭祀，才会按礼法杀牛、杀羊、杀狗或者杀猪。你看看他作的，每天杀数十头，然后"数旬"，几个月呀。

"群臣进谏曰：'宋伐杞，狄伐邢、卫，君不可不救'"，您老人家不能不管这个事情。“桓公曰：‘寡人有千岁之食，无百岁之寿。今又疾病，姑乐乎！’”天天想的就是这一套。“且彼非伐寡人之国也”，他攻打的又不是我的国家，攻打的是其他邻国，你呀很安全，不是攻打我们国家，别到这儿来烦我，别无事生非，管他干吗，他又不打你。想想桓公他是什么操守？！对吧？现在我们才能知道，管仲是真不容易，辅佐了这么个东西！

何乐何哀

宋已取杞，狄已拔邢、卫矣。桓公起，行筍虡（音巨）之间，管子从。至大钟之西，桓公南面而立，管仲北乡对之，大钟鸣。桓公视管仲曰：“乐夫，仲父？”管子对曰：“此臣之所谓哀，非乐也。臣闻之，古者之言乐于钟磬之间者不如此。言脱于口，而令行乎天下；游钟磬之间，而无四面兵革之忧。今君之事，言脱于口，令不得行于天下；在钟磬之间，而有四面兵革之忧。此臣之所谓哀，非乐也。”桓公曰：“善。”于是伐钟磬之县，并歌舞之乐。宫中虚无人。

他不管，听之任之。结果宋国把杞国夺取了，“已取杞”。那狄呢，“已拔邢、卫矣”，拔，攻城拔寨，就是已经攻陷了。桓公呢，他也不说疾病了，他自己在那个宫廷里面巨大的廊柱之间奔走，管仲跟着他。然后“桓公南面而立，管仲北乡对之”，那个“乡”是方向的“向”，前面也出现过；“大钟鸣”，王宫里响彻钟声，绕梁三日的架势。

桓公看了一下管仲，高兴吧？高不高兴，二爸爸？“管子对曰：‘此臣之所谓哀，非乐也’”，我不但不高兴，还真为您感觉到悲哀！

有什么可乐的？我听说“古者之言乐于钟磬之间者不如此”，我告诉你，中国古代的明君圣主所说的钟磬之乐不是这个样子！“言脱于口，令行于天下；游钟磬之间，而无四面兵革之忧”，说话一言九鼎，天下服从；黄钟大吕之间，没有国防兵戈的担忧，这才值得乐！你呢，“今君之事，言脱于口，令不得行于天下；在钟磬之间，而有四面兵革之忧”，人家都在那攻城拔寨了，你还在这穷欢乐，“此臣之所谓哀，非乐也”，我真感觉到悲哀，有什么可乐的？！

桓公好像突然被骂醒了，好！“于是伐钟磬之县，并歌舞之乐，宫中虚无人。”一骂老实了，悬起的大钟、磬砍掉了，拿下来；歌舞停止，你们该干吗干吗去吧，歌舞团解散。

避其锋芒　躲其乱争　令行天下

桓公曰：“寡人以伐钟磬之县，并歌舞之乐矣，请问所始于国，将为何行？”

管子对曰：“宋伐杞，狄伐邢、卫，而君之不救也，臣请以庆。臣闻之，诸侯争于强者，勿与分于强。今君何不定三君之处哉？”

于是桓公曰：“诺。”因命以车百乘，卒千人，以缘陵封杞；车百乘，卒千人，以夷仪封邢；车五百乘，卒五千人，以楚丘封卫。桓公曰：“寡人以定三君之居处矣，今又将何行？”管子对曰：“臣闻诸侯贪于利，勿与分于利。君何不发虎豹之皮、文锦以使诸侯，令诸侯以缦帛鹿皮报？”桓公曰：“诺。”于是以虎豹皮、文锦使诸侯，诸侯以缦帛、鹿皮报。则令固始行于天下矣。

“桓公曰”，我已经把钟啊、磬啊，这些个歌舞的器乐全都去了，

“请问所始于国，将为何行？”经过管仲治齐，齐国天下大富，富了呢，饱暖思淫欲，齐桓公表现得非常充分。我们说，不光是农业从事者小农思想，老婆孩子热炕头，没有远见；他做齐国国君的，没有经过圣人教化，也是那个样子。现在被骂醒了以后，好像是突然眼珠子亮起来，一收拾家伙，你说，从哪儿开始干？“将为何行？”就这意思，我们怎么干？听你老人家的。

“管子对曰”，他两家打架，你不救，“臣请以庆”，你是对的。我听说“诸侯争于强者，勿与分于强”，不管那些烂摊子事儿。“今君何不定三君之处哉？”这是谋略，打的时候，不救就不救了，这是对的；但是现在这个时候，外交上、礼仪上、情义上、道德上，你要安顿这三家已经被灭国了的君主，让他们有口饭吃。

桓公就听了，好，“因命以车百乘，卒千人，以缘陵封杞”，杞国不是已被占领了嘛，让他流亡政府的总统到这里来，“缘陵”，给块地方，一百辆车，一千个随从，安顿好。他是不是感激不尽？都已经被灭国了，哎哟，还能有这样的待遇，不错不错，感激涕零。同样的待遇，“以夷仪封邢”，给邢国。卫国，可能原来国力大一点、关系好一点、影响大一点，起码在安理会里面呢，不算常任理事国，是一个理事国，待遇得稍好一点，就是给车得多一点，“五百乘，卒五千人”。不是所有人，所有的国君都有这个待遇。“以楚丘封卫”，这都是地名。

历史一带而过，这些都雷厉风行地做了。“桓公曰”，你给我分派的这个活已经干了，这三个国家的流亡政府已经安顿完了，“今又将何行？”下一步怎么办，你就说吧，该干什么？

“管子对曰：‘臣闻诸侯贪于利，勿与分于利。君何不发虎豹之皮、文锦以使诸侯，令诸侯以缦帛鹿皮报？’”在礼仪上进行一次外交的试验，“贪于利”，不跟你去争那个东西，但是呢，礼尚往来，你试一试。送两只中国的大熊猫，让对方去养一下，人民参观一下，以示两国友好，您看看对方是否同意我们“高铁换大米”的项目（用大家熟悉的现代经贸与外交事例类比解释古代的国际交往）。

“桓公曰：‘诺。’于是以虎豹皮、文锦使诸侯。”他们这个地方也就是山东那个地方，有没有老虎和豹子呢？现在好像是没有吧？我觉得东北都少了，但当时呢就拿出这个东西。诸侯呢，以他们的特产回报，礼尚往来。什么意思呢？一个大国，最富裕的（现在谈的这个《霸形篇》呢，已经是在管子治齐，他们GDP已经排了当时诸侯国表上第一了），这最富裕的国家这么瞧得起我，他们主动送礼物来，所以这些小国们也回赠。

国家之间斗法，怎么斗？你看管仲一步一步安排的，成竹在胸。你在联合国没有话语权，没有合法的场合、程序、权力，怎么会有今天的地位？人家通过一个决议，你连个评理的地方都没有！现在情况绝不一样了，我是有否决权的，你即使有提案，被人家别有用心地弄上来，我一否决，讨论都不需要讨论，执行不了嘛。

时间到了，我们下午接着来。

第十一讲

管子辅佐齐桓公“九合诸侯，一匡天下”成为霸主之后，理论总结形成《霸言》；筑基完成，霸业完成，总结完成，根在哪儿呢？在“心术”；心术要用正，要自净其意，所以不能是黑心，是“白心”。作者层层递进，在有限的时间内，择《管子》要中之要，给我们讲到了根本。最后进一步阐明管子经济学对于当下的借鉴意义。

尊敬的各位同人：

我们接着学习《霸形篇》，这是这次讲座最后一讲了。

大家看一下，上午我们讲到管仲在非常恰当的时候，向桓公提出你应该怎么办，如果回忆一下，当桓公自己沉浸于我创造了那么大的财富，我连一百岁都活不了，及时行乐的思想提出来的时候，管子的回答是“诺”。这一个字说明他是什么智慧？不直接顶撞自己的领导，先让他享受一段时间。作够了，然后在这钟磬歌舞之间瞎溜达，闹腾一段时间以后，他也会觉得没意思了，就是那个兴头不那么盛了，管子，就在后面跟着，等桓公开口。怎么样？乐吧？这根本就不值得乐！机会就来了，然后告诉你什么是乐。桓公这个人，他之所以能够做大领导，他有做大领导的优势，除了他的出身、血统，就是他脑子反应确实快，知错了，改得也快，所以立即纠正，全不要了，干正事。在管仲一步一步地指挥之下，开始了在当时全中国范围之内称霸的步骤。先是把失去国家的君主安顿下来，让人们看到齐国扶弱济贫的国际形象；然后呢，和没有发生战争的国家开始礼尚往来，因为他已经在经济上是老大了，在国际上就已经类似我们今天说在联合国取得了多数国家支持的意思，这个时候在道义上，他发话是好用的，他做事情也会有众多的兄弟国家帮助。

重宝以事的背后：外交、政治、军事

此其后，楚人攻宋、郑。烧焫熯焚郑地，使城坏者不得复筑也，屋之烧者不得复葺也；令其人有丧雌雄，居室如鸟鼠处穴。要宋田，夹塞两川，使水不得东流，东山之西，水深灭垝，四百里而后可田也。

所以“此其后，楚国攻宋、郑”，南方的楚国开始兴兵攻打宋国和郑国，第一天给大家看过春秋战国的形势，大家也能想起来大约宋国和郑国在什么位置，那就是在齐楚之间嘛。“烧焫（音若）熯（音汗）焚”这四个字一个意思，就是放火，把郑国的国土一把火烧焦的样子，生灵涂炭。而且城坏了不允许你复修，这就是战胜国的霸道，让人家叫“有丧雌雄”，就是男女全家都灭了，民不聊生。攻打宋国，占据了宋国的田地，堵塞了两面的水源，水不让它流过去，也就是说，楚国现在就想灭了这两个国家。我们想象当时那个情况，可能怎么想也想不太明白，我们想象一下抗日战争，一个侵略国打进来造成的情况，掠夺你的矿山、工厂、资源，屠杀你的人民。

楚欲吞宋、郑而畏齐，曰思人众兵强能害己者，必齐也。于是乎楚王号令于国中曰：“寡人之所明于人君者，莫如桓公；所贤于人臣者，莫如管仲。明其君而贤其臣，寡人愿事之。谁能为我交齐者，寡人不爱封侯之君焉。”于是楚国之贤士皆抱其重宝币帛以事齐。

这个时候，楚国也有自己的想法，他想吞并宋国、郑国，但是忌畏齐国。因为天下就这么点地盘，如果他把宋国、郑国吞并了，那楚和齐直接就面对面了。他知道自己的实力，其实没有齐国那么强大，尤其是在经济上，所以就想试探。楚国的国君呢一琢磨，说人口众多，兵力强盛，能够危害到、威胁到自己的只有齐国。于是他对朝中人士讲：我们听说，做明君的没有比齐桓公更厉害的；做贤臣的，也有没有比管仲更厉害的，“明其君而贤其臣，寡人愿事之”，这在朝廷上放风，先示软、示弱。

“谁能为我交齐者，寡人不爱封侯之君焉”，据说这个“封侯之君”是“封侯之赏”的意思，就是我把大量的赏赐给你，你帮我解决跟齐国两国交好，即使不形成盟友，起码我要宋国、郑国的土地，他不会干涉。“于是楚国之贤士皆抱其重宝币帛以事齐”，全都拿着自己的土特产、藏的宝贝，跑到齐国去做工作，进行外交攻势。

桓公之左右，无不受重宝币帛者。于是桓公召管仲曰：“寡人闻之，善人者人亦善之。今楚王之善寡人一甚矣，寡人不善，将拂于道。仲父何不遂交楚哉？”

齐桓公左右那些人，“无不受重宝币帛者”，全都接受了，那肯定在朝堂上一议，都说楚国好话呀。“桓公召管仲曰”，我听说，“善人者人亦善之”，他先引用一下不知道是哪位圣贤说的，那肯定是经典上说的，就像我们经常一开篇，孔子说过什么什么话，老子说过什么，人一听，哎，这人读过两页书啊；或者在经济学界内部讲话，1976年诺贝尔经济学奖获得者是谁，说过什么；1998年是谁，说过什么；2002年又怎么行为经济学转向……一看，哎，对世界经济学说史了解得很通透，很有学问的样子，就是开篇先盖个帽子的做法。

现在“楚王之善寡人一甚矣”，楚王这哥们儿太可爱了，他对我太好了，“寡人不善，将拂于道”，我对他要不礼尚往来，对他好一点的话，于道义上肯定说不过去，二爸爸你何不也交于楚国呢？就等于是整个齐国连国君都已经被楚国策反了，如果没脑子的话，没一个主心骨的话，全国上下，就已经被糖衣炮弹攻翻了。

洞察外交行为背后的真实

管子对曰：“不可。楚欲吞宋、郑，思人众兵强而能害己者，必齐也。是欲以文克齐，而以武取宋、郑也，楚取宋、郑而不知禁，是失宋、郑也；禁之，则是又不信于楚也。知失于内，兵困于外，非善举也。”

管子就说：不行。楚国想要吞并宋、郑，能阻碍这个战略的只有齐国，所以，“欲以文克齐”，用这种手段把我们攻陷了。这相当于另一种攻陷，不用派兵，派一些人，重宝币帛去贿赂你，把嘴闭上，不准参与这件事情，你按兵不动就行了。

“而以武取宋、郑也”，那面发兵，就把这两国的土地财产全部据为己有了。“楚取宋、郑而不知禁”，你明知道他的军事目的、政治目的，想要达到什么目的，你不去禁止他，你是失道于宋、郑；你去禁止他呢、阻止他呢，又不信于楚。人家给你那么多好东西了，你上下左右全都接受了，那“小鸡儿都给你炖了”，你都吃了，“知失于内，兵困于外，非善举也”，进退两难。

文武双备　展开霸业

桓公曰："善。然则若何？"

管子对曰："请兴兵而南存宋、郑，而令曰：'无攻楚，言与楚王遇。'至于遇上，而以郑城与宋水为请，楚若许，则是我以文令也；楚若不许，则遂以武令焉。"

桓公一听，有道理，"然则若何？"那怎么办？送来的小鸡儿已经都吃了（笑）。

"管子对曰"：这样，"兴兵而南存宋、郑"，要派军队，这两个国家都在齐国的西南，就是现在河南的那片土地，就相当于是今天从山东的角度看上去，河南在西南。要对他们下命令：你们不要进攻楚国，我派兵解救你亡国之危，但是，你要听我劝。这属于在国际上拉架的，一个快把另一个打灭了，他上去劝架，你别打了哈，我来救你，但是要听话。

"言与楚王遇，至于遇上"，地名，我们不用管，"而以郑城与宋水为请"，如果楚国答应，"则是我以文令也"，就是不用真打了，口头上说话，外交，恢复到外交谈判上来解决国际争端；如果他不答应，那就发兵。

桓公曰："善。"于是遂兴兵而南存宋、郑，与楚王遇于召陵之上，而令于遇上曰："毋贮粟，毋曲堤，无擅废嫡子，无置妾以为妻。"因以郑城与宋水为请于楚，楚人不许。

遂退七十里而舍。使军人城郑南之地，立百代城焉。

曰：自此而北至于河者，郑自城之，而楚不敢隳也。东发宋田，夹两川，使水复东流，而楚不敢塞也。遂南伐，及逾方城，济于汝水，望汶山，南致楚越之君，而西伐秦，北伐狄，东存晋公于南，北伐孤竹，还存燕公。

桓公说，好。于是下令，“兴兵而南存宋、郑，与楚王遇于召陵之上”，说：你不要储存粟米，就是谷物、粮食；不要把那个水围起来，把人家灌溉田地的那两川的水围起来；也不要擅自废除人家的嫡子，就是太子嘛、王储嘛，现在国际上也经常发生王储流亡国外的事情；“无置妾以为妻”，你不要把妾给扶成正妻，这个意思。于是，“以郑城与宋水为请于楚”，郑国的城市，宋国的河水，水资源，楚国把那个水给堵上了嘛，楚国的外交官不答应，没同意。

然后，齐军“遂退七十里而舍。使军人城郑南之地，立百代城焉”，这就拉开架势，为下一步做好了军事准备。

“北至于河者”，指黄河，因为是河南那块土地，从这往北到黄河，由郑国自己来建城，恢复土地，恢复家园建设。告诉你了，楚国不敢动你，“不敢隳也”，就不敢来破坏。向东，东面，发还宋国的土地，把被人截流的那两川，“使水复东流”，而楚国呢，不敢再堵塞了。往南，“南伐，及逾方城，济于汝水，望汶山，南致楚越之君”，这跑了很远哪。往西伐秦，尽管几百年之后秦灭了齐，但当时秦还受齐国的欺负。往北，“伐狄”。这个地图大家可以想象一下，因为第一天的时候给大家看了好几张。“东存晋公于南，北伐孤竹，还存燕公”，北伐孤竹，很远了，都已经过了北京的地界了。

九合诸侯　一匡天下

兵车之会六，乘车之会三，九合诸侯，反位已霸。修钟磬而复乐。管子曰："此臣之所谓乐也。"

这一篇里发生的事情，谋略深远，波澜壮阔，时间很长，地域很广，但是历史呢，就好像是在轻描淡写之间过去了。做完了之后，就是东西南北，打了一圈，"兵车之会六，乘车之会三"，其实都没有遇到很像样子的所谓抵抗，没有。他兵车所到之处，大家都服气，你是老大哥，不跟你打，听你的，你说咋办就咋办；还有连兵车都不用乘，就是不用派战车，乘车嘛，就不是开坦克车、装甲车过去，开奥迪车过去了，开这个国际会议，就已经把诸侯"合了九次"，就是开了九次国际会议。承认他，你是老大。

"反位"，回到齐国的位上，桓公在位，已经是天下公认的霸主了。"修钟磬而复乐（lè）"，或者复乐（yuè），应该是管仲指挥的，又重新把他砍掉那些又挂起了，用现在的话说，你就作吧。

"管子曰：'此臣之所谓乐也。'"

这个剧本写到这儿呀，其实是很好玩儿的，没桓公什么事了，他什么反应？没有写，是吧。一开始你看他，有台词，有描写，还有特写镜头，蒙太奇的手法，镜头切换得很生动，但是到这儿，他就像木偶一样，听着管子摆布，您老人家怎么样，怎么样，摆好局，这样就行。

所以，到了这一地步，你想这是国际上多大的排场，九次各个诸侯国要开会呀，大家都得准备吧，穿衣，车马。我们前面分析得那么详细，就是派一百部车，花费还得是黄金一镒，那么一个单位。全天下这点事儿，他就这么几行字就完事儿了，中间略去太多的内容。

而且，“修钟磬而复乐”，到底谁乐，谁下命令修的，一概都没提，就是又来了。然后，管子曰：“此臣之所谓乐也。”你想一想，他那种故意装谦虚、谦卑，对桓公讲“此臣之所谓乐也”，很生动的！

这是春秋列国图，我们再看一下：

楚国想要宋国、郑国这一大片土地，然后齐国隔着鲁国这个地方，跑到郑国和宋国这里来指手画脚；往西，把秦国吓得不敢动弹，安顿了晋公；向北，把北面也安顿好了；向南，楚越之君，这都安顿好了；东面就是大海了，所谓一匡天下就这个意思。当时地理范围之内，全被他捣鼓完了，整个过程就完事儿了，非常简洁！

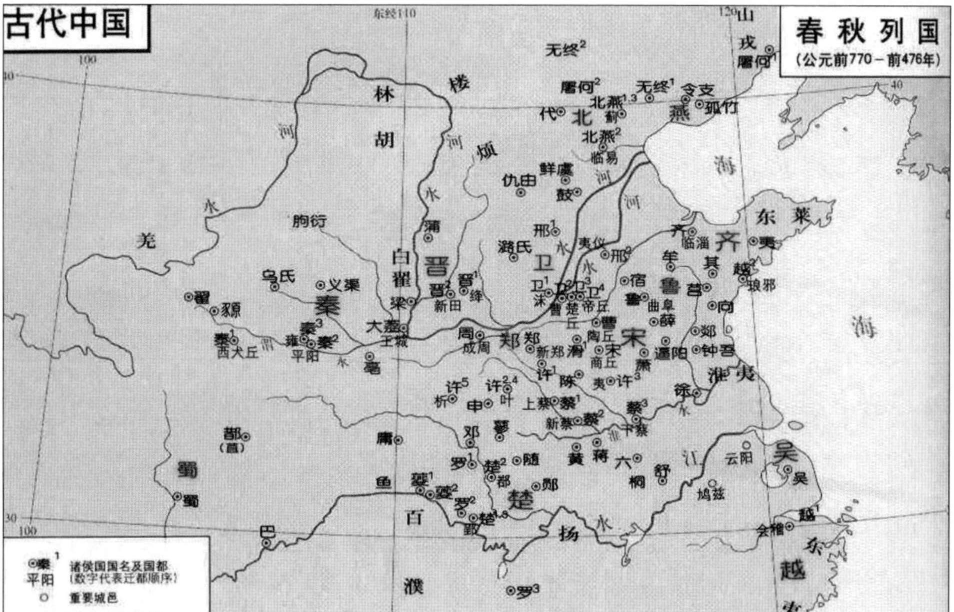

春秋列国图

大家看这管子这个笔法，我们一开始期望的，那他如何召集各国之间开会，会上怎么发言，有几个政治局常委级别的官员陪着他，都没有。重点全是前边如何牧民呐、如何权修哇、如何立政啊、防止失败呀、如何调配市场价格呀，然后，考虑国家货币谷物商品之间的轻重关系，一直把国力修复到GDP全天下第一。然后看着你们表演，你们打，好，打去！你们争，好，争去！但是慢慢地团结一些亚、非、拉的弟兄，攒足了“势”，水到渠成一般。

重点解读八：《管子·霸言》

《霸言》，无非是伟大的一次会议过去了，总结一下，相当于是理论总结了。我怀疑是《王言》和《霸言》的混合，因为这里面并不完全说的是霸道的事情，还有王道。

霸王之形，象天则地，化人易代，创制天下，等列诸侯，宾属四海，时匡天下；大国小之，曲国正之，强国弱之，重国轻之；乱国并之，暴王残之：僇其罪，卑其列，维其民，然后王之。

“霸王之形，象天则地”，文章一起始，这个气魄非常大，很像《易经》。“化人易代”，一开始我也看不明白什么意思？后来一看李勉先生的解释，嗯，有道理，这是回避唐朝的忌讳，原文应该是“化民易世”，为了回避李世民，变成“化人易代”。所以这一部书，为什么有些人说读起来比较困难，就是因为有些地方明明是民，他给换了，而有些地方还没换，到底哪儿换哪儿不换，不经过长时间解读，确实难以一异，取得没有异议的结论，不太容易。

“创制天下，等列诸侯，宾属四海，时匡天下；大国小之，曲国正之，强国弱之，重国轻之；乱国并之，暴工残之：僇其罪，卑其列，维其民，然后王之。”你觉得你是大国，他就告诉你，你大也大不过我，收敛一点；不干正事，他警告你，要守国际法、国际秩序；你太强了，威胁到他，弱之；我们说来说去感觉好像挺熟悉的，跟今天某种国际形势越说越像。

夫丰国之谓霸，兼正之国之谓王。夫王者有所独明。德共者不取也，道同者不王也。夫争天下者，以威易危暴，王之常也。君人者有道，霸王者有时。国修而邻国无道，霸王之资也。夫国之存也，邻国有焉；国之亡也，邻国有焉。邻国有事，邻国得焉；邻国有事，邻国亡焉。天下有事，则圣王利也。国危，则圣人知矣。夫先王所以王者，资邻国之举不当也。举而不当，此邻敌之所以得意也。

“夫丰国之谓霸，兼正之国之谓王”，什么都不缺，民、财、兵、士全部俱足，可以称霸；但是呢，不正，不能说王，只有正，叫“兼正”，丰而兼正之谓王。又回到德行上。一谈正，就是中正、中道，一谈道，那就德，紧跟着就全来了。所以，这个“王者有所独明”，不是一般人能够明白和了解的。这个“德共者”，“共”是洪大的“洪”，德行洪大不取也，你拿他没办法，所以大家修，修出“洪德”，别人想取都取不去。“道同者不王也”，道相通，彼此一样，你想在他面前称王称霸，做不到，平起平坐。争天下，“以威易危暴”，这是常道，王者之常道，以自己的权威、威德代替暴乱。

“君人者有道，霸王者有时”，关键看下面这句话，“国修而邻国无道，霸王之资也”，资本的资，什么是善人？什么是不善人？“善人者，不善人之师；不善人者，善人之资”，这是《道德经》上的名言，不明白这一点，“不贵其师，不爱其资，虽智大迷”，自以为智慧，其实迷得更深。你自己国家修好了，建设好了，恰恰出现“邻国无道”，他认为称王称霸的机会来了，“霸王之资”。

“夫国之存也，邻国有焉；国之亡也，邻国有焉。邻国有事，邻国得焉；邻国有事，邻国亡焉。天下有事，则圣王利也。国危，则圣人知矣。”一般人不知道自己国家“危”呀，想象一下苏联，有没有提前知道这国家不行的？有，能挽救吗？一旦趋势形成，救不了，趋势一旦形成，你只好任这个趋势散掉，也就报掉之后重新来。

“先王所以王者，资邻国之举不当也”，所谓称王，你是在邻国其他国家之间称王，只有他们出现了举止失措、政策不对、有机可乘的时候，才可以。就像两个对手对视，他没漏洞，你怎么办？而且他本身，就像前面说的，“道同者不王”啊！都是有道之人，你不要想着说要称王称霸，你做不到，因为天下不服你，以德者为上。

“举而不当，此邻敌之所以得意也”，你做事，举嘛，跟“兴”是一样的，举而不当，邻敌之所以得意也，就是让人家得其意志，人想攻你，就能成；想灭你，就能成；欺负你，也能成。首先要自己没有漏洞。

重点解读九：《管子·心术》

《心术》，这是第三重了。筑基完成了，霸业完成了，总结完成了，根在哪儿呢？心。

心之在体，君之位也；九窍之有职，官之分也。

我们先不谈这个内容，我们先回想一下今天早上，大家朗诵的《灵兰秘典论》里的十二官，在这看起来是不是好像一部经典里面说的？“心者，君主之官，神明出焉”，他这里面说，“心之在体，君之位也”，表达上稍有不同，实质内涵上完全是一样的。

“九窍”，他不是从内部五脏六腑来看，从外部来看，“九窍之有职，官之分也”，分工，百官有分工，器官有分工，国家各个部门有分工，你公司里各个业务部门有分工，你说它是身体，他说的是治理国家，你说它是治理国家，他说的其实是如何经济天下。

而且呢，什么是圆满？道生一，“一”是圆满，《道德经》上讲的；《金刚经》上说，世界就是一合相，“一”是圆满的；孔夫子说一阴一阳之谓道，他给指回去了！所以，二，两仪，也是圆满的；男女一对，是圆满的；三，天、地、人三才，合在一块儿，圆满的；两仪生四象，一年有四季，四气可以调神，四，圆满的；五，天布五行，以运万类，圆满的；天下六合之内，圆满的；七，知道打禅七是圆满的；八，总结一下天地八方，不过八种卦象，圆满的；九窍之有职，把你身体全部的外部的窍说全了，圆满的；十，十全十美，圆满的；五脏六腑十一个，圆满的；还缺一个悬挂，加在一块十二官，圆满的；一年十二个月，圆满的……

怎么分？按照各自的官能，自然分工，分也没有分开，分而不分，同时存在；那个猫，死了和活着同时存在；“0”和“1”同时存在；见而不见，同时存在；听而不听，同时存在；来没来修德谷，同时存在……

耳目者，视听之官也，心而无与于视听之事，则官得守其分矣。夫，心有欲者，物过而目不见，声至而耳不闻也。

“耳目者，视听之官也，心而无与于视听之事，则官得守其分矣”，守不守分？当官是不是守分？“心有欲者，物过而目不见”，太熟悉了，熟视无睹。心里想了一件事，或者我在这答卷呢，有人从面前走过，熟视无睹。“声至而耳不闻”，充耳不闻。

“故曰：‘上离其道，下失其事。’故曰：心术者，无为而制窍者也。故曰‘君’。‘毋代马走，毋代鸟飞’，此言不夺能。不与下试也。”

“故曰：‘上离其道，下失其事。’”你上面没有道，下面普通的形而下的工作，不会做得好。

“心术者，无为而制窍者也。”很多朋友可能始终搞不清楚，什么是“有为”，什么是“无为”，三天当中，我们解释至少两次了，顺天道，干的一切都是“无为”；不顺天道，你躲在深山里面，以为自己清静无为，也是“有为”。

“故曰‘君’”，为什么心术者、无为而制窍者，故曰“君”？为什么说古代的君主无为而治天下？就从这里来的。“心术者无为而制窍”，节制百官，百官各司其职，顺应民心、顺应天时、顺应天道。然后君主在上，他做了什么吗？你说好像有他没他我们都这么过。尧的那个时候有一首民歌流传出来：

“日出而作，

日入而息，

凿井而饮，

耕田而食。

帝力于我何有哉！”

人们都说当今那个尧帝，都说他有德行，他跟我有半毛钱关系吗？我每天天一亮，太阳出来了，我按照《黄帝内经》告诉的，早上起来，开始学习、锻炼、工作了；晚上太阳一落山，我也不点灯熬油的，早点休息，好好涵养精神；春夏秋冬，这样过来，安养天年，“无为！”

“毋代马走，毋代鸟飞”，这说的就是有为。你超出自己职分之外去了，就是有为。“此言不夺能，不与下试也。”不该领导干的，不要越俎代庖；不该长辈干的，不要越俎代庖。该是马跑的路就得让它跑，该是鸟飞的任务就得让它飞。

重点解读十：《管子·白心》

自净其意

我们重点解读十篇，上一篇是《心术》，这一篇是《白心》。白心，很显然不是黑心，自净其意的意思。

建当立有，以靖为宗，以时为宝，以政为仪，和则能久。

我们前面还重点强调了一个“政之宝也”，大家还能回忆起来吗？“知与之为取”；老子那句话，“将欲取之，必固与之”，明白这一点，政之宝也。

“以政为仪，和则能久”，不和，不能久。后世的政通人和，也都不是创见，范仲淹写在《岳阳楼记》里面的政通人和，都是古文化学完了之后，写在自己的文章里面的词汇。

非吾仪虽利不为，非吾当虽利不行，非吾道虽利不取。

后世，苏东坡大学士写《赤壁赋》，“且夫天地之间，物各有主，苟非吾之所有，虽一毫而莫取。”不知道他读没读过《管子》，但是他的弟弟写了一篇《管仲论》，那我们可以推知，苏家的三大学士，不可能不知道管仲的贡献。所以，我觉得很有理由相信苏东坡写《赤壁赋》，脑子当中有那么一念，曾经想起过《管子》当中的某一卷某一句话，也就是这句话。后面我们会把苏轼的弟弟苏辙写的《管仲论》给大家看一下，作为一个证据。

所以读古书、读经典读得多了，你能看出古代圣贤之间的连续文化传承，看出他们的脉络。我第一次有这种感觉是读《大学》，我读《大学》读的时间比较长，然后慢慢地发现，它这个思路跟《尚书·尧典》相像。古代好多典籍都有类似表达，诚意正心，修身齐家，治国平天下的这个论述的顺序。再后来，才知道源头在《易经》那里面，《坤卦·文言》那里面，从里面往外发。

上之随天，其次随人。人不倡不和，天不始不随。故其言也不废，其事也不随。

最上，上上之策，随天，指天道，天就代表着天道；稍微等而下之的，就跟人，但是天人要合一的话，无所谓跟天还是跟人。他所说的随天是什么意思？天在哪儿？怎么去随？按照《四气调神大论》所示——你这么做，就是随天。我们也可以说，我们跟随圣贤的指示，黄帝和岐伯的讨论，这也叫随天、随人。你不提倡，没有人跟着相和。

“天不始不随”，做到了这一点的人是什么人？合道之人。所以他所说的，其言不废，可以流传久远。

不为一人枉其法

原始计实，本其所生。知其象则索其形，缘其理则知其情，索其端则知其名。故苞物众者，莫大于天地；化物多者，莫多于日月；民之所急，莫急于水火。然而，天不为一物枉其时，明君圣人亦不为一人枉其法。

“原始计实，本其所生。知其象则索其形，缘其理则知其情，索其端则知其名。故苞物众者，莫大于天地”，所有的物象都在天地之间。“化物多者，莫多于日月；民之所急，莫急于水火。”这都不用解释。“然而，天不为一物在其时，明君圣人亦不为一人枉其法”，这两句是特别精彩的句子。“天不为一物在其时”，相当于是给天无私覆、地无私载、大公无私、朗朗乾坤一个解释；另外的一个说法，但是强调落实在一物上，就是你别以为老天有偏心，照顾他，对我不好，没有那回事！“天不为一物在其时。”

“明君圣人亦不为一人枉其法”，为了照顾你，把法令修改一下，规矩变动一下，不会的，明君圣主不会的！这个特别关键！你说不是明君圣主，但是，你是一把手，是单位的董事长，对于你自己单位的员工来讲，那相当于在你这个小天下里，你就是君哪。所以，每一个人都扮演三种角色：为之君，当领导；为之亲，关爱他；为之师，教育他。三合一的，公正道理都在里面了。

圣人之治无事取天下

天行其所行而万物被其利，圣人亦行其所行而百姓被其利。是故万物均、百姓平矣。是以圣人之治也，静身以待之，物至而名自治之。正名自治之，奇身名废。名正法备，则圣人无事。不可常居也，不可废舍也。随变断事也，知时以为度。大者宽，小者局，物有所余有所不足。

“天行其所行而万物被其利”，早上念《黄帝内经》，这个“被”呀，在这个经文里面念“披”，披其利，“圣人亦行其所行而百姓被其利”，享受的意思，受到的意思。天行道，万物得利；圣人行道，百姓得利。

“是故万物均、百姓平矣。是以圣人之治也，静身以待之”，圣人不折腾，一心一意谋发展，聚精会神搞建设。“静身以待之，物至而名自治之”，谈论的全都是垂拱而治天下的意思。

“正名自治之，奇身名废。名正法备，则圣人无事。”《道德经》里面说，圣人以无事取天下，“及其有事，不足以取天下”。什么时候你要是看到我们谷主忙得连口饭都吃不上，那可能是经营上有问题；现在一看，全家其乐融融，好像是气定神闲，哦，经营得好。像某些集团的董事长，就知道爬山、玩水，那大家也能推知，这公司制度建设不错。因为董事长是拿大主意的，是搞政策的，把握方向，他不需要在执行层面，天天地看会计报表，天天地签字。有一些不会当领导的，把自己累个半死，还治理不好，就显然没看《管子》！

“不可常居也，不可废舍也”，这能理解吧，舍是指身体呀。

“随变断事也，知时以为度。大者宽，小者局，物有所余有所不足”，考察人情，“物之不齐，物之性也”，但是这个性，可不是自性，后天的属性，是秉性，不一样。

国家自处之道

兵之出，出于人；其人入，入于身。兵之胜，从于适；德之来，从于身。故曰：祥于鬼者义于人，兵不义不可，强而骄者损其强，弱而骄者亟死亡；强而卑义信其强，弱而卑义免于罪。是故骄之余卑，卑之余骄。

这个不详细解释了，无非是“兵之胜，从于适；德之来，从于身”，“兵不义不可”，这相当于建军的思想，就是威武之师要打正义之战，不处在“义”上，“不可”。

我的体会就是，你抓到某一句话，琢磨琢磨里面的味道，原来早就有人说过。这里面谈“道”，然后有人就说，《管子》里面有道家的。我们前面还有一系列谈“法”的，所以每说一个呢，他就觉得好像不是一家的，错了。我就拿人体来比较，眼睛能看，耳朵能听，鼻子能闻，嘴能尝，身体还能触，功能非常多呀，我没听有人说自己非常庞杂，非常乱七八糟。和而不同，你这些功能都是不同的，但是很和谐地在一个人身上，就是这个道理。他是治理国家的，经济家嘛，要管理全国的，各种才能都需要。经济之道，或者是市场之道、兵之道、政之道、人伦之道，都包含在内。看看管子怎么谈道。

道之用

道者，一人用之，不闻有余；天下行之，不闻不足。此谓道矣。小取焉则小得福，大取焉则大得福，尽行之而天下服，殊无取焉则民反，其身不免于贼。左者，出者也；右者，人者也。出者而不伤人，入者自伤也。不日不月，而事以从；不卜不筮，而谨知吉凶。是谓宽乎形，徒居而致名。去善之言，为善之事，事成而顾反无名。能者无名，从事无事。审量出入，而观物所载。

“道者，一人用之，不闻有余”，我没听说过有多余的；“天下行之”，天下所有的人都行道，也没听说不足，描述道的性质，就是你别自私啦，好像是说你分出一点，自己不够用了。“此为道矣。小取焉则小得福，大取焉则大得福。”

“尽行之而天下服，殊无取焉则民反”，“尽行之而天下服”，有没有一个人把一个字行真喽？尽孝，行到圆满，“天下服”。看到了吗？感动中国十大孝子，一看之下，很多人流眼泪，“天下服”；还有人把忠字，忠诚的忠字“尽行之”，也“天下服”，也能感动中国，感动天下；还有人把勤字，勤奋的勤，“尽行之而天下服”。一个字行真了，整个中国传统文化的宝库全部打开，一览无余；做假了，满腹经纶，皓首穷经，也可能是一个“假人”。

大家看下面，“事成而顾反无名。能者无名，从事无事”，这好像又在读《道德经》，“功成事遂，百姓皆谓我自然”，“名者，造物之所忌也”，事情做了，不要捞那个名，符合天道。

“审量出入，而观物所载”，量入为出，承担自己能承担的，自己干不了的，不要去做，这是“道之用”。

我们现在，就等于讲完了十个重点篇章，重点解读。前几篇相当于是一句一句地解释；后面这几篇，观其大略，观其大意，《霸形篇》是全篇都跟大家说了。所以我们重点解读全篇的呢，有三四篇那样，剩下的解读，全篇的重点都给大家了。

十个通解专题设想

按照原来的设想，我们有十个通解专题，可以把《管子》打通了。有十个通解专题，但是一个专题讲一周都未必能讲完，因为太庞杂。我们看一下：

专题一：德治

专题二：市场经济

德治不用说了。市场经济这一专题说几句。《管子》一共留下来现在七十六篇，实际上是八十六篇，就是有十篇混进去了，李勉先生的著作，九十三万言，按照我们现在表达的速度，一个小时记录下来，大约一万字，按照他那个规模，我们起码要讲多少个小时？那得多少天？所以我们现在呢，观其大略，知道他基本的富民思想是什么、市场理念是什么、怎么一步一步地把齐国的经济搞上去的。然后，又像看剧本一样，看看他到底是怎么完成称霸的，写得极其简练，四十年间的事情，千八百字，叙述完了。

《管子》里面所闪烁的智慧，表达得那么精妙，甚至后世那么多的诸子经典名言，全都脱出于《管子》。也有些人说，其实这些话就是战国时期的人补进去的，但是他总有依托，起码从学者考证，几乎没有争议的几篇的表述上来看，他确实是后世诸子借鉴的主要版本之一。想象一下，他当时那么荣耀，诸侯国的霸主，管仲的影响实实在在。所以后面的读书人不可能不受他影响，就像我们在孔子之后的读书人，不可能不受孔子的影响，不可能不受老子的影响。

市场经济这一块，是在当下我们要着力解决的，要深谈的一部分内容。而且我是希望把管子经济学和斯密经济学进行一个对比，本来没有必要，但是现在形势所迫，必须让国人明白：你以为亚当·斯密那些东西是原创的，我告诉你，在他两千五百年以前，就有一位管子，他说的那些话有多么精彩。下面我们会有一个例子，就是同样谈论，分析人是自利的，看看谁表达得更精妙。

专题三：经济的政治伦理

他所有的经济观念都建设在一个道德的政治伦理基础之上，开篇就谈牧民，开篇就谈国需要建立道德的四维，没有这个，不可得也，不可求也，不可为也。

专题四：财政政策

他作为相国，所做的国家支出收入，很自然的就是财政政策。我们上午已经分析了，他不但有详细的财产、国家资源的折算标准，还有税收减免的标准，非常细致，所以这也是一个重要的专题，财政政策。

专题五：人性自利

这是我们在十个通解专题当中，本次唯一要跟大家详细分享的，因为它实在太重要！这么强调是因为整个中国大陆的高等财经教育，已经被西方经济学垄断。我们的学子天天接受着那样的“经济学常识”：人是自利的，在自己的局限条件下利益最大化，叫经济人假设，把亚当·斯密奉为神明。

在《管子·禁藏篇》上说：

“夫凡人之性，见利莫能勿就，见害莫能勿避。其商人通贾，倍道兼行，夜以继日，千里而不远者，利在前也。渔人之入海，海深万仞，就彼逆流，乘危百里，宿夜不出者，利在水也。故利之所在，虽千仞之山，无所不上；深渊之下，无所不入焉。”

表达得精彩吧！所有人，他没有说例外的，可能圣人例外。所以“凡人”这个词呢，还暗含着另外的一个意思——“烦”人。

“夫凡人之性（你不要烦他），见利莫能勿就”，就，是靠近的意思，见到利了，做不到不靠近。看香港的影片，小混混经常说，有没有钱赚？有钱赚，跟着大哥什么都干。“见害莫能勿避”，这个倒是非常非常准确，你明摆着那是害处，当然要躲避嘛。

“商人通贾，倍道兼行，夜以继日”，商人为了把山东的大白菜运到广东，那么高的大车装满了，“倍道兼行，夜以继日”。我有一位长辈，就是开这样大车的，从山东开到广东。“千里而不远者，利在前也”，千里的路程，在古代那种牛啊、马啊，那样的土路上，很远了，甚至超出一国之外了，有的国家都没有那么远，方圆百里就一小国。他不嫌远，什么原因？“利在前也”。

打鱼的入海，为什么要提到这一点呢？因为是齐国，秦国人大概想不到这一点，他只能想到山。齐地靠海，那个时候，我们的造船技术，显然还没达到宋代那种水平，也可能没有郑和下西洋那样的大船的技术，反正什么情况不知道，估计呢不会太大。

“渔人之入海，海深万仞（就是极言其深），就彼逆流（还不是顺流），乘危百里（跑出很远，看不着岸边，不知道在当时没有指南针的情况下，怎么来辨别方向），宿夜不出者（晚上，一夜都不回来，不上岸），利在水也（能捞海参哪、鲍鱼呀什么的）。故利之所在，虽千仞之山（只要有利，在那千仞的高山上有雪莲，卖高价，好，爬上去；听说那上面有些石头刻着原始的文字和画，凿一块下来，能卖好几万，走私几十万，冒着被摔下来的危险，也去干），无所不上（只要能赚钱）；深渊之下，无所不入焉。”

大家可能觉得我们如此重视的这一段，也不过如此，觉得没什么，很平常，说的就是人性，描述的就是现象，但是如果您把这几句话放到经济学语境之下，它就不一样了。尤其是读过经济学专业的人，在这个专业当中，亚当·斯密那叫“鼻祖”哇，就像我们要是有做木匠的，把鲁班都得画一个像，摆上一供桌，逢年过节得磕个头，上个香。他说呢，我们每天能够吃到面包、喝到牛奶、吃到培根，不是出于面包师、酿酒师、厨师他们的仁慈，而是出于他们的自利。他们只是把自己的面包蒸好，把牛奶挤出来，把酒酿出来，到市场上出卖，他不是为你好，谈人的自利。但是这种自利呢，间接地会造成对社会利好。这段话被当作一段名言，很多大牌的经济学教授在他的著作当中去引用这段话，说这是最原始的经济学鼻祖的论述，人是自利的，然后总结出经济人假设，以此假设为前提，推演出数学模型，就开始表演。以至于到今天，西方经济学内部吵得一塌糊涂，说“工具理性”已经损害了经济学的伦理性质，违反了亚当·斯密当初的道德原则。

那我就觉得，如果那一段话被当作鼻祖的经典表述，那我作为一个中国传统经济学的学子，同样有理由说在《管子·禁藏篇》里面这段话，对人性的自利方面的描述，要比西方人描述得精彩。我们完全可以凭这句话说：我们确实已经把人性求利的那个状态，描写得非常的生动而深刻!

专题六：财富的来源和分配

他说，这个事物有衡，不能常固，物价的波动，你可以利用价差，获取利润的来源，如果人君掌握了这一点，那利尽归其君矣，这是国营思路，公有经济的思路。然后他也明确地提出，“天下不患无财，患无人以分之”，我们着重分析过这句话吧？分配不公会导致天下纷乱。1998年诺贝尔经济学纪念奖获得者阿玛蒂亚·森，是一位印度人，长期在英美教学，被称为“经济学的良心”。他研究的一个结论是：世界的贫困不是因为缺乏财富，也不是因为粮食产量不够，而是因为人创设的分配制度造成的。贫困是因为制度造成的，就是人为造成的。当时我非常震惊啊，就得出这么个结论，居然被称为经济学的良心！当然，阿玛蒂亚·森是一位很杰出的学者，他的外公是泰戈尔的秘书，泰戈尔获得了诺贝尔文学奖，是英国大诗人叶芝推荐的。那作为秘书的外孙，相隔八十多年以后，得了诺贝尔经济学纪念奖，这个中间的所谓联系，也挺耐人寻味。

专题七：社会分工

这是落实到整个齐国社会组织、社会制度、军事制度，整个社会结构当中的一个部分。士农工商，分业而居，同行业的居住在一个地区，然后代代相传，没事凑到茶馆里面一谈论，都是自己熟悉的这些事，所以产品非常精良，而且彼此互相尊重，也不羡慕。就构建了一个短时期内超稳定的结构，论述社会分工。

专题八：促进消费提振经济

就是“侈靡”。他曾经说，为了提振经济，你把这个鸡蛋画上图再卖，把那个木头雕上花纹再卖出去。有人说，这很奢侈，浪费功夫。可是我就想起来，我们东北卖一种苹果，挺老大的，上面写着“幸福”等一些吉祥的话，苹果上面天然形成的字，大家是不是见过这样的苹果？那是为什么？这个苹果的价格可比没有字的要高好多。它无非就是用一个纸袋，把那个字剪下来，然后经过日照一晒，然后慢慢地形成了这样的字，卖到市场上去，这个苹果就贵了。我一看这跟管子说的“侈靡”，在一种商品上做点文章，加上点人工，加上一点“创意”，卖更高的价格，好像没什么本质区别。我这件褂子上，如果让一个人手工绣上一个图案或者写上几个字，价格又不一样了。现在大机器生产，越来越便宜，五六年前，我在超市里面看到卖纯棉T恤衫，十块钱一件，深圳产的。当时我就想，十块钱买布都不够，可能掉颜色吧，先买一件，回家立即按入水盆，看看掉不掉色，一看还不掉色，立即返回超市，又买了五件，总共买了六件，花了六十块钱。随后这六七年间，每到夏天，我全是那个黄色的棉线衫。同样的T恤衫，如果前边这个商标是人工刺绣的，就非常贵，而现在有些人就追求这个。

像我这件衣服，河南“皇绣宫”的罗老师做的，布是三十年前的，现在市场上是买不着的，很土很粗，但是很舒适。我了解到，一个女孩子的嫁衣，罗老师做出来，好几万块，全是手工刺绣上去的，牡丹花象征着富贵，凤凰、凤冠霞帔，那真是漂亮——促进消费提振经济。现在很多人生活好了，那就想，我不办西式的婚礼，办一个中式的婚礼，中式的婚礼那就找中式的服装，能够做出地道的中式服装的不多呀，以前哪有机器大生产？全都是人工刺绣嘛。所以一找到这个，再一问价格，假如说三万块的话，够我穿多少年的T恤衫啊！但是有一点，像我这种人，别指望我促进消费（笑声、掌声）。经济危机之后，我曾经劝大家，根据自己的收入，力所能及，每月多花十元、百元、千元，以促进消费，提振经济，增加就业，改善民生，为国奉献。发心不同，结果不同。

在前年，讲《论语》的时候，我跟大家说，现在国家提倡增大内需，在您收入许可的范围之内，多花十块钱行不行？你收入层次高一点，每个月多花一百块钱行不行？以此类推，就是你不消费，没有人受益，你怀着这种心去消费，绝不算奢侈。所以那一段时间，我想办法每个月多花出去不止一百块钱。怎么想这个事儿呢？有一些农村的孩子，不管男孩子、女孩子，到城市里打工，如果没有人消费，老板说我不赚钱，那好，你解散回家吧，一连串的反应。如果像我们这种心思的多了，我有意地增加一点消费，又是在我力所能及范围内能承受的，那好，这个信心慢慢还会起来，这也是量子力学观察者介入的那个结果。时间长了，大家感觉到，哦，确实有人在消费、在花钱、在提振，信心是互相给的，这把火越烧越旺。等你看到整个社会已经全部奢侈地消费的时候，你知道这过火了，那好，我节俭下来，六十块钱解决我六七年夏天穿T恤衫的问题。

专题九：贸易理论

贸易，管子做得特别的精当、精致、聪明，简直是建立了一个经济的联合国。他坐在齐国的都城里指挥，所以落得一个“煮白开水卖给天下”的名声，发鱼盐之利。即姜太公之后，在二十多年的时间，直接把齐国送上霸主地位。

专题十：轻重相对论基础上的金融学

这是一个全新的议题，我们还要继续地研究开发。

这三天给大家展示的《管子》原文，大概也就百分之一，但是我们尽可能地把他最重要、最核心的思想，都简单地叙述一下。后面的是框架之内的血肉，但是随着对血肉研究的深入，还会发现一些更精彩、更精妙的表达事例。

对比与反思

很多人读古书读不明白，是因为不会翻译，受到语言的障碍，“一道白云横谷口，几多飞鸟迷归途”，没看穿。古代说的变法就是今天的改革，英文就是reform，《易经》上说“与时偕行”；我们今天所谈的创新，在古代就叫“革故鼎新”，就是古代所说的那个“作”，述而不作的作，作就是创新，包括举呀、兴啊、立呀，这些词，都有创新之意；协调，就是和，和谐、统一，顺；绿色，中国人对色彩的应用，比如说现在一提黄色，它已经不是本来颜色的那个意义了；现在提绿色，就代表着自然，代表着利而无害，代表着纯生态，无化肥，纯天然；开放，稽而不征就是开放，对于关税，统不统计呢？统计，检查不检查呢？也检查，但是不征税，所谓自贸区的建设，不就是这样的思路发展起来吗？

共享，叫惠而不费。亲、诚、惠、容，那个惠，就是共享，这等于是主动让利，大家平分。生活当中有些人自私到我自己都不要，为的就是你也别想得，就不要合作，就是损人也不利己。

产品不好，就是德行不好，没把这个东西做好，就是德行不好，所以我们理解的德行跟现在社会上很多人理解的道德是不一样的，它是真的。如果不能把社会工序组织得高效精密，产品做出来不能精良，同样的钢铁，做出来的东西，人家用二十年不生锈，你这个东西七八年就烂了，这就是缺德。

举个例子吧，今年年初，也就是冬天还没过去，我们东北那个地方还都是烧着暖气呢，后半夜一点，我岳母睡的那屋的暖气爆了，我们赶紧跑过去堵漏水的暖气。很小的一个眼儿，我和太太还有小孩子齐上阵也堵不住啊，那个水压非常大，瞬间屋里面地板上就全都是水；去关外面的那个水阀，谁知道一拧，是秃噜扣的，就是已经关不死了。正常情况，阀门一关上，就没有那么大压力了。可是拧不死，更让人大跌眼镜的是，拧几下之后，那个阀竟然掉下来了。我们那个小区，是2003年建设的，尽管不能算很新的房子，它也不能算很旧的房子呀，那怎么办？我自己在那儿堵了将近二十分钟，用手指头去堵那个口；然后把一个棉被扔到地板上去吸水，就怕那个水渗到楼下，给人家造成损失；岳母打电话，来了两位水暖工，慢慢地把外面的阀关掉，水止住了。水暖工跟我讲，“你们这个小区，天天有这样的事情”。我们小区不算小，大概是五六百户，那就意味着，整个这一批的材料，使用寿命到了，所以今天这家爆，明天那家爆。他站在我家客厅上，说了一句话——“中国人的产品，质量就是不行”！

您知道这些年，我是干什么的？我就是研究这个的！研究产品质量为什么不好。他这一句话刺痛了我，我无可奈何。所以我只能说，道理讲清楚，我拼命地把我能干好的事情尽量干好，不要让后人骂我们，不要让别人骂我们：你做的什么东西！所以今年入冬之前，我把我家所有的暖气全部换掉，所谓“治未病”嘛，不就因为管子烂了，漏了，拧不动了，所有的阀，朋友们也全都给我换掉了。为的是什么？安全。我一再地问，你现在给我装这暖气能用多少年？他说怎么也能用十年，我说有你这句话就行，用不了八年，我肯定要把它换掉。

可是我们听说在青岛，一百年前的地下管道，说有个零件需要换了，一百多年了，德国占领山东时候修的，德国人回复说你在附近找，一定有个包，包里面预备着将来换件时候的那个东西，这是最近这两年才发生的事情。

为什么我们产品不好？同样炼钢炼铁，同样能制造出来，你产品不好，别人就不相信你，间接而来就看不起你。然后就导致一个小长假，同胞们跑到邻国，花了六十个亿，成集装箱地往家里买马桶盖，最后说是杭州产的。原因就来了，产品不好，谁做的产品？就像我们问，违章了，罚车还是罚驾驶员？产品不好，不赖我，产品就那样，谁制造的？你说是我制造的，那人不找你吗？

我们看一下联合国公布的数据，最不受欢迎的游客：倒数第一，印度，然后依次是法国、中国、俄国、英国；最受欢迎的游客：日本、德国、美国、瑞士、瑞典，这反映什么？跑到人家国家里去游玩的时候，打分形成的印象。他们公布的全球国民道德素质前十名是：日本、美国、法国（哎，法国挺有意思的，看一看前面这个，被列为最不受欢迎游客，这里面呢，道德素质又排了前十名，这就发生了矛盾）、荷兰、瑞士、加拿大、澳大利亚、德国、俄罗斯、新西兰。俄罗斯也挺奇怪，这就说明有一部分俄罗斯人好，有一部分差。中国这么大，十几亿人口，有些人的行为像圣贤，有些人的行为像人渣。

国民素质调查内容是精神面貌、文化素质、道德修养、礼仪素养、全民教育、经济条件、身体素质、民族向心力和凝聚力。我们的身体素质，整体上现在不如邻国日本，什么原因？有一个因素非常重要，日本的小孩现在还是由自己的亲妈在带，而我们几乎都甩给了保姆、老人。过去可不是这样，过去几乎都是母亲带出来的。

有人就爱对比，拿我们很多落后地方的数据来跟人家最先进的地方比。其实北京的朋友告诉我，他去美国之后认为中国现在，跟其他的发达国家没差多少，尤其是像北京、上海这些大城市，甚至呢，有些人比较，上海国际机场要比纽约那个机场好多了，如果你坐飞机从上海直接飞到纽约，好像是从发达国家飞到了一个落后的发展中国家的样子，就是他们基础设施已经是几十年前修的，而中国现在基础设施让全世界都羡慕。所以我们一打出我们帮你建基础设施的旗号，连英国都高兴。

那我们就问，到底现在谁支撑着中国？我们能不能通过传统文化的复兴，塑造出一批现代的管子？培育出一批现代的孔子？有人说你太贪了吧，我们几千年的历史上才出现了这么几个人物。问题是“人人是尧舜”哪！这是一个很伟大的时代，我们要做得好的话，完全可以超越历史！那不妨提出塑造一万个管子，在中国，管理好自己的单位，管理好自己的企业。不是说每一个人都要去做指挥天下那样的人物，你明白这个道理，有多大的控制力、多大的福德，就把自己的事情做好。要想成为强国，每一位同胞都去践行和落实。

现在，我们什么东西、什么技术在世界上可以让中国人骄傲一点呢？稍微盘点一下，据说无人机技术让美国人很着急；据说高铁要爬遍全亚欧大陆，甚至到非洲去，甚至到南美洲去；指纹识别、电动车、白色家电，就是海尔那一款，家用电器；通信设备，一旦我们在量子通信里面占据最主要的地位，那我们就领先了全球。

我们不能要求十几亿人，全都如我们所想，一千五百万够不够？一点五亿，我们人口当中十选一都做士，十选一为士嘛，一点五亿这个人口可以比照其他几个大国。美国两亿多，俄罗斯两亿左右吧，日本人口在下降，欧洲那些小国都很少有过亿的，德国八千万。我们的族群当中有一点五亿“士人”，有“士”的精神、“士”的追求，就足以支撑中国成为最强的国家。就是要求他们这部分人管理好自己。暴发户、土豪、无品这些人，可以败坏一个民族的声望，但是它成不了气候。

《管仲论》

管仲相桓公，霸诸侯，攘夷狄，终其身齐国富强，诸侯不敢叛。管仲死，竖刁、易牙、开方用，桓公薨于乱，五公子争立，其祸蔓延，讫简公，齐无宁岁。

夫功之成，非成于成之日，盖必有所由起；祸之作，不作于作之日，亦必有所由兆。故齐之治也，吾不曰管仲，而曰鲍叔。及其乱也，吾不曰竖刁、易牙、开方，而曰管仲。

何则？竖刁、易牙、开方三子，彼固乱人国者，顾其用之者，桓公也。夫有舜而后知放四凶，有仲尼而后知去少正卯。彼桓公何人也？顾其使桓公得用三子者，管仲也。仲之疾也，公问之相。当是时也，吾意以仲且举天下之贤者以对。而其言乃不过曰：竖刁、易牙、开方三子，非人情，不可近而已。

呜呼！仲以为桓公果能不用三子矣乎？仲与桓公处几年矣，亦知桓公之为人矣乎？桓公声不绝于耳，色不绝于目，而非三子者则无以遂其欲。彼其初之所以不用者，徒以有仲焉耳。一日无仲，则三子者可以弹冠而相庆矣。仲以为将死之言可以絷桓公之手足耶？夫齐国不患有三子，而患无仲。有仲，则三子者，三匹夫耳。不然，天下岂少三子之徒哉？

虽桓公幸而听仲，诛此三人，而其余者，仲能悉数而去之耶？呜呼！仲可谓不知本者矣。因桓公之问，举天下之贤者以自代，则仲虽死，而齐国未为无仲也。夫何患三子者？不言可也。

五伯莫盛于威、文，文公之才，不过桓公，其臣又皆不及仲；灵公之虐，不如孝公之宽厚。文公死，诸侯不敢叛晋，晋习文公之余威，犹得为诸侯之盟主百余年。何者？其君虽不肖，而尚有老成人焉。桓公之薨也，一乱涂地，无惑也，彼独恃一管仲，而仲则死矣。

夫天下未尝无贤者，盖有有臣而无君者矣。桓公在焉，而曰天下不复有管仲者，吾不信也。仲之书，有记其将死论鲍叔、宾胥无之为人，且各疏其短。是其心以为数子者皆不足以托国。而又逆知其将死，则其书诞谩不足信也。

吾观史，以不能进蘧伯玉，而退弥子瑕，故有身后之谏。萧何且死，举曹参以自代。大臣之用心，固宜如此也。夫国以一人兴，以一人亡。贤者不悲其身之死，而忧其国之衰，故必复有贤者，而后可以死。彼管仲者，何以死哉？

这就是苏轼的弟弟苏辙写的《管仲论》，我们不详细地去讲解，苏辙只是提供了一个角度，说明他读书很有想法，而且他看到的材料呢，可能比我们今天看到的要可靠一点。

他批评管仲，就是你死了，为什么没推荐一个合适的人去替代？然后让这些小人使“桓公薨于乱”，就是死于乱，“五公子争立”，五个儿子争国君之位，乱了一段时间。他说“功之成，非成于成之日，盖必有所由起；祸之作，不作于作之日，亦必有所由兆。故齐之治也，吾不曰管仲，而曰鲍叔。及其乱也，吾不曰竖刁、易牙、开方，而曰管仲”，等于批评他。

那看后面，他说齐国就怕没有管仲这样的人物，可是为什么你不举一个贤人，考虑到自己的身后？“因桓公之问”，桓公问他，你百年之后，谁能代替你呀？“举天下之贤者以自代”，他没做到。像萧丞相，萧何去世的时候，皇帝问他，谁可以取代？他很明确，曹参。顺顺当当的，曹参就去当丞相了，然后管理国家的制度都是很连贯的。他谈论当时晋国，因为还有一个老成的人坐在相位上，辅佐着国家，所以没有发生齐国这样的乱象。一相比较，所以，他批评管仲，死后的事情没安排好，后面的我们就不读了。

让华夏文明“经济家”思想重回历史舞台

——《管子选讲》后记

2015年12月，应中华民族团结进步协会经贸发展工作委员会的邀请，我在北京修德谷用了三天时间，向来自全国各地的同人——主要是公务员和企业家——讲述《管子》部分篇章的大意，以弘扬中国传统经济学理念，增强听讲同人对历史事实的了解，从而提高文化自信，更好地助力于中华民族伟大复兴中国梦的实现。

协会诸位同人把讲座安排得非常细致、殊胜。开讲前，凌孜会长特意从北京市内赶来参加开班仪式并讲话，鼓励大家响应党中央的号召，认真学习和传承老祖宗的智慧，把自己的价值观真正立足于中华优秀传统文化上，为中华民族的伟大复兴做出自己分内的贡献。会长当时已经76岁了，当晚还要赶回市内，以准备参加第二天上午在人民大会堂举行的胡耀邦同志诞辰100周年的座谈会。为了国家的文化事业，如此地不辞辛苦，令在场的所有同人肃然起敬，十分感动。

讲座期间，适逢小雪节气，当时天降瑞雪，大地洁白，吉祥一片。三天的学习时间里，大家每日早起练功健身，中午休息养神，晚上早睡以应天时，完全按照《黄帝内经·四气调神大论》的指导安排作息。如果讲座之后也能认真坚持，养成习惯，必定可以受益终身。按自然之道修养，才能真健康，真健康才能精力充沛，精力充沛才能生发事业，为国家、社会和人民做贡献，才能完成“功成、名遂、身退”的幸福人生。

讲座的原始视频资料经过大连净我心文化发展公司的初步整理，形成了文字初稿。再经过大连海事大学中国传统文化经典讲座学习小组各位老师的精心校对，才使得本书得以出版。

自新华出版社决定出版“钟永圣国学大讲堂”解读经典系列图书以来，本书已经是第五本了。从选题确定、版式设计、精心编校、印刷用纸到宣传推广，出版社的领导同志和责任编辑都付出了巨大的热情和鼎力的支持。我只能把最深的谢意化成最强的动力，竭尽愚诚，争取提供更加严谨、更加晓畅和更加通达的中华经典解读稿本，以益群伦。

本来世所公认，《管子》是中国传统经济学著作。可是近两百年来的西学东渐，使得当今相当一部分人已经不承认中国有自己的经济学。经济学是人们认识世界、改造世界的重要工具之一，是推动历史发展和社会进步的重要力量，其发展水平反映了一个民族的思维能力、精神品格、文明素质，体现了一个国家的综合国力和国际竞争力。没有自己的经济学，何来伟大的中国古代文明？中国传统经济学是华夏文明在过去至少6400年历史实践中总结出来的智慧结晶，理应得到很好的梳理和发扬。

习总书记在北京哲学社会科学座谈会上的讲话指出：“坚持和发展

中国特色社会主义，需要不断在实践和理论上进行探索、用发展着的理论指导发展着的实践。”并且要求“加快完善对哲学社会科学具有支撑作用的学科”，“打造具有中国特色和普遍意义的学科体系”。而中国特色经济学的学科建设，显然是该项历史任务中的“重头戏”。就在拙著《中国经典经济学》问世五周年之际，就在习近平总书记“5·17”座谈会讲话五个月之后，2016年10月27日，东北财经大学党委在干部换届动员大会上宣布，建立“中国经典经济学研究中心”！其意义不但在于迅速响应习近平总书记“加快构建中国特色哲学社会科学”的号召，中国传统经济学研究中心，标志着“中国只有零零碎碎的经济思想，没有系统的经济学”这种误导国民一百多年的错误观念，从此被扔进了历史的垃圾堆！记录在中国传统经典当中不但可以造福中国，而且可以造福世界的东方经济学，将重新回到世界历史舞台！

“雄关漫道真如铁，而今迈步从头越！”

钟永圣

农历丙申年十月初五日

敬述于大连井外天书屋